VOYAGE

DE LA PÉROUSE

AUTOUR DU MONDE.

VOYAGE
DE LA PÉROUSE
AUTOUR DU MONDE,

PUBLIÉ

CONFORMÉMENT AU DÉCRET DU 22 AVRIL 1791,

ET RÉDIGÉ

PAR *M. L. A. MILET-MUREAU*,

Général de Brigade dans le Corps du Génie, Directeur des Fortifications, Ex-Constituant, Membre de plusieurs Sociétés littéraires de Paris.

TOME QUATRIÈME.

A PARIS,

DE L'IMPRIMERIE DE LA RÉPUBLIQUE.

AN V. (1797)

VOYAGE
AUTOUR DU MONDE
PENDANT LES ANNÉES
1785, 1786, 1787 ET 1788.

EXTRAIT

D'un Voyage au pic de Ténériffe, par MM. DE LAMANON *et* MONGÈS, *le 24 août 1785, et Précis de quelques expériences chimiques faites sur le haut de ce pic, avec une description de nouvelles variétés de schorls volcaniques.*

LE cratère du Pic est une vraie soufrière, qui a la plus grande analogie avec celles d'Italie; il a environ cinquante toises de longueur sur quarante de large, et s'élève rapidement de l'Ouest à l'Est.

Sur les bords du cratère, et sur-tout vers la partie la plus basse, sont plusieurs soupiraux ou cheminées, d'où s'exhalent des vapeurs aqueuses et acides sulfureuses, dont la chaleur fit monter le thermomètre de 9 degrés jusqu'à 34. L'intérieur du cratère est couvert d'une argile jaune, rouge et blanche, et de blocs de laves décomposées en partie : sous ces blocs, on trouve des cristaux de soufre superbes ; ce sont des cristaux de forme octaèdre rhomboïdale, dont quelques-uns ont près d'un pouce de hauteur ; je crois que ce sont les plus beaux cristaux de soufre volcanique que l'on ait encore trouvés.

L'eau qui s'exhalait des soupiraux, était parfaitement pure et nullement acide, comme je m'en suis assuré au goût et par quelques expériences.

L'élévation du Pic, au-dessus du niveau de la mer, de près de dix-neuf cents toises, m'engagea à y faire plusieurs expériences de chimie, pour les comparer avec ce qui se passe dans nos laboratoires : j'en donne ici simplement les résultats ; les détails seraient trop longs pour une lettre.

La volatilisation des liqueurs, et le refroidissement qu'elle produit, furent très-considérables ; une minute suffit pour la volatilisation d'une assez forte dose d'éther.

L'action des acides sur les métaux, les terres et les alcalis, fut lente, et les bulles qui s'échappaient durant l'effervescence, étaient beaucoup plus grosses qu'à l'ordinaire. La production des vitriols offrit des phénomènes singuliers ; celui de fer prit tout d'un coup une belle couleur violette, et celui de cuivre se précipita subitement d'une couleur bleue très-vive.

J'examinai l'humidité de l'air, au moyen de l'hygromètre, de l'alcali pur et de l'acide vitriolique, et j'en conclus que, hors de la direction des vapeurs aqueuses, l'air était très-sec ; car au bout de trois heures l'acide vitriolique n'avait presque pas changé de couleur ni de pesanteur : l'alcali fixe était resté sec, excepté vers les bords de la capsule, où il était un peu humide ; et l'hygromètre marquait 64 degrés, autant que le vent impétueux que nous éprouvions put nous permettre d'en juger.

L'odeur et la force des liqueurs nous parurent n'avoir presque rien perdu à cette hauteur, ce qui contredit toutes les merveilles que l'on avait racontées jusqu'à présent : l'alcali volatil, l'éther, l'esprit-de-vin, avaient la même force. La liqueur fumante de BOYLE est la seule qui eût perdu très-sensiblement de son énergie ; son évaporation n'en fut pas moins très-prompte, et en trente secondes, une certaine quantité que j'avais versée dans une capsule, fut toute volatilisée ; il n'y resta plus que du soufre, qui rougissait les bords et le fond. En versant dans cette liqueur de l'acide vitriolique, elle détonna avec beaucoup d'énergie, et les vapeurs qui s'élevèrent, avaient un degré de chaleur très-sensible.

J'essayai de former de l'alcali volatil en décomposant le sel ammoniac avec de l'alcali fixe ; mais la production fut lente et peu sensible, tandis qu'au niveau de la mer, cette production, par la même dose, me parut prompte et très-abondante.

Curieux de connaître la nature des vapeurs qui s'exhalent à travers le cratère, et s'il y en avait d'air inflammable, d'air fixe et d'acide marin, je fis les expériences suivantes. J'exposai au bord d'un soupirail, dans une capsule, de la dissolution nitreuse d'argent ; elle y resta plus d'une heure au milieu des vapeurs qui s'exhalaient continuellement, sans altération sensible, ce qui annonce bien qu'il ne s'exhalait aucune vapeur d'acide marin : j'y versai alors quelques gouttes d'acide marin, il y eut, sur-le-champ, précipitation d'argent corné ; mais au lieu d'être blanc, comme à l'ordinaire, il fut d'un beau violet noir, qui devint bientôt gris, et sous forme de petits cristaux écailleux, sensibles à l'œil, et encore plus à la loupe, tels que M. SAGE les a observés. *(Voyez Min. docim.)* Je crois avoir droit d'attribuer aux vapeurs d'air inflammable l'altération de la couleur, d'après quelques expériences que j'ai faites sur la précipitation de l'argent corné dans l'air inflammable. De l'eau de chaux, exposée pendant trois heures sur le bord du cratère, et dans le voisinage d'un soupirail, ne se couvrit d'aucune pellicule, à peine y apercevait-on quelques filets ; ce qui prouve, je crois, que non-seulement il ne s'exhale point de vapeurs d'air fixe par le cratère, mais encore que l'air atmosphérique qui repose dessus, en contient infiniment peu, et que les vapeurs inflammables et acides sulfureuses y sont les seules considérables et sensibles.

L'électricité atmosphérique était assez considérable, puisque l'électromètre de M. SAUSSURE, tenu à la main, à la hauteur d'environ cinq pieds, indiquait trois degrés, tandis qu'à terre il n'en marquait qu'un et demi. Cette électricité était positive.

La violence du vent m'empêcha de faire sur le cratère même, l'expérience de l'eau bouillante; mais redescendue à la fontaine glacée, elle se soutint bouillante, le thermomètre plongé dedans indiquant 71 degrés de Réaumur; le mercure, dans le baromètre, était, à cet endroit, à 19 pouces une ligne.

J'ai trouvé de nouvelles variétés de schorls volcaniques: entre autres, N.º 1, une macle triple, qui appartient à la classe des prismes octaèdres inéquilatéraux.

N.º 2. Schorl noir en prismes octaèdres inéquilatéraux, terminés par des sommets trièdres opposés, dont les plans sont deux grands eptaèdres irréguliers, et un petit scalène produit par la troncature de l'angle supérieur.

N.º 3. Prisme hexaèdre comprimé, deux faces plus larges opposées; terminé d'une part par une pyramide tétraèdre obtuse, à plans trapézoïdaux, et de l'autre par une pyramide hexaèdre composée de six plans trapézoïdaux, dont deux, très-petits, sont des biseaux formés sur les arêtes des deux côtés supérieurs du large hexagone du prisme.

N.º 4. Terminé d'une part comme le sommet du cristal précédent, et de l'autre par une pyramide dièdre, dont toutes les arêtes sont rabattues en biseau.

N.º 5. Terminé d'une part par un sommet tétraèdre, et de l'autre par un eptaèdre, composé d'un pentagone irrégulier au centre, de cinq trapézoïdes sur les côtés, plus un sixième sur un de ses angles.

N.º 6. Terminé d'une part par un sommet pentaèdre, composé de quatre pentagones, et d'un rhombe au milieu, c'est l'angle formé par la réunion des quatre trapézoïdes, qui se trouve tronqué; et de l'autre, par un sommet pentaèdre, qui ne diffère du premier, que parce qu'il se trouve une troncature triangulaire sur l'arête des deux trapézoïdes.

N.º 7. Schorl noir à prisme hexaèdre, terminé d'une part par un sommet eptaèdre composé de deux hexagones irréguliers, de deux pentagones irréguliers, et de trois trapézoïdes, ce sont les deux faces dièdres tronquées sur six côtés, et sur l'arête du milieu; de l'autre part, par un sommet tétraèdre, dont les troncatures forment, 1.º deux grands trapézoïdes, et un rhomboïde, qui n'est que la troncature d'une arête d'un trapézoïde, 2.º deux petits trapézoïdes réguliers, et entre les grands et les petits trapézoïdes, trois troncatures, la première hexagone, la seconde pentagone, et la troisième scalène : la seconde est la troncature de l'angle du sommet, qui serait un rhombe sans la troncature hexagone qui lui donne un carré de plus.

MÉMOIRE

Ou Dissertation sur les habitans des îles de Pâque et de Mowée; par M. ROLLIN, *Docteur en Médecine, Chirurgien ordinaire de la Marine, et de la frégate* LA BOUSSOLE, *commandée par* M. DE LA PÉROUSE, *pendant son voyage autour du Monde.*

La durée de nos relâches à ces îles m'ayant à peine permis de passer quelques heures à terre, je n'ai pu donner à mes recherches toute l'étendue et la précision désirable; pour satisfaire aux éclaircissemens demandés par la société de médecine; ainsi je me bornerai, dans le cours de ce mémoire, à relever les erreurs que j'ai cru apercevoir dans les relations des voyageurs, et à donner une idée succincte des naturels de ces îles, et des maladies qui m'ont paru les affecter d'une manière générale.

Le 9 avril 1786, nous mouillâmes à l'île de Pâque, située par 27^d 9' de latitude Sud, et par 111^d 55' 30" de longitude Ouest.

L'île de Pâque n'est pas d'un aspect aussi stérile ni aussi rebutant que l'ont dit les voyageurs : elle est, à la vérité, presque dépourvue de bois; mais les coteaux et les vallons offrent des tapis de verdure très-agréables, principalement aux yeux des navigateurs. La grosseur et la bonté des patates, des ignames, des cannes à sucre, &c. annoncent la fertilité, et une végétation vigoureuse.

Les descriptions des individus ne m'ont pas paru plus exactes. On ne trouve dans cette île ni les géans de Roggewein, ni les hommes maigres et languissans, par le manque de nourriture, dépeints par un voyageur moderne, qui leur donne un caractère général de pénurie qui n'existe pas. Loin de trouver des hommes repoussans par le spectacle de leur misère, et à peine quelques femmes, *qu'une prétendue révolution dans cette partie du monde n'a point ensevelies sous ses ruines*, j'y ai vu, au contraire, une peuplade assez nombreuse, mieux partagée en grâces et en beauté que toutes celles que j'ai eu occasion de rencontrer depuis, et un sol qui leur fournissait sans peine des alimens d'une bonne qualité, et d'une abondance plus que suffisante pour leur consommation, quoique l'eau douce y fût très-rare et d'une assez mauvaise qualité.

Ces insulaires sont d'un embonpoint médiocre, d'une tournure et d'une figure agréables; leur taille est d'environ cinq pieds quatre pouces, et bien proportionnée. A la couleur près, la face n'offre point de différence d'avec celle des Européens : ils sont peu velus et peu barbus; mais tous ont cependant les parties sexuelles et les aisselles assez bien garnies de poils. La couleur de la peau est basanée; les cheveux sont noirs, cependant quelques-uns les ont blonds. Ils m'ont paru jouir en général d'une bonne santé, qu'ils conservent même dans un âge avancé. Ils ont l'usage

de

de se peindre, de se tatouer la peau, et de se percer les oreilles : ils augmentent l'ouverture de cette partie, par le moyen de la feuille de canne à sucre roulée en spirale, au point que le lobe des oreilles flotte, pour ainsi dire, sur les épaules, ce qui paraît être, parmi les hommes seulement, un caractère de beauté distingué, qu'ils tâchent d'acquérir.

Les femmes réunissent aussi à une conformation régulière, le poli et la grâce dans le contour des membres ; elles ont le visage d'un ovale agréable, de la douceur, de la finesse dans les traits, et il ne leur manque que le teint pour être belles selon les idées que nous attachons à la beauté ; elles ont autant d'embonpoint qu'il en faut, des cheveux bien plantés, l'air engageant, qui inspire le sentiment qu'elles éprouvent sans chercher à le cacher.

Malgré toutes ces qualités intéressantes, je n'ai reconnu chez les hommes aucune apparence de jalousie ; ils cherchaient, au contraire, à trafiquer leurs faveurs. Ces peuples sont circoncis, et ils paraissent vivre dans l'anarchie la plus parfaite ; aucun de nous n'y a distingué de chef. Hommes et femmes, tous vont presque nus : ils portent seulement un pagne, qui masque les parties sexuelles ; et quelques-uns, un coupon d'étoffe, avec lequel ils s'enveloppent les épaules ou les hanches, et qui descend jusqu'à mi-cuisse.

Je ne sais s'ils ont une idée de la propriété ; mais leur conduite à notre égard prouve le peu de respect qu'ils ont pour celle des étrangers : ils avaient un tel amour pour nos chapeaux, qu'en peu d'heures ils parvinrent à nous en dépouiller, et à nous rendre le sujet de leur raillerie; on ne peut mieux les comparer qu'à des écoliers, qui mettent tous leurs plaisirs et leurs ruses à faire toutes sortes d'espiègleries aux passans.

Ces insulaires ne sont pas sans industrie; on remarque même que leurs cases sont assez vastes, et parfaitement construites dans leur genre. Elles sont faites avec des roseaux, soutenus par de petits chevrons, en forme de berceau, ayant cinquante pieds de long, sur dix à douze de largeur, et autant de hauteur dans la plus grande élévation. Il y a plusieurs entrées sur les côtés, dont le plus grand diamètre n'excède pas trois pieds. L'intérieur n'offre rien de bien remarquable; on y voit seulement quelques nattes, qu'ils développent sur la terre pour se coucher, et plusieurs petits meubles à leur usage. Leurs étoffes sont faites avec le mûrier-papier; mais elles sont en petite quantité, par la raison que cet arbre n'est pas très-multiplié dans l'île, quoiqu'ils paraissent le cultiver. Ils font aussi des chapeaux, des paniers de jonc, et de petites figures en bois, passablement travaillées. Ils vivent de patates, de bananes, d'ignames, de cannes à sucre, de poisson, et ils mangent aussi une espèce de goëmon, ou *fucus* marin, qu'ils ramassent sur les bords de la mer.

Les poules, quoiqu'en petit nombre, sont les seuls animaux domestiques que nous ayons trouvés à l'île de Pâque; et de tous les animaux sauvages, les rats y sont aussi les seuls, de la classe des quadrupèdes : on y voit quelques oiseaux de mer, mais en très-petit nombre, et la mer nous a paru peu poissonneuse.

Il y a dans la partie de l'Est de l'île, un très-grand cratère ; et l'on voit presque dans toute sa circonférence, sur les bords de la mer, un grand nombre de statues, ou espèces de bustes informes, auxquels on a seulement figuré grossièrement les yeux, le nez, la bouche et les oreilles. Au pied de ces statues, se trouvent les cavernes mystérieuses mentionnées dans la relation du capitaine Cook ; c'est dans ces petits caveaux, que chaque famille donne la sépulture à ses morts : nous les avons visités, sans que les habitans de l'île y ayent apporté le moindre empêchement.

La Pérouse, ayant déjà fait beaucoup de présens à ces insulaires, voulut leur donner de nouvelles marques de bienveillance, et contribuer à leur bonheur d'une manière plus durable, en laissant sur leur île deux brebis, une chèvre, une truie, avec un mâle de chaque espèce ; et en y faisant semer toutes sortes de légumes, et planter des noyaux de pêches, de prunes, de cerises, et des pepins d'oranges et de citrons.

Si la conduite de ces peuples ne rend point sans effet des intentions aussi louables, ce navigateur célèbre aura la gloire d'avoir contribué à leur bien-être, en peuplant leur pays d'animaux et de végétaux utiles à leur nourriture et à leurs principaux besoins ; et d'avoir assuré aux voyageurs qui lui succéderont, des rafraîchissemens de toute espèce.

Ces vues bienfaisantes ayant été exécutées, nous appareillâmes, et nous dirigeâmes notre route vers les îles Sandwich. Lorsque nous fûmes en vue de Mowée, l'une des îles de cet archipel, il s'en détacha environ deux cents pirogues qui vinrent à notre rencontre ; toutes étaient chargées de cochons, de fruits, et de légumes frais, que les habitans nous envoyaient à bord et nous forçaient d'accepter sans aucune condition. Le vent étant devenu plus fort et ayant accéléré notre marche, nous ne pûmes que faiblement profiter de ces ressources, ni jouir plus long-temps du plaisir que nous causaient et la vue pittoresque de l'île, et le concours nombreux de ces pirogues, qui, dans leurs manœuvres, formaient autour de nous le tableau le plus animé, et le spectacle le plus récréatif que l'on puisse imaginer. Le 29 du mois de mai, nous mouillâmes dans l'Ouest de cette île, située par 20^d 34' 30" de latitude, et par 158^d 25' de longitude occidentale. La végétation de cette partie de Mowée n'est pas, à beaucoup près, aussi forte, ni la population aussi nombreuse que nous l'avions remarqué dans la partie de l'Est, où nous avions attéri ; cependant, à peine étions-nous à l'ancre, que nous fûmes entourés par les habitans, qui nous apportaient dans leurs pirogues des cochons, des fruits et des légumes frais. Nous commençâmes nos échanges avec un tel succès, que dans peu d'heures nous eûmes à bord près de trois cents cochons, et une provision suffisante de légumes, qui ne coûtèrent que quelques morceaux de fer. Je crois qu'il est en Europe peu de marchés où les affaires se traitent plus couramment, et avec autant de bonne foi que nous en ont montré ces insulaires dans cette espèce de commerce. Si l'île de Mowée fournit avec abondance à ses habitans les animaux et toutes les denrées nécessaires à leur subsistance, il s'en faut de beaucoup néanmoins que ces insulaires jouissent d'une aussi bonne santé que ceux de l'île de Pâque, où ces ressources ne se trouvent qu'en partie et avec moins d'abondance : ils sont aussi moins bien partagés en grâce et en beauté que ces derniers. Cependant les habitans de Mowée m'ont paru avoir quelque analogie dans leur organisation, avec ceux de l'île de Pâque, et constitués même en général de manière à être plus robustes, si leur santé n'était altérée par les maladies. La taille commune parmi ces insulaires, est d'environ cinq pieds trois pouces; ils ont peu d'embonpoint, les traits du visage grossiers, les sourcils épais, les yeux noirs, le regard assuré sans être dur, les pommettes saillantes, l'entrée des narines un peu évasée, les lèvres épaisses, la bouche grande, les dents un peu larges, mais assez belles et bien rangées. On voit des individus auxquels il manque une ou plusieurs dents : un voyageur moderne croit qu'ils se les arrachent dans des momens d'affliction, et que c'est leur manière de porter le deuil de leurs parens ou de leurs amis; je n'ai rien remarqué parmi eux qui puisse justifier ou détruire cette opinion.

Ces peuples ont les muscles plus fortement exprimés, la barbe plus touffue, le corps et les parties sexuelles mieux garnis de poils, qu'on ne le remarque chez les habitans de l'île de Pâque. Leurs cheveux sont noirs; ils les coupent de manière à figurer un casque; les cheveux qu'ils laissent dans toute leur longueur, et qui représentent ainsi la crinière du casque, sont roux à leur extrémité : cette couleur est probablement déterminée par le suc acide de quelques végétaux.

Les femmes sont plus petites que les hommes, et n'ont ni la gaîté, ni la douceur, ni l'élégance dans les formes, de celles de l'île de Pâque : elles ont en général la taille mal prise, les traits grossiers, l'air sombre, et elles sont grosses, lourdes et gauches dans leurs manières.

Les habitans de Mowée sont doux, prévenans, et ont même une sorte de politesse pour les étrangers.

Ces peuples se peignent et se tatouent la peau; ils se percent les oreilles et la cloison du nez, et ils y portent des anneaux pour s'embellir. Ils sont incirconcis; mais quelques-uns se font une espèce d'infibulation, en retirant le prépuce en avant du gland de la verge, et en l'y fixant par le moyen d'une ligature. Les vêtemens consistent en un pagne qui voile les parties de la génération chez les deux sexes, et en un coupon d'étoffe qui sert à leur envelopper le corps. Les étoffes que ces insulaires fabriquent avec l'écorce du mûrier-papier, sont belles, et très-variées; ils les teignent avec beaucoup de goût; leurs dessins sont si réguliers, qu'on pourrait croire qu'ils ont voulu imiter nos indiennes. Leurs maisons, réunies en bourgades, sont construites dans le genre de celles de l'île de Pâque, mais de forme carrée.

Ce que j'ai vu de plus évident dans le régime social des habitans de Mowée, c'est qu'ils forment plusieurs peuplades, et que chacune d'elles est gouvernée par un chef.

La beauté du climat, et la fertilité de cette île, pourraient en rendre les habitans très-heureux, si la vérole et la lèpre y existaient avec moins de vigueur, et d'une manière moins générale. Ces fléaux, les plus humilians et les plus destructeurs de l'espèce humaine, se font remarquer, chez ces insulaires, par les symptômes suivans; savoir : les bubons, les cicatrices défectueuses qui résultent de leur suppuration, les porreaux, les ulcères rongeurs avec carie des os, les gibbosités, les exostoses, les fistules et tumeurs lacrymales et salivaires, les engorgemens scrofuleux, les ophtalmies invétérées, les ulcérations ichoreuses de la conjonctive, l'atrophie des yeux, les cécités, les dartres vives, prurigineuses, encroûtées, et les engorgemens indolens des extrémités; et chez les enfans, par les croûtes à la tête, ou teigne maligne qui suinte en sanie fétide et corrosive. J'ai remarqué que la plupart de ces malheureuses victimes de la lubricité, parvenues vers l'âge de neuf ou dix ans, étaient faibles, languissantes, dans le marasme, et affectées de rachitis.

L'enflure indolente des extrémités, qui se remarque parmi les insulaires de Mowée, et qu'Anderson, chirurgien du capitaine Cook, a observée chez la plupart des habitans des îles de la mer du Sud, n'est autre chose qu'un symptôme d'éléphantiasis déjà avancée; ce dont je me suis assuré, autant qu'il est possible, dans plusieurs examens que j'ai faits sur un très-grand nombre de lépreux réunis dans les lazarets établis à Madère et à Manille.

Dans cette période de la lèpre, la peau a déjà perdu de sa sensibilité ; et si l'activité du virus n'est point ralentie par un régime ou un traitement approprié, les parties engorgées ne tardent pas à perdre leur irritabilité et sensibilité absolue; la peau devient écailleuse, et il s'y forme des phlictènes remplies d'une sanie fétide et corrosive, dont la crevasse donne lieu, si l'on n'y apporte aucun soin, à des ulcères gangreneux ou carcinomateux. La nature ou la qualité des alimens peut concourir, avec la chaleur du climat, à entretenir et propager cette endémie du mal adipeux. Les cochons, dont la chair fait une partie principale de la nourriture des habitans de Mowée, sont eux-mêmes et en grand nombre atteints de ladrerie à un point très-considérable; j'en ai examiné plusieurs dont la peau rogneuse, encroûtée, était totalement dépourvue de soies; à l'ouverture de ces animaux, j'ai trouvé la panne parsemée de tubercules, et j'ai vu les viscères en être remplis au point de répugner à l'homme le moins délicat. Parmi les maladies dont les ravages affligent ces insulaires d'une

manière

manière si déplorable, il y en a qui paraissent être produites par le virus vénérien dans toute son activité; mais le plus souvent il paraît sévir sous un caractère abâtardi ou combiné avec le vice psorique.

Le temps et les circonstances ne m'ont pas permis de faire aucune recherche sur les traitemens que ces peuples mettent en usage contre tous ces maux; mais si j'en jugeais par l'abandon à la douleur, et par les progrès de leurs infirmités, je serais porté à croire qu'ils ne connaissent aucun moyen de mettre fin ni même d'apporter quelque adoucissement à un état si misérable.

La vérole a-t-elle été répandue aux îles Sandwich par les équipages du capitaine Cook? Les progrès de cette maladie dans sa propagation et dans son développement sur les habitans de Mowée, lorsque le navigateur anglais y attérit neuf mois et demi après avoir communiqué pour la première fois avec les insulaires d'Atooi et d'Oneeheow, joints aux vices de conformation qui se remarquent sur des individus de tout âge, pourraient, sinon démontrer, du moins faire conjecturer que la maladie vénérienne y existait avant que le capitaine Cook eût retrouvé ces îles. On pourrait même en tirer des preuves de ses propres allégations. Lorsqu'il attérit sur Mowée, il communiqua avec plusieurs naturels de cette île, qui lui portèrent dans leurs pirogues, à quelques lieues en mer, des vivres frais; il dit à ce sujet: « Je voulais préserver cette île de la maladie vénérienne, » en empêchant nos matelots de communiquer avec les

» femmes du pays ; mais je ne tardai pas à m'apercevoir » qu'elle y était déjà répandue, et je ne pouvais expliquer ce » fait, que par leur communication avec les îles voisines ».

Cette explication était la plus naturelle et la plus simple; mais elle ne donne pas des raisons suffisantes sur la possibilité de ce phénomène. Quoique les îles d'Atooi et d'Oneeheow ne soient séparées de celle de Mowée que par des canaux de quelques lieues de largeur, il ne s'ensuit pas que la communication entre ces îles soit d'une assez grande facilité pour que l'on puisse admettre que le mal vénérien répandu sur la population de Mowée, en soit le résultat. On voit de plus, par la relation du capitaine Cook, que ces peuples sont rarement en bonne intelligence ; ce qui doit être contraire aux fréquentes communications. D'ailleurs comment concilier la conduite des habitans de Mowée envers ce navigateur, lors de son attérage sur cette île ! Si ces insulaires avaient eu à se plaindre aussi amèrement des étrangers qui avaient abordé récemment chez leurs voisins, auraient-ils pourvu à tous leurs besoins avec empressement, et n'est-il pas plus probable que ces peuples eussent montré de l'éloignement pour ce voyageur, plutôt que de courir des dangers pour lui porter diverses productions de leur île ! Au reste, il me semble qu'on ne pourrait guère expliquer une contagion si rapide, qu'en admettant que la vérole peut se propager comme les maladies épidémiques, par une constitution particulière de l'atmosphère; mais il y a long-temps que l'expérience a détrompé les médecins et chirurgiens observateurs sur une semblable hypothèse, et qu'elle leur a appris que cette maladie ne peut être le produit d'un mauvais régime, ni d'un vice de l'air, ni d'une corruption spontanée des humeurs, mais uniquement d'un contact immédiat de personnes saines avec celles infectées de ce virus.

D'après toutes ces considérations, il me paraît probable que la vérole existait aux îles Sandwich avant que le capitaine COOK y eût abordé, soit que cette maladie y fût indigène, soit qu'elle y eût été apportée par les voyageurs qui l'avaient précédé.

Quelques considérations historiques et géographiques pourraient répandre des lumières sur l'origine de la maladie vénérienne dans cet archipel ; mais j'abandonne cette discussion comme étrangère au but de ce mémoire [a].

[a] Après avoir rappelé au lecteur les notes que j'ai insérées dans le second volume *(pages 122 et 123)*, je ne puis m'empêcher d'observer combien l'esprit de système est nuisible, et a soin d'écarter tous les argumens défavorables à celui qu'il veut établir. Si les habitans de Mowée accueillirent le capitaine COOK, c'est parce qu'ils pouvaient ignorer qu'ils lui devaient la cruelle maladie qui leur avait été communiquée par leurs voisins ; l'expérience prouve d'ailleurs qu'on pardonne facilement aux auteurs de pareils maux, par le souvenir et l'attrait du plaisir. LA PÉROUSE, venu quelques années après aux îles Sandwich, et pouvant, aux yeux de ces Indiens, être aisément confondu avec les Anglais, a-t-il éprouvé la moindre apparence de ressentiment ! non : il nous annonce, au contraire, que les démarches des femmes tendirent toutes à renouveler une communication que les hommes provoquaient. Le danger des échanges que présente ROLLIN, n'a rien de plus réel de la part d'individus presque amphibies, et qui trouvaient un puissant attrait dans la jouissance de quelques colifichets, ou dans la précieuse utilité du fer. Quant à la rapidité de la communication,

doit-on s'en étonner chez un peuple qui, ne connaissant pas le lien conjugal ni même le droit de propriété en ce genre, n'a d'autres mœurs que celles de la nature.

Je persiste donc à croire que les navigateurs anciens ou modernes qui ont découvert les îles de la mer du Sud, y ont apporté la maladie vénérienne : je pense néanmoins, avec quelques savans, que cette cruelle maladie n'a pas été pour nous une suite de la découverte du nouveau continent d'Amérique, où il paraît qu'elle était inconnue avant que des navigateurs l'y apportassent, tandis que sa généalogie semble lui donner une existence plus ancienne en Europe ; mais elle a pu nous être apportée des Antilles, et peut-être des îles Saint-Domingue et de Cuba. Quoi qu'il en soit, soyons justes, et sous le prétexte d'une maladie dont on peut se garantir, et qui semble s'affaiblir en se répandant, n'oublions pas que nous avons gagné à cette découverte la connaissance du quinquina, de l'ipécacuanha, de la gomme ou plutôt de la résine-copal, du simarouba, de la cochenille, du cacao, du gaïac, du maïs, &c., et l'idée de plusieurs de nos plus utiles établissemens, tels que les postes et les hôpitaux militaires : les arts ne peuvent également oublier les connaissances que cette découverte leur a procurées ; tandis que les Américains ont peu de chose à mettre en compensation du terrible fléau de la petite vérole, qu'ils nous doivent, et qui a fait chez eux tant de ravages. (N. D. R.)

MÉMOIRE GÉOGRAPHIQUE,

Par M. BERNIZET, *Ingénieur - Géographe.*

Ile de Pâque.

LE 8 avril 1786, à six heures et demie du soir, étant dans l'Est de l'île de Pâque, la terre paraissait très-distinctement dans la forme de la vue première *(Atlas, n.° 10)* : le sommet A, et toutes les pentes qui en dépendent, étaient bien décidés, les deux extrémités coupées rapidement, comme un terrain presque à pic ; la pente A H était dentelée depuis H, jusque vers son milieu, de trois petits sommets ; la pente A I, au contraire, n'avait que des contours doux, dont trois rentrans et deux saillans.

La terre qui s'étendait au Nord-Ouest de cette première, était bien plus vague, et son extrémité se perdait presque dans la brume. Le sommet K de son plus haut morne, avait les deux tiers de la plus grande hauteur qui était celle du morne A : ce sommet était presque perpendiculaire à l'extrémité Nord de la pente H ; sa pente douce vers le Nord avait trois contours rentrans et deux saillans ; et vers le Sud, un seul contour en dos d'âne, et faiblement prononcé, joignait cette terre à la première, vers le milieu de sa hauteur : elle avait les trois quarts de la longueur de H en I.

La terre qui s'étendait au Sud-Ouest de la pointe I, n'avait pas, de hauteur, la moitié de la hauteur totale; sa longueur n'excédait pas la moitié de celle comprise entre I et H; elle était dentelée de trois petits mornes rapides, et d'un autre plus bas que les autres, et qui se terminait au Sud doucement vers la mer : la brume qui couvrait ce dernier, empêcha de le relever, et l'on ne put pas déterminer l'ouverture totale de l'angle sous lequel l'île paraissait.

Le sommet nous restait à l'Ouest, quatre degrés Sud, distant de quatre lieues;

La pointe I, à l'Ouest un quart Sud-Ouest, un degré Ouest,

Et le cap le plus Nord, à l'Ouest 1^d 30' Nord.

Le 9, à 6 heures 27 minutes du méridien, la terre paraissait comme dans la vue 2.e Le milieu de l'île en L paraissait uni et de la même hauteur que le sommet A mentionné ci-dessus, et qui appartient au morne le plus à l'Est. Dans le Sud-Ouest de ce morne, on apercevait deux mamelons B, dont la pente très-rapide et fort escarpée paraissait couverte de rochers blanchâtres; le terrain, qui, à la pointe Est, était élevé et coupé à pic, s'abaissait sensiblement, et devenait presque de niveau, entre les deux mornes; son élévation était alors peu considérable, et n'était variée, dans la longueur d'environ un quart de lieue, que par un petit tertre M, plat et coupé perpendiculairement dans la partie Ouest : les mamelons paraissaient peu éloignés du bord de la mer, et la côte un peu avancée, vers l'Est,

Deux mornes C et D, sur le second plan, joignaient, par une pente douce et très-alongée, les mamelons avec le milieu de l'île ; ces deux mornes étaient creux dans le milieu de leur sommet : le premier, C, était le plus petit et paraissait être plus rapproché ; il avait, en avant de lui, un petit tertre peu considérable, et en arrière, un site un peu plus éloigné que tout ce qu'on apercevait ; ce site avait deux sommets assez marqués, et allait joindre, par derrière les mamelons, la terre basse dont on a parlé.

Le milieu de l'île paraissait sur le troisième plan ; et la pente unie jusqu'au bord de la mer, n'était interrompue que par un petit tertre à peu près semblable à celui qu'on voyait en avant du morne C.

Le sommet du morne E paraissait creux, et plus près du bord de la mer ; les escarpemens de sa pente étaient très-sensibles, et deux mornes intermédiaires, et de peu de hauteur, le joignaient au milieu L, dont il paraissait autant éloigné dans le Sud-Ouest, qu'il l'était dans le Nord-Est du morne G : ce dernier, qui avait à peu près la hauteur de D, était un peu plus bas, plus pointu qu'un autre auquel il aboutissait vers le Nord-Est.

Le morne N, qui était immédiatement après, avait aussi un peu plus d'élévation ; sa base était grande, et sa pente du Nord-Est s'abaissait un peu plus que celle du Sud-Ouest : cette dernière venait joindre celle de l'extrémité de l'île, qui, dans cette partie, est presque aussi élevée que le milieu L, et coupée à pic.

On voyait alors dans l'Ouest de cette pointe, un rocher qui avait la forme d'un obélisque, et ensuite un petit îlot plus au large, que son peu d'élévation avait empêché de découvrir plutôt.

A 10 heures 32 minutes, la terre paraissait comme dans la vue 3.ᵉ L'extrémité Ouest de l'îlot cachait la base du piton; la côte, qui, dans la partie du Sud-Ouest, était très-haute, escarpée, et coupée à pic, offrait à l'œil un contour rentrant, grand et profond, presque perpendiculaire à l'extrémité Est du même îlot : ce contour ressemblait, peu de temps auparavant, à une grande coupure, qu'on était alors étonné de ne pas voir continuer jusqu'au niveau de la mer. On apercevoit derrière, et sur le second plan, une crête continue, dont les pentes très-rapides et escarpées paraissaient de forme concave; et son centre s'éloignant de l'œil, ses deux extrémités s'en rapprochaient, et étaient convergentes aux sommets de la pointe 2, et du cap Sud-Ouest : celui de ce dernier était presque horizontal; l'autre, au contraire, s'abaissait graduellement par des escarpemens très-irréguliers, et étendait sa base à trois quarts de lieue dans le Nord-Nord-Est, jusqu'à une pointe 3, qui est la plus Sud de la baie de Cook, et derrière laquelle est le débarcadaire. Nous étions à un peu plus de deux lieues de distance, dans le Sud-Sud-Ouest de cette pointe 3, et nous découvrions au Nord 18 degrés Est, une pointe basse en avant de laquelle est un petit îlot plus bas que la vraie pointe, et qui, à cette distance, lui paraissait joint par son extrémité

extrémité Est : cette pointe est la plus septentrionale de la baie de Cook; elle était à environ trois lieues de distance, et s'élevait doucement vers l'Est, jusqu'à un sommet O, d'où une perpendiculaire abaissée sur le bord de la mer, aurait coupé la pointe 3 vers l'Est, à une distance peu considérable de son extrémité.

Ce sommet paraissait sur le troisième plan; et se rapprochant un peu de l'œil, en s'abaissant vers le Sud-Est, il venait joindre les terres du devant à mi-chemin, entre la pointe 3 et la pointe 2.

Les mamelons B, plus prononcés que les terres qui dépendaient du sommet O, paraissaient sur le même plan, quoiqu'ils fussent plus loin; nous commencions à les fermer par le terrain le plus Est du cap Sud-Ouest, pointe 1; et nous voyions en-dessus, un peu plus vers l'Est, le sommet A ci-dessus mentionné *(vues 1.ʳᵉ et 2.ᵉ)*, qui n'avait d'autre interruption dans le cours de sa pente, qu'un très-petit morne entre lui et la pointe Est.

C'est d'après le résultat des routes et des relèvemens ci-dessus, qu'a été dressée la carte de l'île de Pâque. Chacun des points principaux a été assis par plusieurs opérations : il s'ensuit que cette île court à très-peu près Est-Nord-Est et Ouest-Sud-Ouest du monde, dans sa plus grande longueur, prise depuis le milieu du cap de l'Est jusqu'à la pointe la plus Ouest du cap Sud-Ouest. La ligne qui joindrait ces deux points, passerait toujours sur la terre en longeant la côte du Sud-Est; elle aurait un peu plus de quatre lieues de longueur, et serait parallèle à celle qui joindrait le terrain le plus Sud du cap de l'Est, au terrain le plus Sud du cap Sud-Ouest : l'intervalle compris entre ces deux lignes, aurait bien près de demi-lieue.

La ligne qui longeant la côte de l'Ouest, joindrait la pointe la plus occidentale à la pointe la plus septentrionale, serait dans une direction Nord-Nord-Est et Sud-Sud-Ouest; sa longueur serait de deux lieues trois quarts; elle couperait la baie de Cook, et ne passerait sur la terre qu'après la pointe du Nord de cette baie.

Une troisième ligne qui de la pointe septentrionale viendrait aboutir au milieu du cap de l'Est, longerait la côte du Nord, qui est le troisième côté de l'île, coupant les deux points les plus considérables, la baie de Gonzalez, où les Espagnols mouillèrent en octobre 1770, et le terrain le plus Nord du cap de l'Est; cette ligne doit courir Est un quart Sud-Est, 5 degrés Sud et Ouest, un quart Nord-Ouest, 5 degrés Nord; sa longueur est de deux lieues trois quarts.

Il résulte que la forme de cette île est un triangle isocèle, dont le grand côté au Sud-Est a un peu plus de quatre lieues de longueur, dont les angles adjacens sont mesurés chacun par un arc de 41 degrés, l'angle opposé à la base, par un arc de 98 degrés, et dont le côté Nord et le côté Ouest ont de longueur chacun deux lieues trois quarts.

D'après ces données, il serait aisé de déterminer sa surface; mais on ne l'aurait qu'imparfaitement et moindre qu'elle n'est effectivement, à cause que la somme des caps et des pointes avancées dans la mer, est plus considérable que celle de l'enfoncement des anses et des baies, et on ne trouverait que trente millions huit cent soixante-dix mille six cent soixante-onze toises carrées, au lieu de trente-quatre millions neuf cent trente-cinq mille trois cent dix-neuf, qui est la valeur réelle (ou du moins très-approchée) de sa surface. Ces deux sommes diffèrent entre elles de quatre millions soixante-quatre mille six cent quarante-huit toises, qui valent bien près de cinq septièmes de lieue carrée : la surface entière contient donc quatre lieues carrées, plus deux dixièmes à très-peu près.

La sonde rapporte, dans la baie de Cook, depuis dix brasses, fond de corail, à deux cents toises de terre, jusqu'à cinquante brasses, fond de sable et pierres, à la distance de demi-lieue dans l'Ouest de l'anse de sable. Le fond perd rapidement, et n'est réellement tenable que dans un petit espace, autour de l'endroit où les frégates étaient mouillées : pour peu qu'on soit plus au large, il devient trop considérable ; et, si l'on était plus près de terre, le corail raguerait les cables, et, par les vents d'Ouest, qui sont traversiers, on courrait risque de s'affaler sur la côte : mais ces vents, qui sont très-rares sous ce parallèle, ne doivent jamais y être assez forts pour empêcher de se relever au Nord.

Il paraît par la carte de cette île faite par les Espagnols, que le même fond y règne à peu près également tout à l'entour. C'est d'après cette carte qu'a été jeté le côté du Nord, qu'on n'a pas été à même de voir d'aussi près que les deux autres : les Espagnols y mouillèrent en pleine côte, et par un mauvais fond; les vents régnans y étant d'ailleurs traversiers, aucune raison ne doit faire préférer ce mouillage à celui de la baie de Cook.

Le plan particulier de cette baie n'a été levé que par une seule opération, en estimant à chaque relèvement les distances qui, dans le travail, ont été forcées par les points déjà assis. Quant à la topographie, elle est d'autant moins marquante, que la pente des différens mornes est plus douce, et que les escarpemens sont moins multipliés : on aurait cependant de la peine à atteindre leurs sommets, à cause de l'immense quantité de pierres qui couvrent sa surface, sans les sentiers qui coupent l'île dans tous les sens. La largeur de ces sentiers n'excède pas un pied et demi; ils sont bien battus, et ne sont embarrassés d'aucune pierre; ils conduisent principalement aux cases et aux cimetières ou morais. Quelques-unes des cases sont construites en pierre sèche et brute, ainsi qu'on le voit *(Atlas, n.º 12, figure 1.re)* : elles ont la forme d'un ellipsoïde; les murs A en sont très-épais; le toit B *(fig. 2)* est fait de grandes pierres un peu cintrées en dedans, et qui sont posées en travers, portant par leurs deux extrémités sur le mur d'élévation : une petite ouverture C, ménagée à l'une des extrémités du petit axe D, sert en même temps de fenêtre et de porte; il ne peut y passer qu'un homme à la fois, et ce n'est qu'en se traînant sur les mains et sur les genoux : les parois ne sont ni enduits, ni crépis, et le dedans n'est divisé par aucun compartiment.

	pieds.		pieds.
Longueur du grand axe......	24	Épaisseur du mur..........	4
Longueur du petit axe.......	6	Hauteur de l'ouverture.....	2
Hauteur au centre..........	7	Largeur, *idem*..........	2
Hauteur au sommet de l'ellipse.	4		

Dix pieds en avant de l'ouverture, et sur le prolongement du petit axe, est une porte G; dont le sommet est en dessous du niveau du rez-de-chaussée; les montans H, la corniche I et le seuil K *(fig. 2)* sont en pierres bien équarries, et appareillées sans ciment; on y arrive par une espèce de rampe L *(fig. 3)* unie, dont la pente est très-douce, et dont les terres sont soutenues des deux côtés par un mur de pierres de revêtement, dont la plupart ont deux pieds dix pouces de longueur, deux pieds de largeur, et dix pouces d'épaisseur : quatre marches d'escalier N, aussi en pierres taillées, terminent la rampe, et aboutissent à l'entrée d'un souterrain O, qui est taillé dans le roc; sa forme, qui d'ailleurs est, à la grandeur près, exactement de même que celle de la case du rez-de-chaussée, est tronquée à l'un des sommets P de l'ellipse de base.

Les insulaires ont souvent profité, pour construire ces souterrains, des cavernes naturelles qui se trouvent fréquemment dans les masses formées par des torrens de lave; de là vient que plusieurs sont irréguliers, et que l'on en trouve auprès desquels il n'y a pas de case ; mais toutes les fois que la difficulté d'abattre les pointes saillantes du rocher a pu être surmontée avec des moyens faibles, il paraît qu'ils ont été mis en usage pour leur donner la forme reçue, et alors les dimensions moyennes sont :

	pieds.		pieds	pouc.
Profondeur du souterrain, ou		Hauteur au centre........	5	6
longueur du grand axe......	30	Largeur de la porte.......	2	
Largeur au milieu..........	11	Hauteur, *idem*..........	3	

C'est dans ces cases souterraines que les insulaires emmagasinent leurs alimens, leurs ustensiles, leur bois, et généralement le peu qu'ils possèdent.

A une petite distance de la case et du souterrain, est un four sans voûte ; c'est simplement un trou rond, creusé en terre, dont l'aire et les parois sont revêtus de pierres brutes :

	pieds.		pieds.
Son diamètre a............	3	Sa profondeur............	2

On peut aussi remarquer dans l'élévation *(fig. 4)*, que le côté du Nord-Est, dont les vents dépendent ordinairement, est plus élevé que tous les autres, et que le dessus de la case sert de terrasse ; cette espèce de paravent doit aussi garantir de la pluie, qui, tombant par grains, est rarement perpendiculaire.

Le même plan est observé pour d'autres cases qui sont situées au milieu de plantations considérables : celles-ci ont l'ellipse A de leur plan très-alongée *(fig. 5)* ; elles sont fort étroites, proportionnellement à leur longueur. Leurs fondemens B sont faits de pierres taillées, dont toute la largeur est dans la terre ; elles ont deux pieds de longueur moyenne, et six pouces d'épaisseur, avec des trous de distance en distance, destinés à recevoir les perches C *(fig. 6)*, qui servant de membres, vont aboutir à d'autres perches de traverse D : ces dernières terminent le comble, et sont soutenues de dix en dix pieds par des pieux E perpendiculaires, dont le bout inférieur est fiché en terre ; les membres sont liés entre eux par des perches transversales qui règnent dans toute la hauteur, à deux pieds de distance l'une de l'autre. Le plus haut point est au centre ; et si l'on imaginait un plan perpendiculaire au grand axe de l'ellipse, et passant par le comble, celui-ci aurait aussi la forme d'une demi-ellipse. *(Voyez* le plan, la carcasse, et la coupe verticale prise sur la largeur, *fig. 5, 6 et 7.)* Le tout est recouvert de joncs, de neuf à dix lignes de diamètre à leur bout inférieur, liés ensemble, comme les nattes, par des ficelles tressées à la main : les deux portes, dont une de chaque côté, ne sont pas plus grandes que celles des petites cabanes ; et le four, de même grandeur que celui dont il a été parlé ci-dessus, est palissadé du côté du vent.

	pieds.		pieds.
Longueur de l'axe de l'ellipse.	3 10	Hauteur aux extrémités......	4
Largeur au centre..........	10	Largeur, *idem*............	3
Hauteur, *idem*............	10		

On ne peut pas cependant donner comme invariable

la forme des grandes cases; car quelques-unes font, vers le milieu, soit dans le plan, soit dans l'élévation, un cintre plus considérable que la courbe de l'ellipse.

Les petites cabanes ont la forme ordinaire; et la plupart sont si peu considérables, qu'elles pourraient à peine contenir six hommes : quelques-unes ont à l'entrée un avant-corps couvert, qu'on appellera, ou *niche*, ou *péristile*, mais qui ne mérite ni l'un ni l'autre nom.

Il y a encore des rochers creux, sous lesquels les insulaires trouvent un abri; le sol de ces retraites est couvert de joncs, le grand air y circule, et il paraît qu'ils en font leurs habitations d'été.

Les cimetières ou morais *(fig. 8, 9 et 10)* sont des constructions plus remarquables : leurs dimensions sont très-différentes, mais leur forme est invariable. Sur un plan incliné à l'horizon, comme le terrain, s'élève un mur A, en talus, fait avec les mêmes pierres taillées dont on a déjà parlé; ce mur est plus ou moins haut, selon la rapidité de la pente du terrain; son sommet est terminé par une plate-forme horizontale B, faite de pierres brutes, sur laquelle posent à plat, et sont enchâssés des rectangles C de pierre dure, qui servent de base à des masses presque informes D, qui représentent des bustes. Ces figures, comme on le voit dans l'élévation, sont surmontées d'un chapeau ou chapiteau E, parfaitement cylindrique, un peu creux dans sa partie inférieure, où entre la tête; il est de lave rouge, extrêmement poreuse et légère : deux gradins F

en

en dessous de la plate-forme, faits de la même manière, et revêtus de la même pierre, aboutissent par une pente douce, à une esplanade qui est bornée par une espèce de parapet fait de la terre qui semble avoir été enlevée pour aplanir ce terrain. On trouve quelques gradins qui ont à leur partie supérieure une plinthe I, qui règne dans toute leur longueur, et sur laquelle sont figurés des squelettes couchés : non loin du gradin le plus inférieur, et vers l'esplanade, sont des entrées K, ou boyaux étroits, qui aboutissent à un souterrain ou caverne L, dans laquelle on trouve beaucoup d'ossemens humains; la forme en est irrégulière, et sa grandeur ne dépend pas même des proportions du morai.

	pieds	pou.		pieds	pou.
Hauteur du mur........	8	//	Hauteur du nez.........	1	8
On en a vu une de 267 pieds de longueur. Longueur de la plate-forme.	80	//	Saillie du nez..........	//	10
			Largeur du nez à sa partie inférieure...........	1	2
Largeur, idem.	12	//	Longueur des oreilles....	2	//
Hauteur des gradins.....	2	//	Grand diamètre de l'orbite.	1	//
Largeur, idem...........	3	//	Idem de l'œil...........	1	//
Elles sont presque toutes bien plus petites. Long.r de l'esplanade....	384	//	Petit diamètre de l'œil....	//	10
			Largeur à la base........	6	//
Largeur, idem.	324	//	Largeur aux oreilles.....	5	3
Hauteur d'un grand buste.	14	6	Idem aux épaules........	7	6
Idem depuis la base au-dessous du menton.......	9	6	Idem au cou............	4	6
			Épaisseur, idem.........	3	//
Hauteur du menton au sommet de la tête........	5	//	Épaisseur au ventre......	3	6
			Hauteur du chapiteau....	3	1
Idem au-dessous du nez..	1	6	Diamètre, idem.........	4	9

Ces mesures sont particulières à un des monumens; car

leurs dimensions varient infiniment : au reste, quoique la plupart des pierres qui ont servi à le bâtir soient bien équarries, l'on en remarque cependant qui sont un peu convexes sur toutes leurs faces, ce qui semble prouver qu'elles n'ont pas été taillées, mais usées; et le parallélisme exact de la plus grande partie, ne peut pas détruire cette assertion, le plus ou moins de perfection pouvant dépendre de l'habileté de l'ouvrier : quant à la difficulté du transport et du posage sans aucun moyen mécanique, elle disparaîtra si l'on réfléchit qu'avec des bras, quelques cordes, deux leviers et trois rouleaux de bois, on peut conduire et élever les masses les plus lourdes.

Les plantations sont très-multipliées; les champs plantés de patates et d'ignames, sont tous de forme rectangle; ils n'ont ni haie, ni enceinte, comme en ont quelques plantations de mûriers-papier : celles de bananiers sont disposées en quinconce, et tenues très-soigneusement. Les bords de la mer sont escarpés à toutes les pointes, et il y a très-peu d'anses abordables. Il est à remarquer qu'aucun ravin ne détermine l'écoulement des eaux, qui sans doute se perdent entre les pierres éparses et multipliées qui couvrent la surface de l'île. Aucune rivière ni ruisseau ne l'arrose dans les parties qui ont été parcourues; quelques excavations peu considérables dans les parties supérieures de rochers, contiennent seulement un peu d'eau du plus mauvais goût. Les arbres n'y sont pas moins rares, et l'on n'a rien vu qui puisse mériter ce nom.

Le 10 avril, à 9 heures du matin, étant à environ treize lieues de l'île, elle paraissait comme dans la vue 4.ᵉ *(Atlas, n.º 10.)* Le milieu de l'île, par le sommet du cap septentrional, quoique vaporeux, laissait cependant distinguer quelques escarpemens; il aboutissait à la mer, du côté de l'Ouest, par une pente assez douce, sans sinuosités : le côté de l'Est en avait aussi très-peu; il était un peu plus long que le précédent, et les hauteurs des deux pointes que les Espagnols ont nommées *Saint-Jean* et *Sainte-Rosalie*, le surmontaient à son extrémité, et paraissaient sur le devant : les côtes basses qui règnent entre les trois principaux caps, étaient noyées. Le sommet A du cap de l'Est, vague, et absolument séparé, paraissait être une autre île; sa hauteur était la moitié du sommet du milieu; l'intervalle qui régnait entre les deux, était égal à la base de la grande terre : celle du cap de l'Est ne paraissait que le quart de la première.

Le cap du Sud-Ouest se distinguait encore dans l'Ouest, mais très-bas et très-vague; sa forme était presque plate, et sa distance à la terre du milieu, n'était que la moitié de la base de cette dernière.

Le sommet de l'île fut relevé au Sud 15 degrés Est;
Le sommet A du cap de l'Est, au Sud 25 degrés Est;
Et le cap Sud-Ouest, au Sud 9 degrés Est.

A bord de la Boussole, ce 18 avril 1786.

Signé Bernizet.

MÉMOIRE

PHYSIOLOGIQUE ET PATHOLOGIQUE,

Sur les Américains, par M. ROLLIN, Docteur en Médecine, Chirurgien-major de la frégate la BOUSSOLE.

LORSQUE je me livrai à ce travail, je n'avais pas encore eu connaissance du mémoire instructif remis à M. DE LA PÉROUSE par la société de médecine. Des circonstances imprévues m'avaient privé de ce secours; et si je n'ai pu remplir entièrement l'objet qu'elle s'était proposé, je la prie du moins de recevoir avec indulgence les observations que j'ai faites sur le même sujet.

Des Indigènes du CHILI.

La structure du corps, chez ces Américains, n'offre rien de particulier : leur stature est en général moins grande que celle des Français, et ils paraissent aussi beaucoup moins robustes; cependant ils supportent avec beaucoup de courage les fatigues de la guerre, et toutes les privations qu'elle traîne à sa suite. Ils ont, dans plusieurs occasions, arrêté les efforts de l'Espagne, et quelquefois même ils en ont triomphé : leur histoire est remplie de traits de bravoure qui leur ont mérité de la part des plus fiers Espagnols, le titre glorieux d'*Indios bravos*, et dont le souvenir rejaillit encore sur leurs descendans.

Le même caractère de physionomie se fait remarquer chez presque tous les individus de cette nation : leur visage est large et plus arrondi que celui des Européens ; ils ont les traits grossiers, les yeux petits, ternes, noirs et enfoncés, le front bas, les sourcils noirs et bien garnis, le nez court et épaté, les pommettes saillantes, les lèvres épaisses, la bouche grande, le menton peu prononcé, et les oreilles de forme ordinaire.

Les femmes indigènes sont petites, mal conformées et d'une physionomie repoussante ; je n'en ai vu aucune qui eût la douceur des traits, la grâce et l'élégance des formes qui caractérisent leur sexe.

Les hommes et les femmes se percent les oreilles et la cloison du nez ; ils les ornent de morceaux de verroterie, de nacre, &c. dont ils varient la forme. La couleur de leur peau est d'un brun rougeâtre, et celle des ongles, un peu moins foncée. Ils ont également les cheveux noirs, très-forts et très-épais. Les hommes ont peu de barbe, mais leurs aisselles et leurs parties naturelles sont assez bien garnies de poils : presque toutes les femmes en sont dépourvues à ces parties.

Des Indigènes de la CALIFORNIE.

Ces peuples sont dans l'hémisphère Nord, à même distance de la Ligne que les Chiliens dans l'hémisphère Sud.

Pendant mon séjour à Monterey, j'eus occasion d'examiner un grand nombre d'individus des deux sexes, et je remarquai peu de ressemblance entre eux et les indigènes du Chili. La taille des hommes est plus haute, et leurs muscles mieux prononcés; mais ils sont moins courageux et moins intelligens. Ils ont le front bas, les sourcils noirs et épais, les yeux noirs et enfoncés, le nez court et déprimé à sa racine, les pommettes saillantes, la bouche un peu grande, les lèvres épaisses, les dents fort belles, le menton et les oreilles de forme ordinaire. Ils sont d'une indolence extrême, sans industrie, peu curieux, et presque stupides : ils portent, en marchant, la pointe du pied en dedans, et leur démarche peu assurée décèle, au premier coup-d'œil, leur caractère de pusillanimité.

Les femmes de la Californie ont aussi quelques qualités individuelles qui ne se remarquent point dans celles du Chili : leur taille est plus élevée, et la forme de leurs membres est plus régulière; elles sont en général d'une stature mieux développée et d'une physionomie moins repoussante.

La chevelure est à peu près la même chez ces deux peuples; mais les Californiens ont la barbe plus fournie que les Chiliens, et les parties génitales mieux garnies : cependant j'ai remarqué, parmi les hommes, un grand nombre d'individus totalement dépourvus de barbe; les femmes ont aussi peu de poil au pénil et aux aisselles : on m'a assuré que ces particularités n'avaient d'autre cause que l'usage où sont les hommes de s'arracher la barbe, et les femmes de s'épiler ces parties avec des coquilles bivalves, ou avec un morceau de bois fendu à une de ses extrémités.

Ce qui semblerait confirmer cette assertion, c'est que j'y ai vu des hommes imberbes avoir beaucoup de poil sur les diverses parties du corps, et des femmes qui en étaient dépourvues aux aisselles et aux parties sexuelles, en avoir en assez grande quantité sur les bras et les jambes.

Ces Américains sont aussi dans l'usage de se peindre la peau pour se parer; ils se percent aussi les oreilles, et y portent des ornemens d'un genre et d'un goût très-variés. Ils ont la peau basanée, et les ongles d'une couleur moins foncée que les Chiliens.

Des Américains qui habitent les environs de la BAIE DES FRANÇAIS.

Ces peuples m'ont paru avoir peu de ressemblance avec les Californiens : ils sont plus grands, plus robustes, d'une figure plus agréable, et susceptible de la plus grande vivacité d'expression; ils leur sont aussi très-supérieurs en courage et en intelligence. Ils ont le front un peu bas, moins couvert cependant que les Américains du Sud; ils ont les yeux noirs et très-animés, les sourcils bien plus fournis, le nez de grandeur et de forme régulières, seulement un peu évasé à son extrémité, les lèvres peu charnues, la bouche de moyenne grandeur, les dents belles et bien rangées, le menton et les oreilles très-réguliers.

Les femmes ont aussi sur les Américaines dont j'ai parlé, le même avantage de conformation; elles ont beaucoup plus de douceur dans les traits du visage, et de grâce dans la forme des membres.

Leur physionomie serait même assez agréable, si, pour s'embellir, elles n'étaient dans l'usage bizarre de porter à la lèvre inférieure un morceau de bois de forme elliptique, légèrement excavé à ses deux surfaces et à sa circonférence, et qui a communément un demi-pouce d'épaisseur, deux de diamètre, et trois pouces de long.

Cette espèce d'écuelle les rend difformes, et leur cause un écoulement involontaire de salive aussi incommode que dégoûtant; cependant les femmes seules s'en servent comme d'un ornement, et on y prépare les petites filles aussitôt qu'elles sont nées.

Pour cet effet, on leur perce la lèvre inférieure, avec une espèce d'épingle de cuivre ou d'or, qu'on laisse dans l'ouverture, ou bien on y place un anneau de même matière, que les jeunes filles conservent jusqu'à l'âge de puberté. Alors elles augmentent progressivement cette ouverture, en substituant à l'épingle, ou à l'anneau, d'abord une petite écuelle, ensuite une plus grande, et ainsi graduellement jusqu'à ce qu'elles soient parvenues aux dimensions dont j'ai parlé plus haut.

Cette bizarrerie peut servir à faire connaître jusqu'à quel point l'extension des lèvres offre des ressources pour prévenir les difformités de ces parties, à la suite des opérations que nécessite leur délabrement.

Ces peuples sont de couleur olivâtre : leurs ongles, qu'ils
portent

portent très-longs, sont d'une couleur moins foncée; mais on remarque que celle de la peau varie dans ses nuances; elle est beaucoup moins obscure sur quelques individus, et sur les parties du corps qui ne sont point exposées à l'action de l'air et du soleil.

Leurs cheveux sont en général moins forts et moins noirs que ceux des Américains du Sud : on en voit beaucoup de châtains. Ils ont aussi la barbe plus touffue, les aisselles et les parties sexuelles mieux pourvues de poils.

La parfaite égalité de leurs dents me fit croire d'abord qu'elle pouvait être l'effet de l'art; mais les ayant examinées de près et avec attention, je n'aperçus aucune altération à l'émail, et je vis qu'ils tenaient cette régularité de la nature.

Ces peuples se peignent le corps et le visage, se tatouent, et se percent les oreilles et la cloison du nez.

Quelques écrivains ont pensé que l'usage de se peindre le corps et le visage, si généralement répandu chez les Africains, les Américains, et les Indiens occidentaux, n'était qu'un moyen employé par ces peuples contre les animaux venimeux; cependant je crois, d'après mes observations, que cet usage n'a d'autre objet que la parure et l'embellissement. Je l'ai trouvé établi chez les habitans de l'île de Pâque, et chez les naturels de la baie des Français, et je n'ai pourtant vu chez ces peuples, ni insectes ni reptiles venimeux; j'ai remarqué de plus qu'ils ne se peignaient le corps que lorsqu'ils venaient nous visiter, et que dans leurs habitations nous ne les trouvions jamais avec cette espèce de fard.

VOYAGE

OBSERVATIONS GÉNÉRALES.

Les écrivains qui ont parlé des Américains comme d'une espèce dégénérée, ont suivi les écarts de leur imagination, et n'ont rien donné à la vérité.

Il en est même parmi eux qui ont étendu l'idée de cette dégradation jusqu'aux Européens naturalisés en Amérique. J'ose croire que les Wasingthon, les Adams, les Francklin, &c. ont, par leur mérite, réfuté cette assertion d'une manière assez honorable pour me dispenser d'entrer dans aucune discussion à ce sujet.

Il m'a semblé aussi que les mêmes écrivains n'avaient pas été plus heureux dans leurs opinions sur le prétendu abâtardissement des animaux de l'ancien continent transplantés en Amérique.

Quant à l'existence des vices, ou des modifications particulières, qu'on suppose dans la structure interne des parties génitales de ces peuples, et qu'on attribue également à la dégradation de l'espèce humaine en Amérique, il ne m'a pas été possible de faire les recherches nécessaires pour m'en assurer.

Mais si je juge de l'organisation de ces parties par la perfection qu'elles offrent au dehors, je dois la croire exacte.

Au reste, je n'ai vu nulle part, chez ces peuples, ni les prolongemens du scrotum, ni les gonflemens prodigieux de la verge, ni de ces hommes dont les mamelles fournissent du lait, comme le rapportent quelques voyageurs.

Je n'ai point remarqué non plus, qu'aucun peuple sauvage eût une plus grande vîtesse à la course, ni plus de perfection dans les organes des sens, que les Européens ; et s'il existe une différence dans la perfection de ces facultés, elle est à l'avantage des nations policées.

Le cours de la vie, chez ces peuples, m'a paru avoir les mêmes périodes d'accroissement et de décroissement que parmi nous ; le climat, le genre de vie et les habitudes y apportent cependant quelques légères différences.

Au Chili et en Californie, la barbe et la voix se développent chez les hommes vers la treizième année, et annoncent l'âge de puberté. Les filles sont ordinairement pubères vers l'âge de onze ou douze ans. Le gonflement des mamelles et l'éruption du flux menstruel en sont les présages ordinaires. L'abondance de cette évacuation périodique varie chez les différens individus, en raison de leur constitution et de leur manière de vivre. Si aucun accident particulier n'intervertit l'ordre naturel, cette évacuation a lieu tous les mois, et dure depuis trois jours jusqu'à huit. Les femmes y sont sujettes jusque vers leur quarantième année : il n'est cependant pas très-rare d'y voir des femmes donner des marques de fécondité dans un âge plus avancé.

La vieillesse et la décrépitude s'annoncent chez ces peuples, comme chez les nations civilisées, par le desséchement de l'individu, la perte ou l'affaiblissement de la vue et des autres sens, le changement de couleur des cheveux et de la barbe.

Les femmes qui ont eu beaucoup d'enfans, ont, comme les Européennes, dans cette circonstance, les mamelles flasques et pendantes, et la peau du ventre plissée, mais sans aucune différence remarquable.

Ces peuples ont, à quelque chose près, les mêmes passions, les mêmes exercices et la même manière de vivre ; ils sont également extrêmes dans l'expression de la joie et de la colère, et le plus léger événement suffit pour les y porter. Ceux de la baie des Français sont voleurs, audacieux, irascibles à l'excès, et de tous le plus à craindre pour un étranger.

Ils vivent assez communément de gibier et de poisson ; mais quoique la chasse et la pêche leur offrent en abondance les moyens de renouveler leurs provisions, ils aiment mieux souvent se nourrir d'alimens altérés et presque putréfiés, que de se donner une légère peine pour s'en procurer de bons. Leur penchant pour la paresse les rend encore peu délicats sur la préparation de ces mêmes alimens : lorsqu'ils sont pressés par la faim, ils ne se donnent pas la peine de les faire cuire, mais ils les font simplement griller sur les charbons, ou bouillir dans une gamelle de bois remplie d'eau, en y jetant des cailloux rougis au feu, qu'ils renouvellent jusqu'à parfaite cuisson.

Les heures des repas sont quelquefois déterminées par l'appétit ; mais ordinairement chaque famille se rassemble vers la fin du jour pour prendre un repas en commun.

Les habitans de la Californie et de la baie des Français

ne font aucun usage de végétaux, si l'on excepte cependant quelques graines de pins, et autres fruits que leur fournit la belle saison : encore ces fruits ne font-ils jamais partie essentielle de leur nourriture. Ils sont sobres par paresse, et gloutons dans l'abondance.

Ces peuplades sont divisées par hordes, et chaque horde forme communément un petit hameau. Leurs cabanes, faites de roseaux ou de branches de feuillage, sont supportées par quatre piquets, et recouvertes pour la plupart d'écorces d'arbre aplaties : elles sont de forme carrée, ou conique, ne garantissent que faiblement des injures de l'air, et n'offrent aucune espèce de solidité ni de commodité. L'entrée en est basse et étroite; le foyer est placé au milieu de la cabane, et la fumée s'échappe par un trou pratiqué dans la couverture.

Ces Américains se couchent pêle-mêle, et sans distinction d'âge ni de sexe, sur des pelleteries qu'ils étendent autour du feu. Ils mettent peu de soin à la construction de leurs huttes, parce que l'extrême mobilité de leur caractère les porte bientôt à les abandonner pour en établir de nouvelles, souvent même à côté de celles qu'ils viennent de quitter : ils préfèrent pour ces sortes d'établissemens, les bords des rivières, et les revers des montagnes exposées au midi.

Les seuls logemens solides et un peu considérables que j'aye vus sur cette côte, sont ceux d'une horde établie sur les bords d'une petite rivière très-poissonneuse, à environ quatre milles de la baie des Français. Ces cabanes étaient construites avec de gros madriers ou planches fort épaisses;

elles étaient de forme rectangle, avaient environ quinze pieds d'élévation, et pouvaient contenir trente ou quarante personnes. Les portes en étaient basses, étroites, et s'ouvraient à coulisses. L'intérieur n'offrait rien de remarquable: on y voyait seulement une espèce de gradin sur lequel des femmes et des enfans étaient occupés à fabriquer des meubles de ménage. Ils avaient établi sur la petite rivière voisine de leurs habitations, une pêcherie dont la disposition et la construction n'étaient pas moins ingénieuses que celles décrites par M. Duhamel.

Parmi ces peuples, les hommes se livrent particulièrement aux exercices guerriers, à la pêche et à la chasse; leurs armes sont l'arc, le javelot et le poignard. Les femmes au contraire, semblent spécialement occupées de la préparation des alimens, et des soins intérieurs du ménage : quoiqu'elles vivent sous la domination d'hommes très-féroces, je n'ai pas vu qu'elles en fussent traitées d'une manière aussi barbare que le prétendent la plupart des voyageurs; j'ai même remarqué que, dans beaucoup d'occasions, ils avaient pour elles des égards et des déférences.

Il paraît, d'ailleurs, que ces peuples sont polygames, et que leurs mariages ne sont durables qu'autant qu'ils conviennent aux deux parties. Ils attachent peu d'importance à la possession exclusive de leurs femmes; ils cherchaient souvent à trafiquer leurs faveurs, et les négociaient pour un morceau de fer ou quelques grains de verroterie.

Quoique ces Américains paraissent former de grandes

peuplades, et avoir les mêmes intérêts et les mêmes mœurs, cependant chaque famille semble vivre d'une manière isolée et avoir un régime particulier. Ces familles ont leurs chefs, leurs cases, leurs pirogues, leurs instrumens pour la pêche et pour la chasse, et enfin tout ce qui peut leur procurer des moyens de se défendre et de subsister. J'ai cru cependant remarquer qu'il existait parmi eux des chefs qui semblaient commander à plusieurs familles, mais pour lesquels chaque individu n'avait qu'une légère déférence.

Ces chefs ont sur les autres habitans l'avantage de la taille, de la force et même du courage. Ils sont en général couverts d'énormes cicatrices, qu'ils affectent de faire remarquer comme des témoignages de leur valeur : on les distingue aussi des autres par l'espèce de luxe et d'élégance qu'ils mettent dans leur coiffure et dans leurs vêtemens. L'habillement des femmes consiste en une chemise de cuir qui leur descend jusqu'à mi-jambe, et en un manteau de pelleterie qui les couvre depuis les épaules jusqu'aux genoux. Les hommes portent un manteau semblable, et quelques-uns ont aussi une chemise de cuir et des bottines de peau de loup marin ; mais communément ils sont pieds nus.

Il est difficile, pour ne pas dire impossible, à un voyageur qui n'entend point la langue de ces Américains, et qui ne connaît qu'imparfaitement leurs coutumes, de donner des notions exactes sur leur régime social, et de faire une description méthodique et satisfaisante des maladies qui les affligent. On ne peut douter cependant que leur manière de vivre, l'usage immodéré qu'ils font des choses qui les flattent, et les vicissitudes du climat, ne les exposent à beaucoup d'infirmités.

Je vais m'étendre avec quelque détail sur les maladies des indigènes de la Californie. Le grand nombre d'Américains qui se trouvent rassemblés dans la mission de S. Carlos, m'a fourni l'occasion d'y voir plusieurs malades, et de faire des observations sur la nature de leurs maladies. J'ai été aidé dans ce travail par le père MATTHIAS, missionnaire, et par M. CARBAJOLE, chirurgien-major au service du roi d'Espagne, attaché à cette colonie.

On éprouve en Californie de grands changemens dans la température des quatre saisons de l'année. Leur influence sur les peuples qui l'habitent, occasionne des maladies particulières; et quoique ces peuples paraissent être accoutumés aux différentes inclémences de l'air, ils sont cependant plus sujets que les Européens, aux maladies causées par l'excès prolongé d'une température.

Les maux de gorge, les affections catarreuses, les pleurésies et les péripneumonies, sont les maladies les plus ordinaires en hiver. Les remèdes dont ils font usage pour le traitement de ces maladies, consistent dans la boisson de quelques tisanes faites avec des plantes, qu'ils pilent ensuite et qu'ils appliquent sur l'épiglotte ou sur le lieu de la douleur. Lorsque ces maladies atteignent un certain degré de gravité, elles dégénèrent communément, par l'insuffisance de ces moyens, en maladies chroniques; et les

malades

malades qui ont survécu à la vigueur du développement de leur premier caractère, ne tardent pas à terminer leurs jours dans la phthisie ou dans la pulmonie.

Les fièvres éphémères et intermittentes, et les affections saburrales se font principalement remarquer au printemps et en automne.

Je n'ai pu m'assurer si ces peuples connaissaient quelque remède qui, dans le traitement des fièvres, pût leur tenir lieu de quinquina. Leur pratique paraît se borner seulement à provoquer le vomissement, en enfonçant le doigt dans la bouche, et à exciter des sueurs abondantes par des espèces de bains d'étuve, que je décrirai ci-après.

Les maladies les plus générales en été, sont les fièvres putrides, pétéchiales, ardentes, bilieuses, et la dyssenterie. Le défaut de soins et d'intelligence dans le traitement de ces maladies, leur donne presque toujours un caractère fâcheux; et lorsque les efforts de la nature sont insuffisans pour déterminer quelques évacuations salutaires, soit par les selles, les urines, ou la transpiration, les malades en sont ordinairement les victimes. Il est à remarquer que ces évacuations critiques sont presque toujours avantageuses aux malades, lorsqu'elles ont lieu du onzième au vingt-unième jour, à compter de celui de l'invasion. Mais les maladies les plus redoutables pour eux, sont les fièvres ardentes et bilieuses: leur développement est si violent, qu'il est rare que les individus qui en sont atteints ayent la force d'y résister.

Indépendamment de ces diverses maladies, les habitans de

la Californie sont encore exposés aux fièvres nerveuses, aux rhumatismes, aux affections psoriques, aux ophtalmies, à la vérole et à l'épilepsie. J'ai vu, à la mission de S. Carlos, une femme atteinte de cette dernière maladie, dont les accès périodiques duraient communément deux heures.

Les ophtalmies et la gale affectent le plus grand nombre de ces Américains : ils ne font cependant aucun usage de boissons spiritueuses, ni de viande de porc fraîche ou salée, auxquelles on attribue ordinairement la cause de ces maladies, ainsi que des dartres et autres maladies cutanées, qui les affligent si généralement. Je ne crois pas non plus qu'on soit mieux fondé à l'attribuer au tatouage et à l'usage de se peindre la peau.

Les habitans de la baie des Français ont les mêmes usages, et vivent de plus dans une extrême mal-propreté; cependant on y remarque bien rarement des exemples ou même des traces du vice psorique. Je dois ajouter que dans nos flottes en station en Amérique pendant la dernière guerre, j'ai observé qu'après un séjour de cinq ou six mois, les dartres affectaient le plus grand nombre de nos matelots, souvent même des officiers, et que ces dartres résistaient à presque tous les remèdes employés sur les lieux, tandis que dans la plupart des cas, il suffisait de passer dans des climats tempérés, pour qu'elles disparussent sans accident.

D'après toutes ces circonstances, il me paraît démontré que les maladies cutanées qui affectent aussi généralement les peuples qui habitent les environs de l'Équateur, sont l'effet d'une altération acrimonieuse dans les humeurs, déterminée par les grandes chaleurs de ces climats. Je ne doute pas cependant que la constante action de l'air et du soleil sur la peau de ces peuples, qui vont continuellement nus, ne contribue beaucoup à ces sortes de maladies, et ne les rende plus tenaces. Personne n'ignore qu'elles étaient autrefois très-communes en Europe, et qu'elles perdirent de leur malignité et devinrent très-rares, à mesure que le goût de propreté et l'usage du linge firent place à la vie sale et grossière qui s'y était répandue après la chute de l'Empire romain.

Les maladies épidémiques telles que la petite vérole et la rougeole, ne règnent en Amérique qu'accidentellement, c'est-à-dire, lorsqu'elles y sont apportées par quelques vaisseaux européens; mais les naturels sont très-susceptibles d'en être atteints, et les ravages de la petite vérole sur-tout, y sont si meurtriers, qu'il n'est point de calamité pour eux plus redoutable. Cette maladie se manifeste par les mêmes symptômes, et suit la même marche dans son développement, que parmi les Européens; elle règne aussi sous les mêmes caractères de discrète, de confluente ou de maligne, mais on remarque que c'est sous ce dernier caractère qu'elle se montre le plus généralement.

La vérole, qui, selon la tradition commune, ne fut connue en Europe qu'au retour de la flotte de CHRISTOPHE COLOMB, paraît, d'après l'opinion des personnes éclairées que j'ai consultées à Monterey, n'être répandue parmi les naturels de la Californie, que depuis leur communication avec les Européens qui se sont établis dans cette partie du nouveau continent : mais, quelle que soit l'origine de cette maladie parmi ces peuples, il est certain qu'elle y cause les mêmes ravages que parmi nous. Les bubons, les chancres, les excroissances, la gonorrhée, &c. sont ses caractères ordinaires.

Les moyens curatifs auxquels les Américains indigènes paraissent avoir le plus de confiance pour le traitement de cette maladie, sont, le bain de sable qu'ils appellent *tamascal*, et une décoction de plantes sudorifiques prise en boisson. On m'a assuré que ce traitement produisait presque toujours les mêmes effets.

La manière de préparer le *tamascal*, consiste à creuser dans le sable une fosse d'environ un pied de profondeur sur deux de largeur, et d'une longueur proportionnée à la taille du malade ; on y fait ensuite du feu dans toute son étendue, ainsi que sur le sable qu'on a déplacé en la creusant. Quand le tout est échauffé, on ôte le feu, et on remue superficiellement le sable, pour que la chaleur soit également répartie ; après quoi le malade quitte ses vêtemens, se couche dans la fosse, et on le recouvre jusqu'au menton avec le sable échauffé. Dans cette position, il éprouve bientôt des sueurs très-abondantes, qui diminuent peu à peu, par le refroidissement graduel du sable. Alors le malade se lève, et va se laver dans la mer, ou dans une rivière voisine. Ce procédé se répète de la même manière jusqu'à parfaite guérison. La plante dont ils se servent assez communément dans le traitement des maladies vénériennes, est connue des Espagnols sous le nom de *gouvernante*. Voici les caractères de cette plante, tels que j'ai pu les décrire, d'après des échantillons desséchés.

Calice : Quatre parties ovoïdes, de même grandeur que la corolle, insérées sous le fruit; il tombe avec la fleur;

Corolle polypétale : Quatre pétales, petits, entiers, ovales, insérés sur le réceptacle;

Étamines : Huit, insérées sur le réceptacle, de même grandeur que la corolle; filets charnus, sillonnés ou concaves d'un côté, et convexes de l'autre, ailes velues, anthère simple;

Pistil : Germe obrond, velu, quinquangulaire, divisé en cinq loges, renfermant une semence oblongue; les poils du péricarpe sont très-apparens, quoique très-fins;

Port : J'ai jugé que ce devait être un arbrisseau, au plus, de moyenne grandeur; les tiges sont anguleuses, touffues, noueuses, et enduites d'un vernis gluant, l'insertion des branches latérales alterne, et elles sont assez près les unes des autres; les feuilles petites, pétiolées, bilobées, opposées, lisses en-dessus, les nervures peu apparentes en-dessous; fleurs axillaires, quelquefois terminales, pédunculées, solitaires, et quelquefois géminées.

Les femmes sont encore sujettes à des maladies particulières à leur sexe, indépendamment de celles qui leur sont communes avec les hommes : telles sont, les suites de couches, les hémorragies utérines, ou pertes de sang, et les avortemens, &c. On remarque cependant qu'elles éprouvent peu d'incommodités pendant leur grossesse, et que presque toutes accouchent avec facilité. Les accouchemens laborieux, ou contre nature, sont très-rares : mais lorsqu'ils ont lieu, la mère et l'enfant en sont presque toujours les victimes ; ce qui ne peut être occasionné que par un défaut de rapport dans les dimensions du bassin de la mère avec la grosseur de l'enfant qui doit en traverser les détroits, ou par une mauvaise position de celui-ci lorsqu'il se présente au passage.

Dans les accouchemens naturels, les premières douleurs ne précèdent ordinairement que de peu de temps l'expulsion de l'enfant. Ces femmes ne doivent sans doute cet avantage qu'à l'extrême grandeur des diamètres du bassin, comme je le ferai voir à la table des proportions.

Aussitôt que l'enfant est né, les vieilles Américaines, qui font les fonctions de sages-femmes, lient le cordon ombilical, plongent l'enfant dans l'eau froide, et le débarrassent de l'humeur visqueuse qui se trouve sur toute la surface du corps. Du moment que la mère est délivrée, elle va elle-même se laver dans la mer ou dans une rivière. En sortant de l'eau, elle s'assied sur une pierre échauffée; on la recouvre de pelleteries, et elle reste dans cette position jusqu'à ce que les sueurs qu'elle éprouve diminuent, et que la pierre se refroidisse, pour aller de nouveau se plonger dans l'eau froide : elle répète quelquefois ce procédé plusieurs jours de suite.

Ces immersions, et cette espèce d'étuve, généralement usitées par les Américains dans presque toutes les infirmités, ne sont pas toujours exemptes d'inconvéniens, et principalement chez les nouvelles accouchées. Elles donnent souvent lieu, dans cette circonstance, à la suppression des lochies, à l'inflammation des parties de la génération et des voies urinaires, avec suppression des urines; aux squirres des mamelles, qui quelquefois passent à l'état de cancer : il y a environ six mois qu'on en vit un exemple à la mission de Monterey, sur une femme âgée d'environ vingt-cinq ans, qui mourut d'un cancer ulcéré qui lui avait rongé une mamelle et quatre côtes adjacentes à la tumeur.

Lorsqu'il arrive quelques accidens à la suite de cette conduite, les sages-femmes bornent leur pratique à fomenter les parties souffrantes avec une décoction de plantes ou de graines émollientes. La graine dont l'usage leur est le plus familier dans ces cas ainsi que dans les fièvres aiguës, tant en boisson qu'en fomentation, ressemble à la graine de lin; elle en a la forme, la couleur, le luisant, et donne par la fusion un mucilage de même nature : elle est connue des Américains sous le nom de *passelle*.

La grossesse ne parvient pas toujours heureusement au terme ordinaire de neuf mois ; les exemples d'avortemens ne sont même pas très-rares : dans ces cas, les femmes tiennent la même conduite que si elles avaient accouché au terme préfix, excepté lorsqu'il y a perte ou hémorragie; alors la femme se tient couchée, et on lui fomente l'hypogastre et les parties sexuelles à froid. Je n'ai pu me procurer des éclaircissemens sur les moyens que les sages-femmes emploient pour l'extraction du placenta.

Les enfans à la mamelle ne sont pas non plus exempts des infirmités qui oppriment ce premier âge de la vie humaine : excepté le rachitis, dont je n'ai vu d'exemple nulle part, ils sont sujets, comme les enfans européens, aux douleurs de la dentition, aux gerçures, à l'éclampsie, à la coqueluche, aux vers, aux tranchées, à la diarrhée, au marasme, au strabisme, &c.

Le temps de l'allaitement n'est point limité, quelquefois il est très-court ; mais communément les mères allaitent leurs enfans pendant dix-huit ou vingt mois. La manière dont elles mettent leurs enfans au maillot, consiste à les envelopper de pelleteries, leur ayant préalablement alongé les jambes et les bras le long du corps, et fixé ces parties dans cette situation par quelques tours de lisières de cuir ; ensuite elles les mettent dans une écorce d'arbre, de grandeur proportionnée à l'enfant, et de la forme d'une tuile, où il est fixé de nouveau par des liens ou lisières de peau. Quant aux taches brunes que quelques voyageurs disent avoir observées sur le dos des enfans, j'avoue que dans cette circonstance, comme dans beaucoup d'autres, où j'ai voulu vérifier leurs observations, mes recherches ont été inutiles. Je n'ai rien reconnu non plus dans les caractères de leur organisation, qui fût étranger à la conformation naturelle la plus exacte.

Quoique

Quoique les maladies qui affligent les naturels de la Californie soient aussi nombreuses que différentes entre elles, les moyens qu'ils emploient contre ces diverses infirmités, sont cependant presque toujours les mêmes. J'ai déjà dit que ces moyens consistaient dans l'usage de quelques plantes, de bains froids, et dans des espèces de bains d'étuve. L'application de ces remèdes, quoique peu raisonnée, est dirigée par des espèces de médecins, ou plutôt de jongleurs, qui ne se concilient la confiance de leurs compatriotes que par des inspirations feintes et des gesticulations extravagantes.

Leur pratique générale d'exciter les sueurs, donne à penser que ces jongleurs croient, comme Van-Helmont, que cette excrétion est une dépuration favorite de la nature, et qu'il suffit d'un seul moyen pour la provoquer et guérir toutes les maladies : mais s'il est possible de soupçonner qu'ils tiennent, comme lui, cette pratique et cette doctrine, d'un être supérieur, comme semble l'indiquer leur gymnastie, il est aussi probable que ces jongleurs l'ont devancé dans cette révélation, et qu'il n'a été que leur imitateur. Quant au régime, il est toujours subordonné au goût et à l'appétit des malades.

Les maladies externes ou chirurgicales auxquelles les naturels de la Californie sont le plus sujets, sont les fractures et les plaies, les ulcères, les tumeurs humorales, les hernies, les luxations.

Le traitement dont ces peuples font usage pour guérir les plaies et les ulcères, ne diffère point de leur traitement ordinaire, dans les cas simples : ils en abandonnent la guérison à la nature. Dans les cas graves, ils appliquent seulement quelques plantes entières ou pilées, sur la plaie ou sur l'ulcère : si l'ichorosité que produisent les ulcères, cause de la douleur et ronge les parties, ils les bassinent avec une lotion faite avec des plantes ou des graines émollientes; et lorsqu'une plaie est accompagnée d'hémorragie, ils la tamponnent avec du poil d'animaux, et font une compression graduée, en se servant de morceaux de peau maintenus par des lisières qui font l'effet de nos bandes. Si ce procédé ne suffit pas pour arrêter l'effusion du sang, le blessé périt ordinairement d'épuisement; mais lorsqu'ils parviennent à arrêter l'hémorragie, ils attendent que la bourre mise dans la plaie se détache par la suppuration, et se conduisent pour le reste de la cure, comme dans les cas simples. Les cicatrices qu'ils obtiennent à la suite des plaies ou entamures des parties molles, sont presque toutes défectueuses.

Si les naturels de la Californie empoisonnent leurs flèches, comme le font quelques peuplades d'Amérique, il faut que la substance qu'ils emploient ait des effets moins prompts et moins dangereux; car les Espagnols qui vivent parmi eux depuis plusieurs années, n'ont point encore vu que les blessures faites par ces flèches ayent été mortelles.

Lorsque ces Américains sont atteints de tumeurs humorales simples, ils n'y apportent aucun soin; mais si elles ont un caractère inflammatoire, ils font usage des émolliens en topique ou en fomentation.

Les tumeurs formées par le déplacement des parties, telles que les hernies, sont très-communes parmi ces peuples, et principalement chez les enfans.

Il m'a paru qu'ils ne connaissaient ni la méthode de faire rentrer les parties par le taxis, ni l'usage de les maintenir réduites par le bandage. Je réduisis sur des enfans plusieurs tumeurs en présence des pères et mères, dans l'intention de les mettre au fait de ce procédé, et à même de guérir ou de prévenir les accidens de ces maladies; mais leur peu d'intelligence, me laisse beaucoup de doutes sur l'efficacité de mes soins. Leurs connaissances sont aussi très-bornées dans l'art de réduire les luxations; ils font sur le membre luxé quelques tiraillemens, dont les efforts sont si mal dirigés, qu'ils n'en obtiennent presque jamais la réduction. Leur conduite m'a paru un peu mieux raisonnée dans le traitement des fractures; ils mettent les bouts des os fracturés en contact, et les y maintiennent par un bandage, en assujettissant le membre dans une écorce d'arbre qui l'emboîte par le moyen de lisières de peau: le malade garde le repos jusqu'à la parfaite consolidation des parties.

J'ai cru que les proportions de ces différens peuples seraient plus aisées à comparer, en rassemblant le résultat de ce travail dans une table, et en indiquant les lieux et les latitudes où j'ai mesuré ces proportions. On verra que dans la constitution de ces peuples, il existe des différences que le climat, les exercices, la manière de vivre, et les préjugés mêmes, développent ou modifient d'une manière très-remarquable.

VOYAGE

COMPARAISON des Proportions des deux sexes indigènes du continent d'Amérique, et Latitude des lieux où elles ont été mesurées.

Dénomination des lieux	CONCEPTION.			MONTEREY.			B. des Français.		
Latitudes	36ᵈ 41' Sud.			36ᵈ 41' Nord.			58ᵈ 38' Nord.		
	Pieds	Pouc.	Lig.	Pieds	Pouc.	Lig.	Pieds	Pouc.	Lig.
Proportion des hommes. Taille commune	5	1	//	5	2	6	5	3	//
Grand diamètre de la tête	//	8	4	//	9	//	//	9	5
Petit diamètre, *idem*	//	5	//	//	5	4	//	5	6
Longueur des extrémités supérieures	2	1	6	2	1	9	2	2	3
Idem des inférieures	2	8	//	2	9	//	2	10	5
Idem des pieds	//	9	4	//	10	//	//	10	6
Largeur de la poitrine	1	//	//	1	1	//	1	1	4
Idem des épaules	1	4	8	1	7	//	1	7	5
Hauteur de la colonne vertébrale	1	10	//	1	11	//	2	//	4
Circonférence du bassin	2	4	4	2	6	8	2	7	5
Proportion des femmes. Grand diam. de la tête	//	8	//	//	8	5	//	8	10
Petit diam. *idem*	//	4	11	//	5	3	//	5	5
Longueur des extrémités supérieures	2	//	7	2	1	//	2	1	6
Idem des inférieures	2	5	2	2	6	//	2	6	8
Idem des pieds	//	8	//	//	8	6	//	8	9
Largeur de la poitrine	//	10	6	//	10	9	//	11	3
Idem des épaules	1	2	//	1	2	8	1	3	2
Hauteur de la colonne vertébrale	1	8	//	1	8	6	1	8	9
Circonférence du bassin	2	5	//	2	6	//	2	6	9
Distance d'une épine antér. et supér. à l'autre	//	8	//	//	8	5	//	8	10

Ces proportions ont été mesurées de la manière suivante: pour les extrémités supérieures, de la tête de l'humérus à l'extrémité du doigt médius; pour les extrémités inférieures, de la tête du fémur au talon, et du talon au gros orteil; la largeur de la poitrine, d'une articulation humérale supérieure, à l'autre; la hauteur de la colonne vertébrale, prise de la première vertèbre cervicale au sacrum; le grand diamètre de la tête, de l'angle supérieur de l'occipital à la symphyse du menton, et le petit diamètre, d'une bosse pariétale à l'autre.

MÉMOIRE

Sur quelques Insectes, par LA MARTINIÈRE, *Naturaliste.*

L'INSECTE dont on voit la forme à travers sa demeure *(fig. 1)*, se trouve logé dans une petite maison prismatique, triangulaire, aiguë vers les deux extrémités, de la consistance et de la couleur d'une légère glace très-fragile. Le corps de l'insecte, couleur verte, mêlée de petits points bleuâtres, et quelques-uns de couleur d'or, se trouve fixé par un ligament à la partie inférieure de sa petite maison; son cou est surmonté d'une petite tête noirâtre, composée de trois feuillets rapprochés, en forme de chapeau, et renfermée entre trois nageoires, deux grandes et échancrées à la partie supérieure, lettre A, et une petite, en forme de demi-cercle, lettre B : lorsqu'on l'irrite, il rentre aussitôt toutes ses nageoires et sa tête dans sa demeure, et se laisse couler à fond par son propre poids. La *fig. 2* représente le prisme vu par-dessous, où l'on aperçoit de quelle manière il est échancré, afin de pouvoir donner passage à l'animal, lorsqu'il veut s'y renfermer. La *fig. 3* le représente vu de profil. Le mouvement qu'exécutent les deux grandes nageoires, d'une consistance cartilagineuse un peu molle, peut être comparé à celui qu'exécuteraient les deux mains d'un homme, jointes ensemble, et en pronation, en formant alternativement deux plans inclinés et un plan horizontal : c'est à la faveur de ce mouvement qu'il se soutient sur l'eau, où il se nourrit vraisemblablement des corps gras et huileux qui se trouvent sur la surface de la mer. Je l'ai pris près de Nootka, à la côte Nord-Ouest de l'Amérique, dans un temps calme.

L'insecte suivant *(fig. 4 et 5)* a à peu près la forme d'un verre de montre qui serait échancré dans un point de sa circonférence ; son corps est d'une consistance cartilagineuse, d'une couleur blanche un peu terne ; sa partie supérieure *(fig. 4)* est couverte par de petites taches ovales, de couleur de lie de vin. La *fig. 5* le représente vu par-dessous, où l'on aperçoit trois élévations en forme de godets, deux vers la trompe de l'animal, et une troisième beaucoup plus grande, vers la partie échancrée de son corps : ce dernier est divisé par sept petites côtes blanchâtres ; le centre fait un peu saillie. C'est à la faveur de ces différens godets qu'il se fixe d'une manière très-forte sur le corps de différens poissons ou animaux marins ; vraisemblablement c'est en faisant le vide, et non avec une humeur glutineuse et tenace qu'on pourrait lui supposer. Peut-être est-ce par cette même cause que les lépas et les moules se fixent si fortement aux rochers. Sa trompe, qui est située entre ses deux petits godets supérieurs, a son extrémité supérieure hérissée de pointes, qui doivent être autant de bouches par où cet animal suce le sang des poissons sur lesquels il est fixé. On voit, au-dessous, à travers sa substance, plusieurs circonvolutions d'intestins qui aboutissent à un petit réservoir de forme presque carrée. Quoique cet animal soit sans jambes, il jouit d'un mouvement progressif à la faveur de ces trois espèces de godets, qu'il fixe alternativement. Il peut aussi aller au fond de l'eau, quoique sa forme paraisse devoir s'y opposer; et voici de quelle manière il l'exécute : il se roule en papillote, et se maintient dans cette situation, en fixant ses deux godets supérieurs sur la partie postérieure et supérieure de son corps; alors, présentant moins de surface, il descend au fond par son propre poids. Je l'ai trouvé fixé sur le corps d'un poisson du genre des diodons de LINNÉ, que nous avons rencontré assez souvent depuis Nootka jusqu'à Monterey en Californie.

L'espèce de *pennatula* [a] *(fig. 6)* m'a paru avoir des caractères dont on n'a point fait mention; c'est pourquoi j'en ai fait un dessin. Son corps est d'une substance cartilagineuse, et d'une forme cylindrique : sa tête, armée de deux petites cornes de la même substance, offre une figure sphérique aplatie à son extrémité antérieure ; cette partie est couverte de petits mamelons, dont on voit une partie, lettre D, et qui sont autant de petites bouches par où cet animal suce le sang des poissons, dans la chair desquels il s'enfonce le plus qu'il peut. L'extrémité de son corps, qui est toujours hors du poisson, présente la forme des barbes d'une plume : ces barbes, de la même substance que le

---

[a] C'est plutôt un *lernæa*.

corps, lui servent de vaisseaux excréteurs, ce dont je me suis convaincu; car, en pressant légèrement l'animal, la plupart de ces barbes cartilagineuses lançaient par petits filets une liqueur très-limpide. A la base de ces barbes, et sous le corps, sont placés deux grands filets cartilagineux, dont il m'a été impossible de deviner l'usage : ils n'existent pas toujours dans tous ces animaux, car j'en ai rencontré qui n'en avaient point.

La circulation du sang s'y observe facilement : une minute suffit pour sa révolution entière. J'ai tâché d'imiter ces ondulations par quelques coups de crayon qu'on aperçoit dans la longueur du cylindre animal. Il est vraisemblable que cet animal ne peut s'introduire dans les différens poissons, que lorsqu'il est fort jeune : et lorsqu'une fois il s'y trouve enfermé, ayant alors abondamment de quoi vivre, sa tête grossit considérablement, et les deux cornes dont elle est douée forment nécessairement un obstacle à sa sortie ; prévoyance de la nature, puisqu'elle veut qu'il se nourrisse aux dépens d'un autre. Je l'ai trouvé implanté à plus d'un pouce et demi dans le corps d'un diodon pris aux environs de Nootka.

La *fig.* 7 représente un insecte d'un genre très-rapproché des *oniscus* de LINNÉ : la lettre E l'indique vu par-dessus, et la lettre F vu par-dessous.

Son corps est crustacée, et de la couleur d'un blanc sale, ayant deux taches rondes et roussâtres sur la partie antérieure de son corcelet, deux autres beaucoup plus grandes,

en

en forme de croissant, sur ses élytres; son *scutellum* est aussi de la même couleur. Le dessous de la poitrine est armé de quatre paires de jambes : la première et la troisième paire se terminent en crochet fort aigu ; la seconde, vu sa forme, doit lui servir à nager ; la quatrième, fort petite, consiste en deux filets membraneux. Des feuillets également membraneux et plusieurs fois échancrés, peuvent aussi faire fonction de jambes; les deux inférieurs sont les plus grands. Son ventre est rempli par un paquet d'intestins de forme vermiculaire, de la grosseur d'un cheveu : sa bouche est placée entre la première et la seconde paire de jambes; elle représente une petite trompe située entre deux lèvres jointes par la partie supérieure seulement. J'ai trouvé cet insecte fixé aux ouïes du diodon victime des deux insectes dont j'ai parlé plus haut.

La *fig. 8* représente un insecte du genre des *oniscus* de Linné : son corps a à peu près la forme, la consistance et la couleur d'un cloporte, excepté qu'il n'est point divisé par segmens comme ce dernier. Il est muni d'une double queue, trois fois aussi longue que son corps : de l'insertion de cette même queue, à la partie postérieure du corps, naissent deux jambes dont l'animal se sert principalement pour nager, lorsqu'il se trouve sur le dos. L'insecte vu par-dessous, lettre H, présente six paires de jambes; les deux premières paires finissent en pointes très-aiguës et solides; la troisième lui sert à nager, et à équilibrer le corps de concert avec celle qui s'insère à la base de la queue; la quatrième paire, la plus grosse, est armée de deux pointes très-aiguës, que l'animal implante avec le plus de force dans le corps de celui sur lequel il se fixe ; les deux dernières sont des espèces de membranes à plusieurs divisions. Entre les deux premières paires, est sa trompe, d'une consistance molle, d'une demi-ligne de long : à la base de la troisième paire, se trouvent deux pointes, de consistance de corne, fort dures, très-adhérentes; les deux cornes plus bas, au-dessous de la grosse paire de jambes, sont de même très-fortement fixées à son corps. Je pense que c'est par le secours de ces espèces de dards, qu'il perce le corps des poissons sur lesquels on le trouve, et que changeant alors de place, il trouve le moyen d'introduire sa pompe dans les trous que ces dards ont formés. Mis dans un vase, il va au fond, et revient sur la surface avec la plus grande facilité, ce qu'il exécute en présentant le tranchant de son corps et décrivant des courbes. Ses deux grandes queues se détachent fort aisément, sans que l'animal paraisse en souffrir. J'ai trouvé cet insecte, en grande quantité, fixé sur le corps du même diodon [b].

La *fig. 9* représente une espèce de sangsue, de grandeur naturelle, et d'une couleur blanchâtre, composée de plusieurs anneaux semblables à ceux du ténia. La partie supérieure de sa tête, est armée de quatre petits mamelons hérissés de pointes, qui sont autant d'instrumens pour lui procurer

---

[b] Cet insecte paraît être plutôt un *monoculus* qu'un *oniscus*, le test étant d'une seule pièce.

sa nourriture : sous chaque mamelon, de chaque côté, se trouve une petite poche alongée en forme de godet. La *fig. 10* la représente vue de face, on y distingue ses quatre mamelons. J'ai trouvé cette sangsue implantée dans la substance extérieure d'un foie de requin, à plus d'un demi-pouce. D'où était-elle venue ? c'est ce que j'ignore absolument [c].

La *fig. 11* représente l'*oniscus physodes* de LINNÉ, très-bien décrit, et que j'ai dessiné, parce que j'ai cru m'apercevoir qu'il n'en existait point de dessin; on y voit neuf vésicules de chaque côté, posées en tuiles sur la face inférieure de sa queue arrondie, lettre P.

J'ai trouvé cette espèce d'*oniscus* dans les ouïes d'une nouvelle espèce de pleuronectes de LINNÉ, très-abondante dans la rade de Monterey, en Californie : la lettre M l'indique vu par-dessus, et la lettre N par-dessous, où l'on aperçoit les quatorze pattes.

De tous les insectes que j'ai dessinés, voici le plus simple, et celui dont l'étude m'a fait le plus grand plaisir, *fig. 12*: ce ne sont que des corps ovales, parfaitement ressemblans à une vessie de savon, ainsi qu'on le voit dans mon dessin, disposés en légions de trois, de cinq, de six et de neuf; on en voit aussi qui sont seuls et errans. Ces globules ainsi réunis, et mis dans un verre plein d'eau de mer,

---

[c] Cet animal se rapporte par les *instrumenta cibaria* à celui auquel GOG attribue la cause de la ladrerie des cochons. Ces deux espèces se rapprochent du genre de l'*hirudo*, dont le caractère donné par LINNÉ a besoin d'être réformé.

décrivaient un cercle avec rapidité autour de ce même verre, par un mouvement commun, auquel chaque petite vessie participait par une simple compression des parties latérales de son corps, effet vraisemblablement dû à la réaction de l'air dont elles étaient remplies. Comment concevoir maintenant que ces animaux, très-distincts les uns des autres, puisqu'on peut les séparer, ainsi que je l'ai fait, sans qu'il paraisse que leur économie en soit dérangée, puissent s'entendre d'une manière si précise, et concourir tous ensemble à ce mouvement commun ? C'est d'après ces considérations, jointes à celle de la forme de ces animaux, que je me suis rappelé, avec satisfaction, l'ingénieux système de M. de Buffon, et que j'ai aimé à me persuader que j'allais être témoin du plus merveilleux des phénomènes de la nature, en supposant que ces molécules, alors occupées à accroître leur nombre ou à le diminuer, ou enfin à faire encore quelques révolutions dans mon verre, ne tarderaient pas à prendre la forme d'un nouvel animal, dont elles étaient l'image vivante. Mon impatience m'a porté à en détacher deux de la légion la plus nombreuse, m'imaginant que ce nombre serait peut-être plus avantageux à la métamorphose ; mais je n'ai pas été plus heureux. Voici de quelle manière se sont comportées les deux molécules que j'avais séparées pour ma seconde expérience ; je ne parle que de ces deux, parce que je les ai observées avec plus d'attention que les autres. Imaginez deux forts athlètes également vigoureux et rusés, et tous deux jaloux de vaincre ; telles étaient les deux molécules que je venais de séparer : leur première rencontre est un combat, c'est à qui sera la plus heureuse pour saisir sa compagne et revoler aux intentions de la nature ; elles s'attaquent de tous côtés, l'une plonge, l'autre revient sur l'eau ; celle-ci décrit un cercle, celle-là reste au centre, épiant le moment favorable ; leurs différentes ruses sont prévues et parées ; néanmoins leur courage augmente, et leurs mouvemens deviennent si rapides, que je suis forcé de confondre l'une avec l'autre. Mon intention cependant était de bien distinguer le vainqueur : fatigué de les observer, je les ai laissées l'une et l'autre dans la fureur du combat. Lorsque je suis revenu pour les examiner de nouveau, je les ai trouvées unies l'une à l'autre comme à l'ordinaire, et occupées à voyager dans mon verre, par un mouvement commun, et de la manière la plus amicale. Je penserai souvent à mes petites molécules, parce qu'elles m'ont fait un plaisir infini.

L'histoire naturelle, quelquefois bien sèche, n'aurait pas, ce me semble, autant d'attraits pour tous ceux qui s'y adonnent, s'ils n'étaient pas assez heureux pour y rencontrer des objets qui travaillent agréablement leur imagination.

L'espèce de méduse (si toutefois on ne peut en faire un genre nouveau), que j'ai dessinée sous deux attitudes différentes, *fig. 13 et 14*, présente à peu près la forme d'une cornemuse : ce n'est autre chose qu'une vessie entièrement blanche et transparente, armée de plusieurs suçoirs de couleur bleue, jaunâtres à leur extrémité ; sa grande queue, qui est aussi de couleur bleue, paraît formée d'un assemblage de petits grains glanduleux, de forme aplatie, et unis ensemble, dans toute leur longueur, par une membrane gélatineuse. La partie supérieure de cette vessie présente une espèce de couture travaillée à grands, moyens et petits points alternativement : la partie alongée de cette cornemuse, qui peut être regardée comme sa tête, est surmontée d'un suçoir isolé ; son bord extérieur est garni par vingt-cinq ou vingt-six suçoirs beaucoup plus petits que ceux qui se voient à l'origine de sa grande queue, dont le nombre va quelquefois jusqu'à trente. A la faveur de ces derniers, dont elle peut augmenter le diamètre à volonté, en y introduisant une partie de l'air qu'elle contient, elle se fixait aux parois du vase où je l'avais mise, de manière que l'extrémité de quelques-uns de ces suçoirs pouvait occuper une surface de deux à trois lignes, par son épanouissement. La partie la plus mobile de cette cornemuse est sa partie alongée ou sa tête ; c'est aussi par son secours qu'elle peut exécuter différens mouvemens, et prendre des positions différentes : mais ce changement ne peut s'opérer qu'en oblitérant, pour ainsi dire, les points de suture qui se trouvent à la partie supérieure de son corps, et qui disparaissent quelquefois entièrement, de manière qu'ils ne présentent plus qu'une ligne ridée.

La partie, de forme arrondie, qu'on aperçoit, lettre P, se trouve au milieu des grands suçoirs, fixés assez solidement au corps de la cornemuse, près de sa queue. Ce n'est autre chose qu'un petit paquet, formé par un assemblage de petits globules gélatineux; de leur centre s'élèvent d'autres globules un peu plus considérables, ayant un petit péduncule, vers le milieu duquel est attaché un petit corps bleuâtre, tourné en S : j'en ai représenté deux vus à la loupe, lettre R; j'en ignore absolument l'usage.

J'ai trouvé cette cornemuse, le 18 novembre 1786, par 20 degrés de latitude, et 179 de longitude orientale; je l'ai encore revue très-abondamment au débarquement des îles Bashées ou Baschi, où j'ai trouvé l'animal suivant.

Cet animal qui est vraiment de forme singulière *(fig. 15)*, ressemble à peu près à un petit lézard : son corps, qui est d'une substance gélatineuse, un peu ferme, présente deux couleurs tranchantes, le bleu foncé, et le blanc vif de l'argent : sa tête est armée de deux petites cornes gélatineuses de chaque côté, les deux postérieures posées plus intérieurement que les deux premières. Son corps, pourvu de quatre pattes ouvertes en éventail, et de quelques appendices vers l'origine de la queue, se termine comme celui d'un lézard : la partie supérieure du dos est partagée dans toute sa longueur, par une bande d'un bleu foncé; tout le reste du corps est du plus bel argent, ainsi que le centre de ses pattes et sa partie intérieure. Cet animal doué de peu de vivacité dans ses mouvemens, reste tranquillement sur l'eau, tel qu'on le voit dans le dessin : si on vient à l'irriter avec un corps quelconque, il retire un peu sa tête dans son corps, qu'il porte en arrière, et faisant plier le centre de ses reins, il se trouve aussitôt sens dessus dessous : cette position a toujours été la défense qu'il a opposée à mes agaceries. Lorsqu'il veut revenir dans sa première attitude, il emploie à peu près le même mécanisme; il porte alors sa tête en avant, et fléchissant le centre de son corps, il se retrouve dans sa première position, sans doute celle qui lui est la plus naturelle. La *fig.* 16 le représente vu à la renverse.

Je l'ai pris, au moment d'une petite mer, au débarquement des îles Baschi.

DISSERTATION

DISSERTATION

Sur les habitans de l'île de Tchoka, et sur les Tartares orientaux; par M. ROLLIN, Docteur en médecine, Chirurgien-major de la frégate la BOUSSOLE.

LE 12 juillet 1787, nous mouillâmes dans la baie de Langle, située dans la partie Ouest de l'île de Tchoka ou Ségalien.

Le lendemain, nous descendîmes à terre; et aussitôt que nous y fûmes, les habitans de cette île vinrent au-devant de nous, et s'empressèrent de nous donner des marques de bienveillance, qui nous firent présumer avantageusement de leurs intentions à notre égard.

Ces peuples sont très-intelligens, respectent les propriétés, ne conçoivent point de défiance, et communiquent aisément avec les étrangers. Ils sont d'une taille médiocre, trapus, fortement constitués, ont un léger embonpoint; les formes et les muscles très-prononcés. La taille la plus commune parmi ces insulaires, est de cinq pieds, et la plus haute, de cinq pieds quatre pouces; mais les hommes de cette dernière stature sont très-rares. Tous ont la tête grosse, le visage large et plus arrondi que celui des Européens; leur physionomie est animée, et assez agréable, quoique l'ensemble des parties qui composent la face, n'ait pas en général la régularité et la grâce que nous admettons : presque tous ont les joues grosses, le nez court, arrondi à son extrémité, et les ailes fort épaisses; les yeux vifs, bien fendus, de grandeur moyenne, bleus chez quelques-uns, et noirs en général; les sourcils bien garnis, la bouche moyenne, la voix forte, les lèvres peu épaisses, et d'un incarnat obscur : on remarque que quelques individus ont le milieu de la lèvre supérieure tatoué en bleu; ces parties, ainsi que leurs yeux, sont susceptibles d'exprimer toute espèce de sentimens. Ils ont les dents belles, bien classées, et en nombre ordinaire, le menton arrondi et peu saillant, les oreilles petites; ils se percent cette dernière partie, et y portent des ornemens de verroterie, ou des anneaux d'argent.

Les femmes sont moins grandes que les hommes, et ont les formes mieux arrondies et plus délicates, quoiqu'il y ait peu de différence entre les traits de leur physionomie. Elles ont la lèvre supérieure entièrement tatouée en bleu; elles portent leurs cheveux dans toute leur longueur. Leur habillement ne diffère point de celui des hommes : chez les deux sexes, la couleur de la peau est basanée, et celle des ongles, qu'ils laissent croître, est d'une nuance plus obscure que chez les Européens. Ces insulaires sont très-barbus et très-velus; leur barbe longue et touffue donne, aux vieillards sur-tout, l'air grave et vénérable : les jeunes gens m'ont paru avoir pour ces derniers des égards et beaucoup de respect. Leurs cheveux sont noirs, lisses, et médiocrement forts; quelques-uns les ont châtains : tous les portent en rond, longs d'environ six pouces par derrière, et coupés en vergette sur le devant de la tête et aux tempes.

Leurs vêtemens consistent en une soutane, ou une espèce de robe de chambre, qui se croise en devant, où elle est fixée par de petits boutons, des cordons, et par une ceinture placée au-dessus des hanches. Cette soutane est faite de peau, ou de nankin ouaté, étoffe qu'ils fabriquent avec l'écorce de saule : elle descend ordinairement jusqu'aux mollets, et quelquefois plus bas, ce qui les dispense, pour la plupart, de porter des caleçons. Quelques-uns portent des bottines de peau de loup marin, dont le pied ressemble, par la forme et le travail, à la chaussure chinoise ; mais la plupart vont les pieds et la tête nus : un petit nombre seulement a la tête entourée d'un bandeau de peau d'ours ; mais ils s'en servent plutôt comme d'un ornement, que pour se garantir des impressions du froid ou du soleil.

Tous ont, comme les Chinois de la caste inférieure, une ceinture où ils attachent leur couteau, une défense d'ours, et différentes petites poches, où ils mettent leur briquet, leur pipe, et leur blaque, qui contient du tabac à fumer, dont ils font un usage général.

Leurs cases leur assurent un abri contre la pluie et les inclémences de l'air ; mais elles sont peu vastes, eu égard au nombre d'individus qui les habitent. La couverture forme deux plans inclinés, qui ont environ dix à douze pieds d'élévation à leur point de jonction, trois ou quatre sur les côtés, et quatorze ou quinze pieds de large sur dix-huit de long. Ces cabanes sont construites avec des chevrons solidement assemblés, couvertes et flanquées d'écorces d'arbres, et d'herbes desséchées, disposées de la même manière que la paille qui couvre les chaumières de nos paysans.

On remarque dans l'intérieur de ces maisons, un carré de terreau élevé d'environ six pouces au-dessus du sol, et soutenu latéralement par de petits madriers ; c'est le foyer : sur les côtés, et dans le fond de l'appartement, on voit des treteaux de douze à quinze pouces d'élévation, où ils étendent des nattes pour se coucher aux heures de repos.

Les meubles dont ils font usage pour apprêter ou prendre leurs alimens, consistent en chaudrons de fer, en écuelles ou vases de bois, et d'écorce de bouleau, de formes et d'un travail différens ; et ils se servent, comme les Chinois, de petites baguettes pour manger. Les heures de repas sont, pour chaque famille, à midi, et vers la fin du jour.

Dans la partie Sud de l'île, les habitations sont un peu mieux soignées et mieux décorées ; la plupart sont planchéiées : on y voit des vases de porcelaine du Japon, auxquels ils sont très-attachés, ce qui porte à croire que ces peuples ne se les procurent qu'à grands frais et difficilement. Ils ne cultivent rien, et ne vivent que de poissons fumés et desséchés à l'air, et de quelque gibier que leur produit la chasse.

Chaque famille a ses pirogues et ses instrumens pour la pêche et pour la chasse. Leurs armes sont l'arc, le javelot, et une espèce d'esponton, qui leur sert particulièrement pour la chasse de l'ours. A côté de leurs cases, ils ont des magasins où ils mettent les provisions qu'ils ont amassées et préparées dans la belle saison pour l'hiver : elles consistent en poissons séchés, en une assez grande quantité d'aulx et de céleri sauvage, d'angélique, et d'une racine bulbeuse qu'ils nomment *apé*, connue sous le nom de lis jaune du Kamtschatka, et en huile de poisson, qu'ils conservent dans des estomacs qui ont appartenu à de grands animaux. Ces magasins sont construits en planches, fermant bien, élevés au-dessus du sol, et supportés par plusieurs piquets d'environ quatre pieds de haut.

Les chiens sont les seuls animaux que nous ayons vus aux habitans de Tchoka ; ils sont d'une moyenne grandeur, ont le poil un peu long, les oreilles droites, le museau alongé, le cri fort et point sauvage.

Ces insulaires sont de tous les peuples non civilisés que nous ayons visités, si on peut considérer ceux-ci comme tels, les seuls chez qui nous ayons vu des métiers de tisserand : ces métiers sont complets, mais assez petits pour être portatifs.

Ils font usage du fuseau pour filer le poil des animaux,

l'écorce de saule et celle de la grande ortie, avec lesquels ils forment le tissu de leurs étoffes.

Ces peuples, dont le caractère est très-doux et confiant, paraissent avoir des relations de commerce avec les Chinois, par les Tartares Mantcheoux; avec les Russes, par la partie Nord de leur île; et par celle du Sud, avec les Japonais: mais l'objet de ce commerce est peu important; il consiste seulement en quelques pelleteries, et en huile de baleine. La pêche de ce cétacée ne se fait que dans l'extrémité Sud de l'île: la manière dont ils en retirent l'huile, est peu économique; ils échouent la baleine sur la plage disposée en talus, l'abandonnent à la putréfaction, et reçoivent l'huile qui s'en sépare d'elle-même, dans une espèce de cuvier placé à la partie la plus déclive du terrain, où elle est dirigée dans son écoulement par de petites rigoles.

L'île de Tchoka, ainsi nommée par ses habitans, et à laquelle les Japonais donnent la dénomination d'*Oku-Jesso*, et les Russes, qui ne connaissent que la partie Nord seulement, le nom d'*île Ségalien*, embrasse, dans son plus grand diamètre, toute l'étendue comprise entre le 46.e et le 54.e parallèle.

Elle est très-boisée et très-élevée dans son milieu; mais elle s'aplatit vers ses extrémités, où elle paraît offrir un sol favorable à l'agriculture: la végétation y est extrêmement vigoureuse; les pins, les saules, le chêne et le bouleau peuplent ses forêts. La mer qui baigne ses côtes est très-poissonneuse, ainsi que ses rivières et ruisseaux, qui fourmillent de saumons et de truites de la meilleure qualité.

La saison où nous avons abordé à cette île, était très-brumeuse, et assez tempérée. Tous ses habitans m'ont paru jouir d'une complexion saine et robuste, qu'ils conservent même dans un âge très-avancé; et je n'ai reconnu parmi eux ni vice de conformation, ni aucune trace de maladies contagieuses, éruptives, et autres.

Après avoir communiqué plusieurs fois avec les insulaires de l'île de Tchoka, séparée de la côte de la Tartarie par un canal que nous crûmes communiquer de la mer du Japon à celle d'Okhotsk, nous continuâmes à faire route au Nord : mais le fond du canal ayant diminué progressivement et d'une manière uniforme dans toute sa largeur, jusqu'à six brasses d'eau, M. DE LA PÉROUSE jugea convenable, pour la sûreté de sa navigation, de rétrograder vers le Sud; vu que l'impossibilité de nous rendre au Kamtschatka, en débouquant par le Nord, nous était presque démontrée. Mais la continuité des brumes, et les vents de Sud qui régnaient presque constamment depuis quatre mois que nous tenions la mer, rendaient notre situation très-critique, et cette entreprise aussi longue que pénible.

Le bois et l'eau que nous avions pris à Manille étant consommés, notre commandant chercha à s'approvisionner de nouveau de ces objets avant de rien tenter.

Le 27 juillet 1787, nous eûmes une éclaircie qui nous

permit de reconnaître une baie vaste, où nous jetâmes l'ancre : elle nous offrait un abri assuré contre le mauvais temps, et tous les moyens de nous pourvoir des choses essentielles qui nous manquaient pour continuer notre navigation. Cette baie est située sur la côte de Tartarie, par 51^d 29' de latitude Nord, et par 139^d 41' de longitude, et elle fut nommée *baie de Castries*.

Le pays est très-montueux, et si couvert de bois, que toute la côte ne fait qu'une forêt; la végétation y est très-vigoureuse.

Ses habitans, les seuls que nous ayons rencontrés sur cette côte depuis la Corée, étaient établis dans le fond de cette baie, vers l'embouchure d'une petite rivière très-poissonneuse.

Ces peuples sont doux, affables, et comme les insulaires de Tchoka, ne se défient nullement des étrangers : ils ont le respect le plus scrupuleux pour les propriétés, et montrent peu de curiosité et de désir pour obtenir même les choses qui pourraient leur être de la plus grande utilité.

Pour saluer, ils fléchissent le corps en avant ; et lorsqu'ils veulent donner de grandes marques de respect, ils s'agenouillent, et s'inclinent presque jusqu'à toucher la terre avec le front.

Les caractères extérieurs de l'organisation de ces peuples, sont peu réguliers, et offrent peu d'analogie avec ceux des habitans de Tchoka, leurs voisins, séparés d'eux

seulement

seulement par un canal de dix à douze lieues de largeur dans cette partie.

Ces Tartares sont d'une stature moins élevée, plus faibles, et d'une physionomie beaucoup moins agréable et moins régulière; leur teint est un peu moins obscur, ils ont la peau même assez blanche aux parties constamment couvertes; leurs cheveux sont moins épais; ils n'ont que très-peu de barbe au menton et à la lèvre supérieure : au lieu que les insulaires de Tchoka sont, comme je l'ai dit ci-devant, carrés, et ont les muscles fortement dessinés, et le corps barbu et velu plus qu'on ne l'est en Europe. Ces différences dans la constitution de ces peuples, semblent indiquer des hommes d'une espèce différente, quoiqu'ils vivent sous le même climat, et que leurs mœurs, leurs manières de vivre soient analogues, ou n'offrent que de légères différences.

Les femmes sont laides; leur physionomie n'a même aucun caractère de douceur qui les distingue des hommes : elles ont le visage plat, les yeux ronds et petits, les joues larges et élevées, la tête grosse, la gorge ferme, assez bien formée, et les extrémités du corps petites, mais de belle proportion.

La taille commune des hommes est de quatre pieds neuf à dix pouces : ils ont la tête volumineuse relativement au reste du corps, la face plate et presque carrée, le front petit, arrondi, et un peu déprimé de l'avant à l'arrière; les sourcils peu marqués, noirs ou châtains, ainsi que les cheveux; les yeux petits et à fleur de tête, les paupières si peu fendues, qu'elles brident aux deux angles, lorsqu'elles sont ouvertes; le nez court, et à peine sensible à sa racine, tant il est peu développé dans cette partie; les joues grosses et évasées, la bouche grande, les lèvres épaisses, et d'un rouge obscur; les dents petites, bien rangées, mais très-susceptibles d'altération; le menton peu saillant, et les branches de la mâchoire inférieure un peu resserrées; les extrémités du corps petites, et les muscles peu marqués. Le développement irrégulier de toutes ces parties exclut les grâces des formes du corps, et la délicatesse des traits de la physionomie de ces peuples, qui sont les hommes les plus laids et les plus chétifs que j'aye vus sur les deux hémisphères. Quoique ces Tartares, ainsi que les habitans de Tchoka, soient parvenus à un degré de civilisation et de politesse assez avancé, ils n'ont point de culture, et vivent dans une extrême mal-propreté. Ils se nourrissent principalement de poissons frais pendant l'été, et l'hiver, de poissons fumés ou desséchés à l'air, sur des séchoirs établis à peu près comme ceux de nos blanchisseuses: ils décollent le poisson, le vident, en enlèvent les arêtes, et l'attachent ensuite au séchoir; lorsqu'il est sec, ils le rassemblent en tas, et le conservent dans des magasins semblables à ceux établis à l'île de Tchoka.

Ils prennent le poisson à l'hameçon, au filet, ou le piquent avec une espèce d'esponton ou bâton ferré.

Ils font régulièrement deux repas en commun, l'un

vers le milieu du jour, et l'autre sur son déclin. Leurs ustensiles et leur manière de préparer les alimens, sont les mêmes que ceux des habitans de Tchoka; ils tirent ces objets et autres de la Tartarie des Mantcheoux et du Japon.

Une chose qui nous a tous étonnés, c'est de voir avec quelle avidité ils mangent crues la peau, la partie cartilagineuse du poisson frais, celle du museau, et celle qui avoisine ses ouïes. Ce régal et l'huile de poisson m'ont paru être pour eux les mets les plus délicats, et ceux qu'ils préfèrent.

Les hommes et les femmes sont vêtus d'une souquenille semblable à celle de nos charretiers, ou d'une espèce de peignoir qui descend jusqu'aux mollets, et qui est fixé en devant par des boutons de cuivre. Ce vêtement ne diffère point de celui des habitans de Tchoka; il est fait de peau de poisson, quelquefois de nankin, et de peaux d'animaux terrestres pour l'hiver. Les femmes ornent le bas de cette sorte de robe, de petites plaques de cuivre symétriquement rangées. Tous portent aussi une espèce de caleçon ou de culotte à la chinoise, et de petites bottines analogues à celles des habitans de Tchoka : ils ont de même un anneau de corne ou de métal au pouce, et des bijoux qui leur pendent aux oreilles, et aux ailes du nez.

Je n'ai point reconnu non plus qu'il y ait parmi eux d'autres chefs que ceux de chaque famille. Les seuls animaux domestiques qu'ils élèvent, sont des chiens de même espèce que ceux de Tchoka, et ils s'en servent de même en hiver pour tirer leurs traîneaux.

La coutume qu'une partie des habitans de ce globe ont d'offrir leurs femmes aux étrangers, n'est point en usage parmi ces peuples; les hommes paraissent même avoir pour elles beaucoup d'égards : leurs occupations paraissent aussi se borner aux soins intérieurs du ménage; l'éducation des enfans, la préparation des alimens, sont les principaux objets de leurs soins.

La ligature du cordon ombilical s'y pratique comme parmi nous, au moment de la naissance de l'enfant : celui-ci est assujetti par une espèce de maillot analogue à celui des Américains. Dans les momens de repos, les femmes le mettent dans un panier, ou barcelonnette, faite en bois, ou d'écorce de bouleau.

La rigueur du climat où vivent ces Tartares, les oblige d'avoir des maisons d'hiver et des maisons d'été; la forme et les distributions intérieures en sont les mêmes que celles que j'ai détaillées en parlant de Tchoka. Les maisons d'hiver ont seulement cela de particulier, qu'elles sont enterrées par la base, d'environ quatre pieds, et ont une espèce d'avant-toit ou de corridor qui aboutit à l'entrée. Malgré cette manière de vivre si dure et si triste, ces Tartares m'ont paru jouir d'une assez bonne santé pendant leur jeunesse; mais à mesure qu'ils avancent en âge, ils deviennent sujets aux inflammations de la conjonctive, fort communes parmi eux, et à la cécité. Il est très-probable que ces infirmités ne sont si fréquentes que parce qu'elles sont le produit de causes générales ; telles sont, selon moi, l'éclat de la neige, qui couvre la surface de la terre pendant plus de la moitié de l'année, et l'irritation continuelle exercée sur l'organe de la vue par la fumée qui remplit constamment leurs cabanes, où ils sont obligés de se retirer en hiver par le froid, et en été pour se soustraire aux moustiques, qui sont extrêmement nombreuses par ces latitudes.

Les maladies de peau sont fort rares parmi ces peuples, quoiqu'ils vivent dans une mal-propreté extrême. J'ai seulement vu deux ou trois exemples d'affections dartreuses légères, et un enfant d'environ six ans, qui avait la teigne ; mais je n'ai remarqué parmi eux, ni vice de conformation, ni trace de petite vérole, ni aucun indice de maladies vénériennes.

Les travaux des deux sexes, leurs instrumens pour la pêche et pour la chasse, leurs pirogues, n'ont aucune différence remarquable d'avec ceux des insulaires de Tchoka ; mais leurs facultés physiques doivent les rendre incapables de supporter les mêmes fatigues que ces derniers, dont la constitution est infiniment plus robuste.

Tous ces peuples paraissent avoir pour leurs morts la plus grande vénération, et employer toute leur industrie à rendre leur sépulture honorable. Ils sont inhumés revêtus de leurs habillemens, et avec les armes et les instrumens qui leur ont servi pendant la vie. On dépose les corps dans un cercueil fait en planches et de la même forme que chez nous; les extrémités en sont ornées de morceaux d'étoffes de soie unies, ou brochées en or ou argent. Ce cercueil est ensuite enfermé dans un tombeau construit en planches ou madriers, élevé d'environ quatre pieds de terre.

TABLE comparative des proportions des Habitans de l'île de Tchoka, et des Tartares de la baie de Castries, mesurées de même manière que je l'ai spécifié dans le Tableau de Comparaison des proportions des Américains.

	ÎLE de Tchoka.			TARTARIE, Baie de Castries.		
	Pieds	Pouc.	Lig.	Pieds	Pouc.	Lig.
Taille commune des hommes.............	5	″	″	4	10	″
Circonférence de la tête.................	1	10	4	1	9	″
Son grand diamètre....................	″	9	8	″	9	″
Idem, petit...........................	″	5	8	″	5	4
Longueur des extrémités supérieures......	2	1	6	2	1	″
Idem des inférieures...................	2	8	″	2	6	″
Idem des pieds.......................	″	9	5	″	9	″
Circonférence de la poitrine.............	3	2	″	″	″	″
Sa largeur............................	1	1	4	″	11	″
Idem des épaules.....................	1	8	″	1	3	″
Circonférence du bassin................	2	6	″	2	3	″
Hauteur de la colonne vertébrale.........	1	11	″	1	10	″
La seule mesure qu'il m'ait été possible de prendre sur les femmes, est la circonférence du bassin.	″	″	″	2	2	10

OBSERVATIONS

De M. DE MONNERON, *Capitaine au Corps du Génie, embarqué en qualité d'Ingénieur en chef dans l'expédition de* M. DE LA PÉROUSE.

ILE DE LA TRINITÉ.

Sous voile, le 17 octobre 1785.

L'ÎLE DE LA TRINITÉ, située dans l'hémisphère méridional, à cent quatre-vingts lieues environ de la côte du Brésil, est restée inhabitée jusqu'à la dernière guerre que les Anglais, dit-on, l'ont occupée, dans la vue sans doute d'avoir des moyens plus faciles de faire des prises françaises, espagnoles et hollandaises : on assurait qu'ils avaient abandonné ce poste à la paix. L'intention de M. DE LA PÉROUSE était de vérifier la chose : lorsque nous eûmes pris connaissance de cette île, nous ne tardâmes pas d'apercevoir le pavillon de Portugal sur un coteau situé dans l'enfoncement d'une petite baie dans le Sud-Est de l'île.

M. DE LA PÉROUSE, ayant fait mettre un canot à la mer, m'ordonna de m'y embarquer pour tâcher de faire quelques remarques sur ce poste. L'officier qui commandait cette embarcation, avait ordre de ne mettre à terre que dans le cas où on pourrait l'exécuter sans risque. Nous allâmes très-près du rivage sans pouvoir y aborder ; notre approche nous donna lieu d'examiner de fort près cet établissement. Il est situé au tiers de la hauteur d'un coteau qui fait face à une plage de sable formant une anse dans le Sud-Est de l'île : ce petit enfoncement se termine, du côté de l'Ouest, à des mornes de rochers vifs, qui sont un produit volcanique, ainsi que toute l'île ; et du côté de l'Est, à un pain de sucre à large base, et d'environ trois cents pieds de hauteur, lequel se joint à une espèce de gros pâté, dont la base est beaucoup plus grande, mais dont la hauteur paraît moindre d'un tiers que celle du pain de sucre. La plage de sable paraît avoir de quarante-cinq à soixante brasses de profondeur ; le terrain s'élève alors en glacis très-régulier (quoique naturel), et très-roide : au-dessus de ce glacis est une espèce de plate-forme, qu'en termes de fortification j'appellerais terre-plein, très-inclinée du côté de la mer ; circonstance qui ne permet guère qu'on puisse s'y mettre à l'abri des feux qui partiraient des bâtimens embossés dans le mouillage. Je n'y ai point vu de parapet, quoiqu'il soit à présumer qu'il y en a un à barbette ; j'ai fait tout ce que j'ai pu pour y apercevoir quelques traces de canons ou de batteries, mais je n'ai rien vu qui y ait rapport. On voit sur le terre-plein cinq à six cases ressemblantes à celles des nègres des îles à sucre ; il y en a une plus grande que les autres, vers l'angle saillant du terre-plein. Cette fortification, si on peut lui

donner

donner ce nom, ressemble à un redent, dont un côté est parallèle à la plage, et l'autre à une ravine, vers laquelle le glacis, dans cette partie, va se terminer.

Cet établissement ressemble plutôt à un repaire de bandits, qu'à un poste occupé par une nation civilisée. Otez les obstacles naturels qui rendent l'abord de cette île difficile et dangereux, vous n'y apercevrez aucune trace qui annonce un projet de résister à une première attaque. Je puis assurer sans crainte de me tromper, qu'il n'y a pas même une seule embarcation : cela me disposerait à penser qu'il n'y a pas long-temps que les Portugais y sont établis, ou qu'ils sont bien peu soigneux de leurs établissemens [a].

M. DE VAUJUAS, qui a débarqué sur cette île, a rapporté à M. DE LA PÉROUSE, qu'il estimait à deux cents le nombre des personnes qui y étaient. Quant à moi, j'en ai examiné très-curieusement le nombre, et j'ai compté à plusieurs reprises, celles qui s'offraient à notre vue ; je n'ai jamais pu trouver plus de trente-trois personnes dispersées sur la grève, ou sur le penchant de la colline, et environ trente-six qui nous regardaient de la plate-forme, ce qui doit nous faire penser que nous n'excitions pas la curiosité de tous les individus exilés sur ce rocher. Ils ont rapporté à M. DE VAUJUAS, qu'on leur envoyait des vivres

---

[a] Comme la force d'un poste se calcule non-seulement sur son assiette, mais encore sur le nombre de ses défenseurs, je demandai au gouverneur de Sainte-Catherine, combien la reine de Portugal entretenait de troupes à la Trinité ; il me répondit qu'il croyait que ce poste était occupé par un détachement de trente-cinq à quarante hommes.

de Rio-Janéiro tous les six mois, et qu'on les relevait tous les ans.

Comme je crois que le fond de la baie est de roche, il serait peut-être difficile à des vaisseaux ou frégates de s'y embosser pour forcer d'abord le poste à se rendre : mais si le dispositif de la défense ne change point, avant de tenter de s'embosser dans la baie de l'établissement, je conseillerais d'aller mouiller dans la partie du Sud-Ouest, où le mouillage doit être plus sûr; ce qui donnerait probablement une grande facilité de venir tourner le poste qui est dans la baie du Sud-Est, en venant s'établir sur la crête de la montagne, au bas de laquelle est la plate-forme inclinée du côté de la mer, dont je viens de parler.

A bord de la BOUSSOLE, le 25 octobre 1785.
Signé MONNERON.

ILE SAINTE-CATHERINE.

Au mouillage, depuis le 6 jusqu'au 19 novembre 1785.

L'ÎLE SAINTE-CATHERINE, située sur la côte du Brésil, à $27^d\ 21'$ de latitude méridionale, est un établissement portugais, qui, depuis soixante-dix ans, n'a été que très-peu visité par les vaisseaux européens autres que ceux de cette nation; il y a donc peu de documens à espérer des relations des voyageurs : et si le rédacteur du Voyage d'ANSON a trouvé de grandes différences dans la situation physique et morale de cette colonie, comparée au temps de FRÉZIER, nous pouvons en dire autant de sa situation présente, comparée à celle où était cet établissement au temps d'ANSON; et ce qui naturellement a dû en établir de très-grandes, c'est l'émigration d'un grand nombre de familles des Açores, faite aux frais du gouvernement portugais pendant les années 1752, 1753 et 1754, si j'ai été bien informé. La population s'étant trouvée tout-à-coup accrue, a dû donner une face nouvelle à cet établissement; et comme ces nouveaux colons se sont trouvés diligens, laborieux et agriculteurs, les progrès de la population ont dû augmenter en raison de ces qualités particulières des individus, et de la grande fertilité du sol. Le gouvernement y est, comme dans toutes les colonies portugaises, purement militaire.

Nous ignorons quel nombre de forces le gouvernement entretient dans cette colonie en temps de guerre ; mais si nous en jugeons par les détails qu'on en a eus lorsque les Espagnols s'en emparèrent, nous verrons qu'il est considérable. Ces troupes firent cependant une si misérable défense, qu'il aurait mieux valu, pour l'honneur de la nation portugaise, qu'elles n'eussent été qu'en très-petit nombre.

Si l'on formait une entreprise contre cette partie du Brésil, il est hors de doute qu'on trouverait dans les archives d'Espagne, des renseignemens certains sur le nombre des forts, sur leur force absolue, et sur les secours mutuels qu'ils se prêtent.

Outre que les Portugais ne passent pas pour avoir une grande habileté dans l'art de lier les positions les unes aux autres, tout ce que j'y ai vu m'annonce que la force de connexion des différens postes est presque nulle. Il est donc croyable que la colonie est d'autant plus faible, qu'il y a un plus grand nombre de forts : je n'en ai remarqué que trois qu'on puisse à peu près décorer de ce nom; et quoiqu'ils soient à la vue les uns des autres, ils semblent faits, l'un pour être battu et emporté à la première attaque, et les deux autres pour être spectateurs de cet événement et se rendre aussitôt. Les règles de l'art demanderaient donc que ces trois forts fussent réduits à un, que les frais d'entretien des deux forts abandonnés et même démolis, servissent à augmenter le troisième, et que les trois garnisons n'en fissent qu'une. Si, au lieu de trois forts, il y en a une douzaine, on peut juger combien la résistance de cette colonie doit être faible, à moins qu'un aussi mauvais système de défense ne soit tout-à-fait abandonné [b].

La rade, ouverte aux seuls vents de Nord-Est, est fermée à l'Est par l'île Sainte-Catherine, et à l'Ouest par le continent; au Sud, par les terres de l'île et du continent,

---

[b] Pour avoir une connaissance exacte des trois forts dont je parle, qui soit indépendante de leur nom, l'on peut remarquer qu'ils forment à peu près un triangle équilatéral, dont la base regarde le Nord, et dont le sommet est au Sud; celui de l'Est est à la pointe Nord-Est de l'île Sainte-Catherine, à un quart de lieue environ de l'île aux Perroquets; celui de l'Ouest, qui est le plus considérable, est dans un îlot près de la terre-ferme, et le troisième est sur la plus grande des deux petites îles qu'on appelle *los Ratones*.

qui se rapprochent en ne laissant entre elles qu'un détroit qui n'a pas trois cents toises de largeur. Son entrée ne peut, en aucune manière, être défendue aux bâtimens de guerre, de quelque rang et de quelque ordre qu'ils soient. Le débarquement est, en général, facile dans le pourtour de la rade : la plus grande difficulté qu'on peut éprouver à ce sujet, ne peut provenir que d'un courant assez fort, mais qui n'a d'autre inconvénient que celui de retarder le débarquement, et encore bien souvent peut-il l'accélérer.

Cette rade est d'une si grande étendue, que quoique les forts soient armés de pièces de gros calibre, on peut mouiller très-commodément, et en sûreté, hors de la portée de ces mêmes pièces.

Le fort principal, qui n'est véritablement qu'une grande batterie fermée, est situé dans une petite île d'une élévation moyenne au-dessus de la mer, à trois cent cinquante toises environ de la terre-ferme, et vis-à-vis d'un rideau beaucoup plus élevé qu'elle. Au tiers environ de la hauteur de ce rideau, on domine le fort de manière à voir tout ce qui s'y passe, et à découvrir, depuis la tête jusqu'aux pieds, ceux qui servent les pièces. Je suis persuadé que de là, on inquiéterait les défenseurs de ce fort, avec un feu de mousqueterie ; mais un seul mortier, ou même deux obusiers, que l'on établirait très-facilement sur cette colline, suffiraient pour les forcer à se rendre. Enfin, ce fort n'est, en aucune manière, susceptible d'une défense régulière; point de logemens à l'épreuve de la bombe : sa position dans une île lui devient, par le défaut de ces logemens, si désavantageuse, que quand il serait vrai que les assiégés fussent trois contre un, il ne serait pas plus difficile de les obliger de se rendre à discrétion; et pour rendre leur situation encore plus misérable, ils sont soumis à une hauteur dont ils sont commandés et qu'ils ne peuvent pas occuper.

Ce fort est cependant le poste d'honneur, et celui où se renfermerait l'officier général commandant dans ce département; car en temps de paix il réside à *N. S. del Destero*, qui est une ville absolument ouverte, et qui n'a pour toute défense qu'une petite batterie à barbette, établie sur l'île Sainte-Catherine, et sur la pointe orientale du petit détroit dont j'ai fait mention plus haut, derrière laquelle la ville est bâtie. La garnison du fort principal, à l'époque de notre mouillage, était composée d'une cinquantaine de soldats, mal vêtus et mal payés, commandés par un capitaine.

L'officier général portugais qui commandait lorsque les Espagnols, il y a quelques années, s'emparèrent de Sainte-Catherine, ne fut pas pris dans son fort : comme sa défense ne fut rien moins qu'honorable, il a été mis au conseil de guerre. Mais quand il se serait renfermé dans son fort, je ne pense pas que les affaires de Portugal eussent éprouvé une meilleure tournure : ce fort n'ayant que très-peu de capacité, il n'aurait pu s'y faire suivre que par une très-petite partie de son monde, et il aurait été probablement forcé de capituler le premier ou le second jour de l'attaque, et de comprendre dans sa capitulation tous ceux qui étaient à ses ordres, qui y auraient sans doute accédé.

Les Portugais n'avaient cependant d'autre parti à prendre que celui de défendre leurs forts, et nous avons déjà fait sentir combien c'est un mauvais parti, ou bien celui de tenir la campagne.

Je ne connais pas assez le terrain ni les forces respectives des deux puissances, pour juger si ce dernier parti était beaucoup meilleur; mais j'incline à penser que, vu le mépris que les Espagnols ont pour les Portugais, les colons auraient vu leurs plantations ruinées par leurs ennemis, et leurs provisions dissipées par leurs propres compatriotes. Il n'y a guère que les bords de la mer qui soient cultivés, ce qui n'est qu'une faible ressource pour pourvoir à la subsistance de deux armées ennemies, vu sur-tout le goût particulier du soldat pour le gaspillage.

La France, à tous égards, ne doit porter la guerre dans cette partie des établissemens portugais, que dans le cas où elle aurait des vues pour s'y établir elle-même, et qu'elle pourrait espérer, par un traité de paix, de conserver le terrain qu'elle y aurait conquis; ce qui ne pourrait manquer toutefois d'exciter la jalousie des Espagnols, qui aimeront toujours mieux avoir leurs ennemis naturels, les Portugais, pour voisins, que leurs meilleurs amis et leurs plus fidèles alliés.

En conséquence, toute hostilité de la part de la France, ne doit jamais être qu'un coup de main; et encore devrait-il être entrepris par des corsaires, qui pourraient le diriger contre l'établissement de la pêche de la baleine, dans le cas, sur-tout, où l'on serait instruit que les Portugais n'y seraient sur leurs gardes que comme en temps de paix. Je ne voudrais cependant pas répondre que les prises couvrissent les frais d'armement, à moins que cet établissement ne se rançonnât, ou que le gouvernement n'accordât un dédommagement pour la ruine des bâtimens et des usines, qui sont une dépendance du fisc, puisque le gouvernement afferme le privilége exclusif de la pêche de la baleine.

Cet établissement est au fond de l'anse qu'on appelle *de Bon-port,* qui fait partie de la grande rade; les bâtimens peuvent y mouiller à l'abri de tous les vents.

A bord de la BOUSSOLE, le 15 décembre 1785.
Signé MONNERON.

CHILI.

Au mouillage de Talcaguana, dans la rade de la Conception; depuis le 14 février jusqu'au 17 mars 1786.

QUOIQUE le pacte de famille qui existe entre les couronnes de France et d'Espagne, semble rendre assez inutiles les réflexions militaires que notre séjour au Chili nous a mis à portée de faire sur l'existence politique de cette partie du domaine d'Espagne; cependant, comme il est vrai

vrai que ce dernier état peut tomber en quenouille, il peut arriver que ce que l'on a regardé comme ne devant être d'aucun usage, puisse, en d'autres temps, devenir d'une grande importance.

Je me propose moins ici d'envisager les vertus et les vices de l'administration espagnole dans ses colonies, que de montrer la force ou la faiblesse qui en proviennent. Le royaume du Chili, situé dans l'Amérique méridionale, est borné à l'Ouest par la mer du Sud : du côté de l'Est, il touche au gouvernement de Buenos-Aires et du Paraguai ; et du Nord au Sud, il s'étend depuis les frontières du Pérou, dont il est toutefois séparé par de grands déserts, jusqu'à la terre des Patagons. Ce vaste état se trouve coupé et traversé, dans plusieurs parties, par des montagnes aussi élevées qu'en aucune contrée du monde.

S. Jago, capitale du Chili, est la résidence du gouverneur et capitaine général : cette ville est située à environ trente lieues de la côte, dans l'intérieur des terres ; Valparayso est le port qui en est le plus proche. Ce gouvernement général est divisé en gouvernemens particuliers ; et la ville de la Mocha, éloignée de trois petites lieues de Talcaguana, est la résidence du commandant militaire de l'ancien district de la Conception, détruite par un tremblement de terre, en 1751. A notre arrivée au mouillage, le brigadier don Ambrosio Higuins, mestre de camp de ce département, était occupé à conclure un traité de paix avec les Indiens voisins de ceux qu'on appelle Indiens amis, et qui, nonobstant ce titre, avaient été engagés à la guerre par les Indiens des Cordilières, qui sont les plus braves et les plus belliqueux. Les manœuvres militaires d'un commandant habile, consistent à se placer entre ses alliés et ses ennemis, pour empêcher les progrès de la séduction et avoir moins de bras à combattre : mais malgré la sagesse des mesures de l'Espagne à cet égard, les Indiens des Cordilières indomptés, les soulèvemens continuels des Indiens ses alliés, et les insurrections fréquentes de ceux qu'elle appelle ses sujets, sont des causes trop puissantes et trop continuellement agissantes, pour ne pas faire présumer que sa puissance dans le Chili ne saurait manquer d'être anéantie, et peut-être beaucoup plutôt qu'on ne pense.

En conséquence, toute expédition, dirigée de l'Europe contre l'état du Chili, qui n'aura pas pour but ce que je ne tarderai pas à spécifier, non-seulement ne verra pas couvrir ses frais, mais tournera infailliblement à très-grande perte.

On ne doit pas perdre de vue, que l'esprit général qui semble diriger les colonies espagnoles, ne se dément point au Chili, et que les colons ne sont qu'agriculteurs, ou petits marchands en détail : ainsi, quoiqu'il soit vrai que le Chili produise une très-grande quantité d'or, celui qui ferait une invasion dans ce pays, n'y en trouverait que fort peu ; mais il y trouverait abondamment de quoi subsister en pain, vin, viande de boucherie, &c. Ces ressources, il est vrai, ne sont que momentanées, et elles cessent d'exister au moment où l'on remet à la voile. Je conviens que les moyens de défense pour empêcher l'abord de l'ennemi dans le pays, sont extrêmement faibles, pour ne pas dire nuls : et prenant pour exemple la rade de la Conception, qui passe pour une des meilleures du Chili ; le débarquement, qui peut se faire presque dans toutes ses parties, ne peut recevoir d'opposition que de deux ou trois batteries, dont la plus considérable est sur la plage, et dont les autres peuvent être facilement tournées par quelques troupes qu'on ferait débarquer hors de la portée de toutes : mais je ne dois pas négliger de faire observer que ces batteries ne sont point placées pour empêcher un débarquement, mais seulement pour protéger les bâtimens marchands qui font le commerce du Chili au Pérou, contre les entreprises de quelques corsaires qui, sans elles, pourraient facilement venir s'emparer de ces bâtimens dans le mouillage de Talcaguana, à une encablure de terre. Le débarquement sur la plage de la baie de la Conception, n'offre donc aucune sorte de risque à courir, ni de perte d'hommes ni de vaisseaux à essuyer. Je crois bien ensuite qu'un certain nombre de troupes réglées marchant avec ordre, arriveraient sans peine à la Mocha, qui, comme nous l'avons dit, n'est éloignée de Talcaguana que de trois petites lieues que l'on fait dans une plaine vaste et sablonneuse, qui permet d'arriver jusqu'à un tiers de lieue de cette ville, située dans une plaine plus basse que la première, et à un quart de lieue de la rivière de Biobio.

Les plus riches particuliers de cette ville n'ont point de meubles; et le plus simple aspect de cet établissement, prouve qu'il y aurait de l'inhumanité à en exiger quelque contribution. Tous les avantages de cette descente se borneraient à avoir fait une incursion de trois lieues; et même je ne crois pas qu'il y eût de la prudence à tarder de regagner ses vaisseaux, car, sous très-peu de jours, le mestre de camp peut se trouver à la tête d'une armée de quinze mille hommes; et de quelque manière que vous combattiez contre lui, vous ne devez pas espérer, pour peu qu'il ait d'honneur, de le forcer à recevoir une capitulation: si vous vous tenez en rase campagne, il vous enveloppera facilement, et vous harcellera par une cavalerie plus nombreuse que toutes vos troupes; si vous voulez occuper les hauteurs, il connaîtra mieux les défilés que vous, et vous résisteriez encore moins par cette manière de lui faire la guerre : le parti le plus sage, ou, pour mieux dire, le seul à prendre, serait celui de faire retraite.

Mais un des plus sûrs moyens d'avancer la ruine des affaires de l'Espagne, dans le Chili, c'est de former des liaisons avec les Indiens Araucos et de Taucapel: à ceux-ci se joindraient bientôt ceux des Cordillières; et ceux que les Espagnols appellent leurs amis et leurs alliés, ne tarderaient guère à entrer dans cette confédération. Assistée par les lumières et les armes européennes, cette ligue serait, je crois, si dangereuse pour l'Espagne, que pour ne pas être témoins de la ruine de leurs établissemens, de la dévastation de leurs possessions, et pour mettre leur propre vie à couvert, les Espagnols se verraient obligés de tout abandonner et de se retirer au Pérou.

On sentira facilement que cette idée est susceptible d'une grande extension, et qu'elle demande beaucoup d'éclaircissemens; mais l'époque où elle pourrait avoir son utilité pour la France, est si éloignée, qu'il a paru suffisant de ne faire que l'indiquer.

A bord de la BOUSSOLE, le 30 mars 1786.
Signé MONNERON.

ILE DE PAQUE.

Au mouillage appelé baie de COOK. Latitude, 27ᵈ 11′. Longitude à l'Ouest de Paris, 111ᵈ 55′ 30″.

CETTE île, par sa position hors de toutes les routes de la navigation, par sa privation absolue d'eau et de bois, et par la manière d'être de ses habitans, qui ont la meilleure volonté du monde de recevoir, et qui sont dans l'impossibilité de rien rendre, cette île, dis-je, peut offrir un vaste champ aux spéculations des physiciens et des moralistes; mais elle ne peut, en aucune manière, intéresser les diverses puissances maritimes de l'Europe.

A bord de la BOUSSOLE, le 12 avril 1786.
Signé MONNERON.

ILES SANDWICH.

Au mouillage, le 29 mai 1786. Latitude, 20ᵈ 34′. Longitude à l'Ouest du méridien de Paris, 158ᵈ 25′.

Si j'avais un mémoire à faire sur l'avantage de la position de ces îles sous un ou sous plusieurs points de vue, je serais obligé de chercher des documens dans la relation du troisième voyage de COOK; mais si l'utilité d'une telle discussion était démontrée, il est évident qu'elle se ferait avec une plus grande sagacité à Paris qu'en pleine mer.

A bord de la BOUSSOLE, le 5 juin 1786.
Signé MONNERON.

BAIE DES FRANÇAIS.

Située à la côte du Nord-Ouest de l'Amérique, par 58ᵈ 38′ de latitude. Au mouillage en divers points de cette baie, depuis le 2 juillet jusqu'au 1.ᵉʳ août 1786.

L'IMPOSSIBILITÉ, selon mon sens, d'établir utilement une factorerie française dans cette baie, rendrait toute discussion sur ce point embarrassante pour moi ; un mémoire appuyé sur des suppositions vagues, ne méritant pas plus de confiance que celui qui pose sur des faits incertains. Aussi ai-je vu avec une grande satisfaction, par un écrit que M. DE LA PÉROUSE a eu la bonté de me communiquer, qu'il dissuadait le gouvernement, d'un pareil établissement, au moins jusqu'à l'époque de son retour en France. Je produirai, dans ce temps, toutes les notes nécessaires pour discuter cette matière dans le plus grand détail; et si le gouvernement prend quelque parti sur cet objet, il sera très-facile d'en démontrer l'avantage ou les inconvéniens.

Il n'est pas difficile de présumer que l'âpreté de ce climat, le peu de ressources de ce pays, son éloignement prodigieux de la métropole, la concurrence des Russes et des Espagnols, qui sont placés convenablement pour faire commerce, doivent éloigner toute autre puissance européenne que celles que je viens de nommer, de former aucun établissement entre Monterey et l'entrée du Prince-Williams.

D'ailleurs, je crois qu'avant toutes choses, et sur-tout avant de songer à former un établissement, on doit en balancer la dépense et les profits pour en déduire le nombre de personnes employées à la factorerie. Cette connaissance est d'une nécessité indispensable pour travailler aux moyens de pourvoir à la sûreté de ces individus et des fonds qui leur seraient confiés, soit contre les naturels du pays, soit contre les ennemis du commerce de France.

A bord de la BOUSSOLE, le 19 décembre 1786.
Signé MONNERON.

PORT DE MONTEREY.

Situé à la côte du Nord-Ouest de l'Amérique, par 36ᵈ 38′ de latitude. Au mouillage, depuis le 15 jusqu'au 24 septembre 1786.

IL s'écoulera probablement un siècle, et peut-être deux, avant que les établissemens espagnols situés au Nord de la presqu'île de Californie, puissent fixer l'attention des grandes puissances maritimes; celle qui en est en possession, ne songera peut-être de long-temps à y établir des colonies susceptibles de grands progrès : son zèle, cependant, sur la propagation de la foi, y a déjà répandu plusieurs missions; mais il est à croire que même les corsaires n'iront pas troubler les religieux qui les dirigent, dans leurs pieux exercices.

Dans la vue, sans doute, de favoriser le préside de Monterey, on oblige, depuis plusieurs années, le galion revenant de Manille à Acapulco, de relâcher dans ce port : mais cette relâche et cet attérage ne sont pas si nécessaires, que, même en temps de paix, ce vaisseau ne préfère quelquefois de continuer sa route, et de payer une certaine somme, par forme de dédommagement du bien qu'il aurait fait en y relâchant. En temps de guerre, ils l'éviteraient encore bien mieux, si les Espagnols imaginaient que leurs ennemis entretinssent une croisière sur ce point.

Le terrain des environs de Monterey, quoique sec, paraît susceptible d'une culture avantageuse, et nous avons

des

des preuves que nos grains d'Europe y viennent bons et en abondance : la viande de boucherie y est de la meilleure qualité. Il est donc certain que vu la bonté du port, si cet établissement devenait un jour florissant, un ou plusieurs vaisseaux ne trouveraient en aucun lieu du monde une meilleure relâche : mais je crois que pour se livrer à des spéculations politiques sur ce point, il faut attendre que les Européens établis sur la côte du Nord-Est de ce continent, poussent leurs établissemens jusqu'à la côte du Nord-Ouest; ce qui n'est pas près de s'accomplir.

A bord de la BOUSSOLE, le 24 décembre 1786.
Signé MONNERON.

MÉMOIRES

Sur Manille et Formose, par M. DE LA PÉROUSE.

MANILLE.

J'AI cherché à développer dans le chapitre de ma relation relatif à Manille, toutes mes idées sur la nouvelle compagnie qui vient de s'établir en Espagne ; mais je n'ai cru devoir parler que dans un mémoire particulier, de la facilité extrême qu'une nation aurait à s'emparer de cette colonie. Les possessions espagnoles dans les Philippines, sont bornées à la seule île de Luçon, qui, à la vérité, est très-considérable, et contient neuf cent mille habitans, capables d'exercer tous les métiers et de soigner toutes les cultures. Ces peuples détestent les Espagnols, dont ils sont horriblement vexés et méprisés; et je suis convaincu qu'une nation qui leur apporterait des armes, susciterait, avec de très-petits moyens, une insurrection dans cette île.

Le seul lien qui les attache encore à leurs conquérans, c'est celui de la religion. Le plus grand nombre des habitans de Luçon, est chrétien de très-bonne foi et jusqu'à l'enthousiasme : ainsi, le peuple qui voudrait s'emparer de cette île, devrait leur laisser leurs églises, leurs prêtres, leurs oratoires, et généralement respecter tous les objets de leur culte ; et cela serait d'autant plus facile, que presque toutes les cures sont aujourd'hui desservies par des prêtres indiens, qui intérieurement conservent aux Espagnols la même haine qui couve dans le cœur de leurs compatriotes.

La baie de Manille est ouverte à tous les bâtimens, et ne peut être défendue que par des vaisseaux : ainsi, toute expédition contre cette colonie suppose une supériorité décidée de forces navales.

Les fortifications de la place, quoique régulières et parfaitement entretenues, ne peuvent que retarder de quelques jours la prise de cette ville, qui n'a aucun secours à attendre d'Europe ni d'ailleurs.

La garnison n'est composée que d'un régiment de mulâtres ; le corps d'artillerie, de deux cents hommes, est aussi américain, ainsi que les cent cinquante dragons : et quoique les Espagnols soient persuadés que ces troupes peuvent être comparées à celles d'Europe, je suis si convaincu du contraire, que je ne craindrais pas, avec quinze cents hommes, d'en attaquer trois mille de cette espèce, et je serais bien certain du succès.

Les milices de l'île peuvent former un corps de huit mille hommes, et tenir la campagne comme pendant la guerre de 1760, après que les Anglais se furent emparés de la ville de Manille : mais les circonstances sont très-différentes, et il serait très-aisé d'opposer une partie du pays à celle qui tiendrait pour les Espagnols dans l'île ; si même il n'était pas cent fois plus vraisemblable que les milices refuseraient de marcher, sur-tout si on trouvait moyen de gagner quelques curés indiens, et de leur persuader qu'on est aussi bon catholique que les Espagnols.

Enfin, la conquête de Manille me paraît si facile et si certaine avec une supériorité de forces navales et cinq mille hommes de troupes de débarquement, que je préférerais cette expédition à celle de Formose, et je croirais pouvoir répondre absolument du succès.

Mais on doit plutôt considérer les Espagnols comme bons et fidèles alliés que comme ennemis, et je crois devoir faire connaître que cette colonie ne peut être d'aucune utilité pour la guerre de l'Inde : placée dans les mers de Chine, où l'on ne peut naviguer qu'avec les moussons, il est impossible que le commandant d'une escadre française songe jamais à s'y réfugier ; la relâche de l'île de France, qui généralement est si contraire au succès de toute opération dans l'Inde à cause de son grand éloignement, serait cependant encore cent fois préférable.

Le défaut de commerce de Manille a rendu aussi presque nuls tous les secours en vivres qu'on pourrait en tirer, parce que les habitans ne cultivent presque que pour leur consommation. Il ne serait cependant pas impossible de s'y procurer quelques cargaisons de riz, un peu de cordage du pays, qui est très-inférieur à celui d'Europe, et quelques mâts : mais bien certainement il faudrait envoyer chercher ces objets par nos propres vaisseaux, et ne pas supposer qu'ils seraient expédiés de Manille sur une simple demande; et comme on ne navigue dans les mers de Chine qu'avec des moussons, il faut prévoir de très-loin les secours dont on peut avoir besoin, et ne pas perdre de vue que les bâtimens qui viendront de Manille, auront à traverser des parages où il y a beaucoup à craindre de la part des ennemis, et qu'il est d'une nécessité presque absolue de diviser plus ou moins les forces pour protéger leur retour.

Je crois enfin, en prenant pour exemple la dernière guerre, que l'armée de M. le bailli DE SUFFREN a été de la plus grande utilité à la colonie de Manille, parce qu'elle a occupé les forces entières des ennemis, et les a empêchés de songer à aucune autre expédition éloignée, et que la ville de Manille, au contraire, ne lui aurait été utile que si elle avait pu lui prêter des piastres; mais comme ce n'est pas une production du pays, on ne les devait attendre que du Mexique, qui n'en envoie jamais que pour les besoins les plus urgens de la colonie Espagnole.

On ne compte dans l'île entière de Luçon, que douze cents Espagnols créoles ou européens : une remarque assez singulière, c'est qu'il n'y a aucune famille espagnole qui s'y soit conservée jusqu'à la quatrième génération, pendant que la population des Indiens a augmenté depuis la conquête, parce que la terre n'y recèle pas, comme en Amérique, des métaux destructeurs, dont les mines ont englouti les générations de plusieurs millions d'hommes employés à les exploiter. On ne trouve dans l'île de Luçon, que quelques grains d'or disséminés dans le sable des rivières; et le travail de la recherche est encore moins fatigant que celui de labourer les champs. D'ailleurs, les Espagnols sont souverains des îles méridionales des Philippines, à peu près comme le roi de Sardaigne est roi de Chypre et de Jérusalem, ou comme le roi d'Angleterre l'est de France : ils ont, à la vérité, quelques présidios sur les îles voisines, et sur Mindanao; mais leurs limites n'y sont pas plus étendues que celles d'Oran ou de Ceuta, sur les côtes d'Afrique.

FORMOSE.

Si vous avez eu quelques momens à donner à la lecture du chapitre de mon journal relatif à Manille et à ma navigation sur les côtes de Formose, vous aurez vu que j'ai mouillé devant la capitale de cette île, vis-à-vis l'ancien fort de Zélande; mais les bancs de sable dont cette côte est remplie, ne permettaient pas d'approcher nos bâtimens à plus de cinq quarts de lieue de cette place. Je n'ai pas cru devoir envoyer à terre un canot, que je ne pouvais soutenir avec mon artillerie; dans la crainte qu'il n'y fût retenu, à cause de la guerre qui existait à cette époque entre cette colonie et sa métropole. M. D'ENTRECASTEAUX m'avait dépêché la Sylphide à Manille, pour me prier de naviguer avec circonspection au Nord de la Chine, la plus petite inquiétude de la part des Chinois pouvant nuire aux négociations dont il était chargé : j'avoue que je n'ai point été arrêté par ce motif, car je suis convaincu qu'on obtiendra plus des Chinois par la crainte que par tout autre moyen ; mais j'ai considéré qu'en envoyant un canot à Taywan, ce qui pouvait arriver de plus heureux, c'était qu'il revînt avec quelques rafraîchissemens, sans avoir communiqué ; et quand même l'officier aurait eu la permission de descendre, très-certainement il ne m'eût rien appris au retour, puisqu'il n'eût pas compris un seul mot chinois. Ainsi je voyais de très-grands inconvéniens à hasarder un canot sans espoir d'en retirer aucun avantage : mais je n'en ai pas moins pris des renseignemens à la Chine et à Manille, sur Formose, et je crois pouvoir assurer que deux frégates, quatre corvettes, cinq ou six chaloupes canonnières, avec les bâtimens propres à transporter quatre mille hommes munis d'artillerie et de toutes les provisions nécessaires, suffiraient pour réussir dans cette expédition, dont un homme sage ne voudrait pas se charger avec de moindres moyens ; quoique, peut-être, douze ou quinze cents hommes parussent suffisans à ces hommes entreprenans qui, n'ayant rien à perdre, jouent à pair ou non les événemens de la guerre, sans considérer combien il est humiliant pour une grande nation, d'échouer devant des peuples très-inférieurs en courage, en armes et en science militaire, mais, suivant mon opinion, fort supérieurs au mépris que beaucoup d'Européens ont pour eux. L'empire de la Chine est si vaste, qu'on doit supposer une grande différence entre les habitans du Nord et ceux du Midi : ces derniers sont lâches ; et comme ils habitent la province de Canton, les Européens qui les connaissent en ont pris, avec raison, une très-mince opinion. Mais les habitans du Nord, les Tartares, qui ont conquis la Chine, ne peuvent être assimilés à cette vile populace dont il est ici question : cependant quoique supérieurs aux Chinois du midi, je ne puis même les comparer à nos plus mauvaises troupes ; ils leur sont encore très-inférieurs, mais moins par le courage que par la manière de faire la guerre. Quoi qu'il en soit, les Chinois, qui mettent la plus grande importance à la conservation de Formose, ont dans cette île une garnison de dix mille Tartares : je compte pour rien leurs canons, leurs forts, les postes même qu'ils occupent, et dans lesquels ils sont retranchés ; mais je crois toujours qu'on ne doit pas former une pareille entreprise sans une certitude presque absolue de la terminer heureusement. La côte de Formose est plate ; les petits bâtimens seuls peuvent l'approcher ; et des bateaux tirant sept à huit pieds d'eau, armés de quelques canons, propres enfin à soutenir la descente, seraient absolument nécessaires. La première opération devrait être de s'emparer des îles Pescadores, où il y a un très-bon port, pour mettre la flotte à l'abri ; et il ne faut guère que cinq ou six heures pour traverser le canal qui sépare ces îles, de Formose. Le moment de l'exécution devrait être en avril, mai et juin, avant les mois de juillet et août, pendant lesquels les mers de Chine sont exposées à des siphons, espèces d'ouragans très-redoutables pour les vaisseaux.

Si

Si cette expédition se faisait de concert avec les Espagnols, l'entrepôt de Manille en faciliterait singulièrement le succès; parce que de cette colonie on peut, en tout temps, aborder facilement dans la partie méridionale de Formose, et qu'on y trouverait les vivres et les autres munitions dont on pourrait avoir besoin, si une résistance, ou des vaisseaux perdus, rendaient quelques secours nécessaires.

L'île de Formose est d'une très-grande importance; et une nation qui en serait maîtresse, et qui s'en occuperait essentiellement, en y entretenant une forte garnison avec une marine aux îles Pescadores, obtiendrait par la crainte tout ce qu'elle exigerait des Chinois : je suis convaincu que si les Anglais n'avaient pas été engagés dans différentes guerres qui ont occupé tous leurs moyens, ils auraient déjà fait cette conquête, plus intéressante à tous égards pour eux que pour tout autre peuple, parce que la funeste habitude du thé les a rendus tributaires de la Chine, et que cette feuille est devenue un besoin de première nécessité dans toutes les îles britanniques. Je ne serais pas surpris de voir bientôt ces Européens réduits, à la Chine, aux mêmes conditions que les Hollandais au Japon : cette révolution serait d'une très-petite importance pour la France, et même pour le reste de l'Europe, dont les affaires avec la Chine ne valent pas des humiliations; mais encore une fois, les Anglais seraient nécessités de s'y soumettre ou de leur faire la guerre, et je ne doute pas qu'ils ne prissent le dernier parti.

On sait assez en Europe, que la partie orientale de

Formose est habitée par les indigènes, et ne reconnaît pas la souveraineté des Chinois ; mais la partie occidentale est extrêmement peuplée, parce que les Chinois, trop pressés dans leur pays, et sur-tout trop vexés, sont toujours prêts à s'émigrer : on m'a assuré qu'il y était passé, depuis la conquête, cinq cent mille Chinois, et que la ville capitale contenait cinquante mille habitans. Comme ils sont laborieux et industrieux, ce serait un avantage de plus pour les conquérans : mais on ne doit pas perdre de vue qu'il faut peut-être des forces plus considérables pour contenir ces peuples, naturellement très-mutins, que pour les subjuguer ; et si, après s'être emparé de cette île, on négligeait les moyens de s'y maintenir, et que l'on s'effrayât de l'entretien et sur-tout du recrutement de trois ou quatre mille hommes à une distance aussi éloignée, on courrait risque d'y être massacré.

Je crois que les produits de cette île couvriraient un jour les dépenses de ses frais de souveraineté ; mais je suis persuadé que les premières années seraient très-coûteuses, et que le ministre verrait avec regret passer dans cette partie de l'Asie, des sommes considérables, qui ne promettraient que des profits éloignés.

Le commerce avec la Chine serait interrompu dans les premiers temps ; mais, suivant mon opinion, il serait bientôt repris avec plus de vigueur ; et l'on obtiendrait certainement la permission d'aborder dans les ports de la province de Fokien, dont la côte forme l'autre côté du canal de

Formose : reste à connaître le débouché des articles de commerce de la Chine, dont la base est le thé, qu'on ne consomme presque qu'en Angleterre, un peu en Hollande, et dans les colonies de l'Amérique indépendante.

Je crois donc pouvoir terminer ce mémoire en assurant la possibilité de la conquête de Formose par les moyens que j'ai indiqués, et sur-tout si nous étions alliés ou aidés des Espagnols de Manille : mais il ne m'est pas également démontré que cette conquête ne fût une charge de plus pour l'état ; or, il vaudrait cent fois mieux ne pas avoir conquis ces peuples, que de laisser languir un pareil établissement.

Dans le havre Saint-Pierre et Saint-Paul, le 10 septembre 1787. *Signé* MONNERON.

MÉMOIRE

Sur les Térébratules ou Poulettes, et Description d'une espèce trouvée dans les mers de la Tartarie orientale; par M. DE LAMANON, de l'Académie de Turin, correspondant de l'Académie des Sciences.

ON a découvert depuis long-temps des térébratules ou poulettes pétrifiées, et on a cru que cette sorte de coquille n'avait plus son analogue dans la mer ; il était cependant facile de se convaincre du contraire. La poulette est, pour ainsi dire, de tous les temps et de tous les lieux : contemporaine de ces coquillages dont la race est aujourd'hui anéantie, et qui ont peuplé les anciennes eaux, elle leur a survécu ; après avoir échappé aux révolutions étonnantes du globe, qui ont détruit le plus grand nombre des testacées, des poissons, des crustacées, elle a vu les nouvelles espèces succéder aux anciennes, et se former avec notre mer d'à présent. On trouve la poulette fossile dans les montagnes de tous les climats, et le plus souvent parmi les bélemnites, les dépouilles des cornes d'ammon, des hystérolites et autres habitans de l'ancien monde aquatique ; on trouve la poulette vivante, au milieu des coquillages de nouvelle formation, et dans l'un et l'autre hémisphère.

ALDROVANDE a donné, sous le nom de came, la figure d'une vraie poulette pêchée dans la mer : il écrivait comme on a écrit à la fin du seizième siècle. Ce n'a guère été qu'en 1748 qu'on a fait connaître les poulettes fossiles; et VOLSTERDORF est, je crois, le premier qui en ait parlé, dans son Système minéral, imprimé à cette époque. Le savant traducteur de LEHMAN dit dans une note, *Livre III, page 182*, que M. DE JUSSIEU lui a fait voir l'analogue de la térébratule, et qu'elle avait été trouvée dans les mers de Marseille. M. DE BOISJOURDAIN, à Paris, et M. SCHMIDT, à Berne, ont été cités comme possédant chacun, dans leurs riches cabinets, une poulette marine. M. DE JOUBERT a décrit, il n'y a que quelques années, dans les Mémoires de l'académie, les poulettes des mers de Montpellier : elles sont en général plus petites que celles qu'on trouve dans les montagnes. J'en ai dans mon cabinet d'aussi grandes que les fossiles qui viennent des mers de Malte ; j'en ai vu d'autres dans le cabinet d'histoire naturelle de l'université de Turin, qui ont été pêchées dans les mers de Nice. On en trouve à Livourne ; et il y a plus de vingt-cinq ans que M. DE LUC en a une dans son cabinet : « elle n'est » pas, dit-il, de l'espèce la plus commune parmi les fossiles ». (Lettres sur l'histoire de la terre et de l'homme, *I.re Lettre, page 238.*) Il y en a dans la mer Adriatique. M. l'abbé FORTIS, qui les a découvertes, dit qu'elles se tiennent à deux cents pieds de profondeur dans les environs du port de Siberico, et qu'on en trouve à une plus grande profondeur dans les cavernes où croît le corail ; cette poulette a des bosses des deux côtés, et est légèrement cannelée en longueur et en largeur : il la regarde comme une espèce nouvelle, et ajoute qu'elle ressemble en partie à la poulette fossile décrite par M. le baron DE HAPECH, et dont il a donné la figure *(Tab. IV, n.ᵒˢ 16 et 17).* Celle de Mahon est connue depuis quelques années à Paris, ainsi que celles qui viennent des Indes, et dont il y a une espèce lisse, et une autre striée. On en trouve dans les mers de Norwége; et M. DE BOUGAINVILLE en a pêché dans le détroit de Magellan.

Les poulettes fossiles ont été trouvées dans un bien plus grand nombre d'endroits; et il faut avouer que les variétés qu'elles présentent, sont aussi beaucoup plus nombreuses. J'en ai recueilli dans mes voyages près de trente espèces, dont j'ai trouvé la dernière sur la côte Nord-Ouest de l'Amérique septentrionale, au port des Français. En comparant toutes ces poulettes fossiles avec les poulettes vivantes, j'en ai reconnu plusieurs exactement semblables : il y en a de marines, dont l'analogue pétrifiée n'est pas connue; il y en a plus encore de pétrifiées, dont l'analogue marine n'a jamais été vue.

J'ai trouvé de petites poulettes sur des moules que les pêcheurs de la frégate la BOUSSOLE ont retirées avec la ligne, près de la baie de Ternai, par environ trente-cinq brasses de profondeur. A soixante-deux lieues de là, plus au Nord, près de la baie de Suffren, on en a pêché, tant sur la BOUSSOLE que sur l'ASTROLABE, de grandes et de petites. M. DE LA PÉROUSE ayant fait jeter la drague pour savoir s'il y avait dans ces contrées des huîtres perlières, elle a amené une sorte d'huîtres pectinées, que je décrirai ailleurs, et beaucoup de poulettes de différens âges. Comme la poulette forme à elle seule un genre à part, j'ai cru devoir l'examiner avec attention, et décrire non-seulement sa coquille, mais encore l'animal qui l'habite. Ce travail n'a jamais été exécuté; car la description de deux poulettes publiée par M. PALLAS, a été faite sur des individus absolument dégradés, comme j'aurai occasion de le faire voir. On trouve dans l'excellent ouvrage de M. ADANSON sur les coquillages du Sénégal, l'explication des termes techniques dont je suis obligé de me servir.

POULETTE DE LA CÔTE DE TARTARIE.

§. I.

DESCRIPTION DE LA COQUILLE.

Dimensions. La longueur est à la largeur,
$:: 20^{\text{lig.}} : 18$ dans les plus grandes.
$:: 13\frac{1}{2} : 12$ dans les moyennes.
$:: 6 : 5$ dans les petites.

Ce sont les proportions les plus ordinaires; car elles varient assez souvent d'individu à individu, et toujours avec l'âge. On ne saurait donc distinguer les différentes espèces de poulettes par les proportions de leurs coquilles. Les sinuosités aux plis des bords ne sont pas non plus des caractères distinctifs; car j'ai observé que pour la même espèce, la coquille s'approche ou s'éloigne indifféremment de la forme orbiculaire, que les unes ont les bords de leurs valves sur le même plan, tandis que dans d'autres une des valves fait un angle saillant au milieu de son rebord, et l'autre valve un angle rentrant.

Nature de la coquille. La coquille est d'une épaisseur médiocre, à peu près comme celle de la moule commune ; elle est un peu transparente, convexe et renflée comme les cames : les battans ne sont pas sensiblement plus renflés l'un que l'autre ; cependant celui qui porte le talon l'est un peu plus, sur-tout dans sa partie supérieure.

Stries. On voit sur la surface de la coquille, de très-légères cannelures transversales, demi-circulaires, ondées, qui aboutissent à l'endroit où la coquille cesse d'être circulaire pour former l'angle qui porte le sommet.

Périoste. Ces stries sont recouvertes d'un périoste extrêmement mince et peu adhérent : quelques-unes ont depuis un jusqu'à trois enfoncemens, peu profonds, mais larges, qui partent du centre de la coquille d'une manière presque insensible, et vont se terminer aux bords où ils sont plus marqués, et où ils forment, avec les parties correspondantes de l'autre battant, les angles saillans et rentrans dont j'ai parlé ; le périoste est un peu plus adhérent dans les angles rentrans que sur les saillans.

Battans. Les battans sont égaux dans la partie de leur contour qui est arrondie, et ferment très-exactement ; mais vers le sommet, un des battans porte un talon qui dépasse
l'autre

l'autre battant, et ils sont par conséquent inégaux comme dans les huîtres.

Sommet. Ce talon ou sommet est formé par les bords de la coquille, qui se replient en dedans, et par le prolongement de sa partie supérieure. Les bords repliés forment une ouverture un peu ovale, et assez large, par où l'animal sort le muscle avec lequel il s'attache aux corps extérieurs : ces bords ne joignent pas, ils laissent entre eux un espace occupé par le sommet de l'autre battant, ce qui lui donne la liberté de se mouvoir. Ainsi, cette coquille n'est pas perforée, comme son nom de térébratule semble l'indiquer ; l'ouverture n'étant pas pratiquée dans un seul battant, mais formée par le prolongement d'un battant, les replis de ses bords, et la rencontre de l'autre battant. Le sommet n'est pas pointu, mais arrondi.

Ligament. Le ligament est, comme dans l'huître, placé entre les sommets, et ne paraît pas au dehors ; il s'adapte au pédicule de l'animal : comme le sommet occupe une partie considérable de la coquille, on ne peut ouvrir que très-peu les deux battans, sans s'exposer à les rompre. Il est très-solide, quoique fort mince et peu apparent ; il est renfermé dans une petite cannelure, remplie, lorsque la coquille est fermée, par l'arête de la partie correspondante du battant qui porte le talon. Ce ligament conserve du ressort, et n'est pas très-cassant, même après que la coquille est vidée et bien sèche.

Charnière. Les huîtres n'ont point de charnière : les dents qui la forment dans beaucoup d'autres coquilles, n'y existent pas. On a regardé les térébratules comme des huîtres, parce qu'on n'avait pas examiné leurs charnières ou dents, qui ne paraissent pas, à la vérité, dans les térébratules fossiles ; mais en ouvrant les poulettes vivantes, on trouve des dents qui composent leur charnière, et qui sont même plus grosses que dans un grand nombre de coquilles.

Les poulettes fossiles ont presque toujours leurs valves réunies, ce qui est assez remarquable ; les autres bivalves ont le plus souvent leurs battans ouverts ou séparés : la raison de ce fait doit être cherchée dans la nature de la charnière. Celle de la poulette ne doit pas lui permettre de se séparer ; et le ligament qu'elle conserve, et qui est très-étendu, contribue à tenir les deux battans réunis.

Les dents qui forment la charnière de la poulette, approchent beaucoup de celles du spondyle décrit par M. Adanson; elles sont formées par deux boutons arrondis dans le spondyle, et un peu alongés dans la poulette. C'est en-dessus de ces dents que le ligament est placé dans le battant qui porte le talon : il y a entre lui et les dents deux cavités, une de chaque côté; elles servent d'alvéoles aux dents de l'autre valve, où sont des alvéoles semblables à ceux-ci, et dont l'usage est le même. Les dents de la valve à talon ont de plus une arête légère, qui entre dans une cannelure longitudinale qu'on aperçoit, dans l'autre valve, sur la partie antérieure de chaque dent.

Nacre. La substance qui revêt l'intérieur de la coquille,

tient, comme dans le plus grand nombre des huîtres, le milieu entre la nacre et la substance de l'intérieur des coquilles non nacrées : sa couleur, son luisant, son poli et son épaisseur varient avec l'âge, et selon les individus.

Couleur. La couleur des dents est toujours blanche. Celle de l'extérieur de la coquille tire plus ou moins sur le rouge d'ocre, sur-tout vers les bords : l'intérieur a aussi une très-légère nuance de ce rouge sur un fond gris-blanc qui varie.

Attaches. Nous ne considérons ici que la place des attaches et leur empreinte sur la coquille ; la description de l'attache même appartient à celle de l'animal. On voit sur chaque battant de la poulette que j'examine, la place de deux attaches bien distinctes ; ce qui la différencie encore du genre des huîtres, qui n'ont qu'une attache passant au milieu de leur corps. Les attaches de la poulette dans la valve qui porte le talon, sont oblongues, placées vers le sommet, et creuses : chacune d'elles a des sillons courbes, transversaux et partagés en deux par un sillon longitudinal ; elles imitent assez bien les ailes de quelques insectes. Dans l'autre valve, les attaches ont une autre forme : elles sont placées dans le même lieu, et fort irrégulièrement arrondies, entourées de deux cannelures qui laissent comme une lisière entre elles et se prolongent ensuite en ligne droite vers l'ouverture de la coquille jusqu'aux deux tiers environ de la longueur ; cette lisière imite parfaitement la forme des ciseaux de tailleur.

La partie du sommet de la coquille où passe le pédicule

de l'animal, est striée longitudinalement dans le battant à talon; la strie qui est dans le milieu, est la plus profonde : il y a une strie transversale qui sépare en deux parties égales toutes les stries longitudinales. On ne voit rien de semblable dans l'autre valve.

Les coquilles des poulettes ont intérieurement une partie très-déliée qui leur est propre, et dont quelques auteurs ont fait mention sous les noms de *languette* et de *fourche*, parce qu'ils n'en ont jamais vu d'entières; elle sert de soutien au corps de l'animal : je la décrirai en parlant de son usage plus immédiat.

§. II.

DESCRIPTION DE L'ANIMAL.

L'anatomie des coquillages est très-délicate, et offre des difficultés insurmontables. Les travaux des RÉDI, des RÉAUMUR, des SWAMMERDAM, laissent encore bien à désirer : ils avouent, dans leurs immortels ouvrages, que le plus souvent ils ne marchaient qu'à tâtons. Il y a dans les animaux qui habitent les coquilles et principalement les bivalves, des parties à découvrir, d'autres dont il faudrait déterminer l'usage; il y a de nouvelles comparaisons à faire sur les différences génériques, spécifiques et individuelles : enfin cette étude offre un champ des plus vastes à parcourir. J'espérais faire quelques découvertes dans ce genre, en anatomisant l'animal qui habite le bénitier, la plus grande des bivalves connues, et dont toutes les parties doivent être très-apparentes : j'ai vu de ces coquilles aux Philippines ; mais la province qui les fournit, était par malheur trop éloignée du port de Cavite, où nous avions relâché. Je n'entreprendrai pas l'anatomie complète du coquillage que j'examine ; ce travail serait au-dessus de mes forces : mais à l'exemple de M. Adanson, j'observerai les parties les mieux reconnues, et qui suffisent pour caractériser les genres.

Manteau et *Trachée*. Le manteau de la poulette de la baie de Suffren, est formé par une membrane très-mince qui tapisse tout l'intérieur de la coquille dans l'une et l'autre valve, et qui contient le corps de l'animal ; il a, à son origine, toute la largeur de la charnière, et se divise ensuite en deux lobes, dont l'un tapisse le battant où est le talon, et l'autre le battant où est le corps de l'animal : il ne forme donc qu'une ouverture, qui finit à chaque bout de la charnière, et qui a la même étendue que les surfaces intérieures de la coquille. Il n'y a donc qu'une seule trachée apparente, et elle est formée par les deux lobes du manteau. M. Pallas n'a pas reconnu le manteau dans les deux variétés qu'il a décrites, et l'a appelé très-improprement périoste. L'état de dégradation où il se trouvait, dans les individus desséchés qu'il a eus sous les yeux, l'aura sans doute induit en erreur.

Muscles. Après avoir entr'ouvert la coquille, j'ai coupé le plus délicatement possible le ligament ; j'ai déployé la charnière : ayant ensuite détaché de la valve à talon, le lobe du manteau qui la couvrait, je l'ai abattu sur le corps de l'animal. Cette opération m'a mis à même de voir les grands muscles qui adhèrent à la valve à talon : ils sont mous, membraneux, et pour ainsi dire charnus en dedans ; ils sont revêtus de petites glandes sanguinolentes ; il part de la partie inférieure de chaque aire musculeuse, un nerf assez fort qui se prolonge jusqu'à l'extrémité du manteau : ils courent parallèlement au bord de la coquille et sont éloignés l'un de l'autre ; ils sont chacun renfermés dans une espèce de sac aplati, qui a la forme d'un ruban, et qui est rempli d'une matière visqueuse et rouge. Il paraît que le lieu où sont les attaches des muscles, fournit, outre les muscles qui s'étendent sur le lobe du manteau, un véritable sang principalement contenu dans trois petits corps charnus, rouges, de forme glanduleuse, d'inégale grosseur, et qu'on aperçoit en déchirant les muscles du côté de leur racine ; peut-être tiennent-ils lieu de cœur. L'anatomie des coquillages n'est pas assez avancée pour pouvoir le décider ; mais il est néanmoins certain que, dans la poulette, les muscles qui sont attachés à la valve à talon, sont revêtus de parties charnues qui contiennent beaucoup de sang, ainsi que deux autres muscles qui partent du même lieu, et qui contribuent à former le pédicule, dont je parlerai bientôt.

Les muscles qui sont attachés à l'autre valve, se divisent aussi en plusieurs parties : on en voit qui parcourent le lobe du manteau correspondant ; plusieurs s'élèvent en touffe, et vont s'adapter à la valve supérieure ; il y en a qui se subdivisent, et dont je n'ai pu suivre les ramifications, même en les regardant au microscope ; mais d'autres plus apparens vont contribuer à former le pédicule, qui passe par l'ouverture que laissent entre elles les deux valves, tient à l'une et à l'autre par plusieurs nerfs, et est lui-même attaché à quelques corps extérieurs, principalement à d'autres coquilles vivantes. Les muscles de la poulette ont donc comme trois attaches, dont une sur la surface intérieure de chaque valve, et la troisième sur un corps étranger.

Pédicule. Le pédicule est cylindrique, entouré d'une substance musculeuse qui renferme plusieurs nerfs ; il a depuis une ligne jusqu'à une ligne et demie de longueur, et les deux tiers en diamètre. J'ignore par quel moyen il adhère si fortement à différens corps ; car on déchire plutôt l'animal et tous les muscles particuliers qui partent de l'intérieur pour se réunir au pédicule, qu'on ne vient à bout de détacher le pédicule de dessus la base : le gluten qui lie l'un à l'autre, résiste même à la chaleur de l'eau bouillante. Le pédicule porte la coquille, et la tient élevée de manière que lorsqu'elle est dans l'eau, elle se trouve dans une position inclinée à l'horizon. La valve la plus étroite est toujours l'inférieure ; c'est celle qui contient l'animal : la supérieure, qui est celle où est le talon, lui sert de couverture. On n'a donc pas raison d'appeler ordinairement valve supérieure, la plus petite des deux : en ne faisant attention qu'à la coquille des huîtres qu'on a dans les cabinets, on a faussement imaginé que la partie la plus petite était toujours la supérieure, et qu'elle servait comme de couverture à la plus grande.

Les térébratules ont-elles la faculté de changer de lieu, ou demeurent-elles toujours fixées à l'endroit où elles naissent? Il faudrait les avoir observées long-temps pour répondre à cette question d'une manière certaine. J'ai néanmoins quelques raisons de croire qu'elles peuvent changer de lieu, mais qu'elles en changent très-rarement pendant leur vie. Ayant détaché plusieurs pédicules avec un instrument tranchant, j'ai vu, sur-tout dans les grandes poulettes, qu'ils étaient logés dans un petit creux formé sur la coquille à laquelle ils adhéraient; cette espèce d'enfoncement, et la forte adhérence du pédicule avec la coquille où il est fixé, prouvent en quelque sorte que la poulette occupe long-temps la même place : mais j'ai trouvé plusieurs groupes de petites poulettes qui étaient si rapprochées les unes des autres, qu'elles ne pouvaient grandir sans se gêner; car une seule poulette de médiocre grandeur, occupe le même espace que cinq ou six petites.

Ouïes. Après avoir relevé le lobe du manteau que j'avais rabattu sur le corps de l'animal, j'ai observé les ouïes : elles sont grandes, composées de deux feuillets membraneux de chaque côté, et dont le supérieur est le plus étroit; ces feuillets tiennent l'un à l'autre par une membrane légère, et ne forment entre eux qu'une seule poche; ils ont à leurs rebords

rebords de longues franges qui flottent sur le manteau : mais ce qu'il y a de plus remarquable, c'est que les ouïes sont supportées par des osselets, comme celles des poissons. Je les décrirai, après avoir fait l'énumération des parties molles qu'on distingue dans les poulettes. Les ouïes ont une forme arquée de chaque côté : elles sont séparées dans leur partie inférieure, où les franges sont plus longues, de sorte que les deux ouïes d'un côté sont très-distinctes des deux ouïes qui sont du côté opposé. Les ouïes commencent aux dents de la charnière.

Bouche, Œsophage, Ventricule. On voit au milieu des ouïes, le ventricule, l'œsophage et la bouche. Le tout forme un triangle dont la base est la bouche : elle est tournée du côté de la charnière, et formée par une large ouverture transversale sans lèvres bien apparentes et sans mâchoire. L'œsophage est très-court; mais il est susceptible d'alongement lorsque l'animal ouvre la bouche. Le ventricule, qui a la forme d'un sac pointu, tient par une membrane aux osselets des ouïes, mais seulement dans la partie supérieure, et jusqu'à la moitié de sa longueur. En ouvrant le ventricule, j'ai trouvé une petite chevrette entière, et une à moitié digérée : il est assez difficile de concevoir comment les chevrettes, qui sont très-agiles, et ont de bons yeux, se laissent attraper par un animal aveugle, qui peut à peine entr'ouvrir sa coquille, et qui est fixé sur un coquillage immobile. Les animaux et sur-tout les aquatiques, ont des moyens que nous ignorons, pour remplir leurs fonctions vitales ; et ces moyens une fois connus pourraient servir, par des applications heureuses, aux progrès des arts.

Intestin et *Anus*. Au fond de l'estomac, on voit l'intestin, qui en est comme une continuation ; il est extrêmement court (il n'a pas une demi-ligne dans une coquille de quinze lignes de longueur), et il est formé par une membrane très-mince. Les excrémens tombent sur les lobes du manteau ; mais ils sont facilement repoussés au dehors par les divers mouvemens des deux lobes : il se pourrait très-bien que les excrémens de la poulette, qui s'arrêtent naturellement à l'entrée de la trachée, servissent d'appât aux chevrettes et autres petits animaux dont elle se nourrit ; la position de l'anus à l'ouvert de la coquille, et la position de la bouche dans la partie la plus reculée, appuient cette conjecture.

Osselets des ouïes. Les osselets des ouïes, que j'ai découverts dans les térébratules, n'ont encore été observés dans aucun animal du genre des testacées ; et par-là les térébratules se rapprochent plus des poissons que tous les autres coquillages. Il ne reste dans les poulettes que l'on voit dans les cabinets, qu'une très-petite partie des osselets des ouïes : de là viennent les noms impropres de languette, de fourche, qui ne sont relatifs qu'à la forme des fragmens qu'on a aperçus, et qui n'en indiquent point l'usage.

Les osselets des ouïes sont composés de plusieurs pièces : la principale a une forme ovale contournée ; elle part de chaque côté de la charnière, et paraît être un prolongement des parties saillantes qu'on voit; elle s'étend jusqu'au-delà des deux tiers de la coquille, où elle se replie, et vient aboutir au dessus de la fourche, aux branches de laquelle elle est unie par une simple superposition (sorte d'articulation très-commune dans les parties nombreuses qui composent la tête des poissons). La fourche est placée à un peu plus du tiers de la coquille, en partant du sommet; elle est formée par un pivot qui se divise en deux branches longues et terminées en pointe : elles sont extraordinairement fragiles, et soutiennent, comme je l'ai dit, les extrémités des osselets des grandes ouïes. Le feuillet qui compose, de chaque côté, un second rang d'ouïes, tient à un os courbe, qui, d'un côté, est attaché à la partie inférieure et interne de l'osselet des grandes ouïes, et de l'autre s'étend jusqu'au côté de la bouche de l'animal, où il est uni à un autre osselet plat qui s'applique sur un osselet semblable qui est de l'autre côté : ces derniers osselets sont exactement en-dessous de la membrane qui forme la bouche; j'ignore quel est leur véritable usage, et si, comme je le présume, l'animal s'en sert pour ouvrir et fermer à volonté son estomac, en distendant ou contractant la peau qu'on voit à son entrée. Tous ces osselets sont plats, extrêmement cassans, entourés de nerfs et de membranes : leurs articulations donnent de la mobilité aux ouïes; ils supportent de plus le corps même de l'animal qui ne touche ni l'une ni l'autre de ses valves, et qui est au milieu d'elles comme sur un treteau. L'espace compris entre les branches des osselets des ouïes, est garni d'une membrane transparente mais assez solide. Au pied de la fourche, une semblable s'élève sur elle perpendiculairement, et sépare le lieu où est le corps de l'animal, de tout le reste de la coquille : cette membrane laisse dans les deux coins une ouverture qui communique avec l'entre-deux des lobes du manteau, et qui doit tenir lieu de trachée; car nous avons remarqué, en décrivant le manteau, que les deux lobes sont entièrement séparés, et ne forment par conséquent qu'une fausse trachée.

Il résulte de la description de la poulette, qu'on doit la séparer du genre des huîtres, puisqu'elle a une charnière dentée, plusieurs ligamens, et une organisation intérieure toute différente. On ne doit pas non plus la confondre avec les cames, dont les battans sont égaux, qui n'ont point de périoste sensible, ont un pied paraissant au dehors, ainsi que deux tuyaux charnus, sans compter les autres différences. La poulette ressemble encore moins aux autres bivalves, et on doit la classer à part; elle forme un genre dont les espèces vivantes ou fossiles sont très-nombreuses.

EXPLICATION DES FIGURES.

(Atlas, n.° 63.)

Fig. 1.re Poulette de grandeur moyenne, vue par sa face inférieure.
    A, trou par où passe le pédicule musculeux.

Fig. 2. Poulette de grandeur moyenne, vue par sa face supérieure.

Fig. 3. Petite poulette, vue d'un côté.

Fig. 4. Petite poulette, vue de l'autre côté.

Fig. 5. Poulette de grandeur moyenne, vue par le tranchant.

Fig. 6. Position naturelle de la poulette dans l'eau.

Fig. 7. Vue de la valve qui porte le talon.

A, empreinte des muscles dans l'intérieur de la coquille.

Fig. 8. La valve inférieure.

A, empreinte des muscles.

Fig. 9. Vue de l'intérieur d'une poulette.

AA, les feuillets des ouïes supérieures.
BB, les feuillets des ouïes inférieures.
C, le ventricule.
D, l'anus.
EE, le manteau.
F, l'œsophage.

Fig. 10. AA, pédicule musculeux passant par l'ouverture de la valve supérieure.

Fig. 11. Vue des osselets des ouïes.

A, la fourche.
BBB, osselets des grandes ouïes.
CCC, valve inférieure.
DD, osselets qui sont en-dessous de l'œsophage.
EE, les pointes de la fourche.
FF, osselets des ouïes supérieures.
GG, dents de la charnière où tiennent les osselets des ouïes.
H, place du pédicule.
II, lieux où sont les franges des ouïes.

MÉMOIRE

Sur les Cornes d'ammon, et Description d'une espèce trouvée entre les Tropiques dans la mer du Sud ; par M. DE LAMANON.

DE tous les genres d'animaux dont on retrouve les dépouilles ensevelies dans les anciens dépôts des eaux, celui de la corne d'ammon est, sans contredit, le plus abondant et le plus universellement répandu : plusieurs auteurs en comptent jusqu'à trois cents variétés, et encore ne sont-elles pas toutes connues ; il y en a qui ont depuis une demi-ligne et au dessous, jusqu'à dix pieds de circonférence. Quelques naturalistes assurent, d'après le chevalier LINNÉ, que les analogues de toutes les cornes d'ammon fossiles existent dans les abîmes de la mer les plus profonds, et les nomment pour cela des coquilles pélagiennes ; d'autres naturalistes, et c'est le plus grand nombre, peu satisfaits de cette assertion, regardent les cornes d'ammon comme un genre de coquillage dont les espèces ne se rencontrent plus que fossiles, et dont les analogues ne sont dans aucune mer. Il y a plusieurs auteurs qui ont décrit des cornes d'ammon microscopiques, recueillies parmi les sables que la mer rejette, à certains endroits, sur ses bords : mais presque toutes ces coquilles, mieux examinées, n'ont paru être que des nautiles. Quant à celles qu'HOFFMAN avait trouvées en Norwége et annoncées comme telles, il a reconnu postérieurement que ce n'étaient pas des cornes d'ammon, mais de vrais tuyaux cloisonnés. Je suis persuadé qu'il y a dans les mers d'aujourd'hui, des cornes d'ammon vivantes, mais qu'elles y sont en petit nombre, et qu'elles diffèrent des cornes d'ammon fossiles : celles-ci doivent être considérées comme une famille autrefois la plus nombreuse de toutes, et dont les descendans, ou n'existent plus, ou sont réduits à quelques individus entièrement dégénérés.

L'hypothèse la plus gratuite est presque toujours la plus difficile à détruire ; telle est, je présume, la raison pour laquelle on n'a encore rien allégué contre la supposition des coquilles pélagiennes, bien qu'on ait assez généralement refusé de l'admettre. Les observations qui vont suivre, me démontrent la fausseté de cette hypothèse.

Les cornes d'ammon fossiles ont leur test extrêmement léger et mince, tandis que les coquilles qui se tiennent toujours au fond de l'eau sont épaisses et pesantes : de plus, la forme de la corne d'ammon fossile nous indique, en quelque sorte, l'organisation que devait avoir l'animal qui l'habitait. Le célèbre JUSSIEU prouva, en 1721, que les plus grands rapports existaient entre les cornes d'ammon et les nautiles [a] : on sait que les nautiles, remplissant ou

---

[a] Il existe cependant quelques différences intérieures très-marquées : 1.° les cloisons des nautiles ont plus de sinuosités que celles des cornes d'ammon ; 2.° les cornes d'ammon n'ont point de petit tuyau de communication d'une cloison à l'autre. (N. D. R.)

vidant une partie de leurs coquilles, ont la faculté de se tenir à la profondeur d'eau qu'ils désirent; il en était sans doute de même des cornes d'ammon; et si la mer en est encore remplie, ne devrait-on pas en rencontrer quelques-unes en voyageant? les vagues n'en rejetteraient-elles pas quelques débris sur les côtes ? Les pêcheurs devraient en trouver souvent dans leurs filets; il devrait au moins y en avoir des fragmens adhérens au plomb de sonde, lorsqu'on le descend à de grandes profondeurs. Ajoutons encore que si les cornes d'ammon ne sortaient jamais des abîmes de la mer, celles qu'on trouve pétrifiées ne devraient jamais être au même niveau et dans la même couche que des coquilles qui ne vivent pas dans les bas-fonds : cependant on trouve en Normandie, en Provence, en Touraine, et dans une infinité d'autres endroits, des cornes d'ammon mêlées avec des vis, des buccins et autres coquilles littorales ; il s'en trouve à toute sorte d'élévation, depuis le niveau de la mer et au dessous, jusque sur les plus hautes montagnes. L'analogie nous porte aussi à croire que la nature, qui a accordé des yeux aux nautiles, n'en a pas refusé aux cornes d'ammon : or à quoi leur serviraient-ils, si elles restent confinées dans ces abîmes, où la lumière ne saurait pénétrer ?

L'extinction de l'ancienne race des cornes d'ammon est donc un fait certain, qu'aucune supposition raisonnable ne peut détruire; et ce fait est, sans contredit, le plus étonnant que puisse nous présenter l'histoire des animaux aquatiques,

La

La découverte de quelques espèces de cornes d'ammon vivantes n'en détruit pas la vérité : car ces ammonies ne sont point semblables aux espèces pétrifiées connues ; elles sont extrêmement rares, et ne sauraient être regardées comme les représentans des ammonites, si variées dans leurs espèces, et dont le nombre était, dans les anciennes eaux, plus considérable peut-être que celui de toutes les autres coquilles ensemble.

WALLERIUS, en parlant des cornes d'ammon pétrifiées, dit que ce sont des coquilles à cloisons séparées les unes des autres, et communiquant entre elles par un siphon. Il est cependant certain qu'il y a des cornes d'ammon qui ne sont pas chambrées ; on sait que les auteurs considèrent les cornes d'ammon comme un nautile, et que dans l'une et l'autre espèce il y a des coquilles chambrées et d'autres qui ne le sont pas : chaque espèce a des sous-espèces, comme il paraît du moins par les pétrifications.

On doit nommer corne d'ammon, toute coquille univalve roulée sur elle-même dans un plan horizontal qui la couperait en deux parties égales formées par des spires jointes ensemble, visibles extérieurement, et ayant entre elles une certaine proportion.

Les cornets de saint-hubert ne sont pas des cornes d'ammon, puisque leurs spires sont disjointes.

Les tuyaux de mer cloisonnés ne peuvent être des cornes d'ammon, parce que leurs spires ne sont pas dans un plan horizontal divisant la coquille en deux parties égales :

on verra, en y faisant attention, que les spires renflées supérieurement, sont toujours aplaties par leur base.

Les planorbes, qui se rapprochent beaucoup des cornes d'ammon non cloisonnées, en diffèrent par leur première spire, qui est, relativement à sa largeur, dans une proportion beaucoup plus petite avec le reste de la coquille. Certains planorbes ressemblent extérieurement aux cornes d'ammon chambrées, tandis que la forme extérieure des cornes d'ammon non chambrées en diffère essentiellement.

Les nautiles diffèrent des cornes d'ammon, en ce que leurs spires sont intérieures : elles rentrent dans la coquille après la première circonvolution, tandis que les spires de la corne d'ammon sont toutes en dehors.

J'ai cru absolument nécessaire de fixer ce qu'on doit entendre par corne d'ammon, avant de décrire celle que j'ai trouvée pendant notre voyage autour du monde.

La forme de celle-ci est presque orbiculaire, le diamètre longitudinal étant au diamètre latéral : : 3 lignes : 2 lignes $\frac{3}{4}$. La première spire est plus grande que les autres, et occupe presque la moitié du diamètre longitudinal : le sommet est placé aux deux tiers de cette longueur ; il se termine, du côté droit, par un très-petit bouton visible à la loupe, en quoi cette corne d'ammon diffère de celle de Rimini, qui de plus est microscopique et chambrée : celle dont nous parlons n'a intérieurement aucune concamération. Les tours des spirales sont au nombre de quatre et demi : les spires sont renflées également des deux côtés, et tournent sur un plan qui partagerait la coquille en deux parties égales; il y a sur chaque flanc une espèce d'ombilic qui a pour cause l'augmentation du diamètre perpendiculaire des spires à mesure qu'elles s'éloignent du sommet. Les surfaces sont lisses; le dos est armé d'une crête plate, unie, fragile, mince comme du papier, et formant tout autour comme une auréole solide : elle a près d'une demi-ligne de largeur; elle se prolonge sur le dos des spires, sert à les joindre les unes aux autres, et tient lieu de columelle. L'ouverture de la coquille est de forme presque triangulaire; les côtés se prolongent en forme de lèvres, et ont leurs bords arrondis.

J'ai trouvé souvent cette corne d'ammon renfermée dans l'estomac des bonites (*scomber pelamis* LINNÆI, 170, 2) pêchées dans la mer du Sud, entre les Tropiques; il n'y avait pas de fond à plus de deux cents brasses. Ces coquilles étaient entourées d'une vase noire, de nature schisteuse. Leur grandeur varie depuis quatre jusqu'à une ligne de diamètre; ce sont, par conséquent, les plus grandes cornes d'ammon vivantes qu'on ait encore découvertes. L'animal était en partie digéré, ce qui m'a mis dans l'impossibilité de l'observer.

EXPLICATION DES FIGURES.

Fig. 1.re Corne d'ammon de grandeur naturelle.
Fig. 2. Forme de sa bouche.
Fig. 3 et 4. La même, vue à la loupe.

MÉMOIRE

Sur le commerce des peaux de Loutre de mer, &c.

Je n'ai pas dû perdre de vue que les progrès de la géographie n'étaient pas le seul but du gouvernement en expédiant à grands frais les frégates la Boussole et l'Astrolabe, et qu'il était du devoir du chef de l'expédition, d'éclairer le ministre sur les avantages que le commerce peut retirer des productions des différens pays que nous avons parcourus.

La côte de l'Amérique, depuis le mont Saint-Élie jusqu'à Monterey, n'offre aux spéculations de nos négocians que des pelleteries de toute espèce, et plus particulièrement des peaux de loutre, dont le débit est assuré à la Chine. Cette pelleterie, si précieuse en Asie, est, en Amérique, dans une étendue de douze cents lieues de côte, plus commune et plus répandue que ne le sont les loups marins eux-mêmes sur celle de Labrador. Quelque étendu que soit l'empire de la Chine, il me paraît impossible que les peaux de loutre s'y maintiennent à très-haut prix, lorsque les différentes nations de l'Europe y en apporteront en concurrence; et la mine, si on peut s'exprimer ainsi, en est si abondante, que plusieurs expéditions peuvent, dans la même année, faire une traite considérable, en bornant le privilége de chacune à une étendue de côte d'environ 5 degrés, et en s'arrêtant à trente lieues environ au Nord du port Saint-François, dernier établissement des Espagnols. L'ouvrage de M. Coxe donne de très-grands détails sur le commerce de pelleteries des Russes avec les Chinois : on doit regarder comme certain qu'il est aujourd'hui le double de celui de 1777, d'après le tableau qu'il a fait imprimer; et je ne doute pas que les comptoirs russes ne s'étendent, dans ce moment, jusqu'à la rivière de Cook, et bientôt jusqu'à Williams-sound [a]. Il importait extrêmement à l'objet politique de ma campagne, de connaître avec la même précision quels étaient les établissemens des Espagnols au Sud. Ces deux nations étendent leur commerce en ce genre, depuis le Kamtschatka jusqu'en Californie; mais au moment de mon départ, on ignorait encore en France les limites du climat qui convient à la multiplication des loutres de mer, celles des établissemens des Espagnols, et quelle part cette nation se proposait de prendre au commerce des pelleteries avec la Chine. On se flattait peut-être que l'inertie de l'Espagne laisserait long-temps des alimens à l'activité et à l'industrie des autres peuples; et je conviens que le plan du vice-roi du Mexique, de réserver au gouvernement le commerce exclusif des peaux de loutre, est très-propre à réaliser ces espérances.

Je ne pouvais acquérir les lumières qui m'étaient nécessaires, qu'en relâchant à Monterey : on sait que depuis très long-temps, les Espagnols n'impriment rien, et que la politique de ce gouvernement est de tenir secrètes toutes

[a] Je chercherai au Kamtschatka à vérifier cette conjecture.

ses opérations en Amérique. Les Anglais se sont procuré par adresse, dans ces derniers temps, une copie du journal d'un pilote appelé Maurelle, qu'ils ont fait imprimer; sans ce secours, nous aurions ignoré qu'il existait des missions à Monterey : mais ce journal, qui n'est en quelque sorte qu'une table des routes d'une petite corvette depuis le port de San-Blas jusqu'à celui de los Remedios par les 57 degrés, ne nous a donné aucun autre détail ; et les Espagnols, à cette époque, n'imaginaient pas que les peaux de loutre eussent plus de valeur que celles de lapin. Aussi le pilote Maurelle ne dit pas même que cet amphibie existe, et il est probable qu'il ne le distinguait pas du loup marin. Ses compatriotes sont aujourd'hui beaucoup plus instruits; ils savent que les provinces du Nord de la Chine font une très-grande consommation de peaux de loutre, qu'elles servent l'hiver à l'habillement de tous les mandarins du premier ordre et de toutes les personnes riches de cet empire, et que c'est peut-être de tous les objets de luxe, celui qui excite le plus vivement leurs désirs, parce qu'à l'agrément de flatter les yeux par sa finesse et son lustre, il joint l'avantage d'entretenir une chaleur douce, ce qui rend ce vêtement bien préférable à tout autre.

Je ne répéterai point dans ce mémoire les différens détails [b] que j'ai insérés dans ma relation, et qui m'ont paru pouvoir être rendus publics sans inconvénient; mais

[b] La connaissance de ces détails est absolument nécessaire pour l'intelligence de ce mémoire.

je discuterai s'il convient à la nation française d'établir une factorerie dans le port des Français, dont nous avons pris possession, établissement contre lequel aucun gouvernement n'a le droit de réclamer, ou si la France doit se borner à permettre quelques expéditions à l'aventure, ou si enfin toute spéculation sur ce commerce doit être interdite à nos négocians.

Comme j'écris ce mémoire dans ma traversée de Monterey à la Chine, je n'ai pas encore acquis toutes les lumières qui me sont nécessaires pour résoudre complétement la question que je propose, parce que sa solution dépend beaucoup du débit à la Chine, et sur-tout du rabais qui doit résulter de l'introduction de dix mille peaux de loutre que le préside de Monterey seul doit fournir chaque année, en supposant même que de nouveaux établissemens au Nord du port des Français n'en procurent pas une plus grande quantité.

Nous avons traité au port des Français environ mille peaux de loutre, quantité bien suffisante pour connaître avec précision leur prix à la Chine : mais presque aucune de ces peaux n'était entière, parce que les Indiens du Nord, n'ayant pas la certitude du débit, sont dans l'usage d'en faire des chemises, des couvertures, &c., et ils nous les ont vendues morcelées, sales, puantes, déchirées, et telles enfin qu'il m'est, jusqu'à présent, impossible de croire qu'elles ayent une très-grande valeur en Chine, quoique j'aye lu dans la relation du troisième voyage de Cook, que tous les morceaux de ce genre ont été parfaitement vendus. On sent que si nous avions un comptoir sur la côte du Nord-Ouest de l'Amérique, ou même un commerce réglé de vaisseaux qui fissent chaque année cette traite, bientôt les Indiens n'apporteraient plus dans nos marchés que des peaux entières, sur-tout si on refusait absolument celles qui auraient servi d'habillement.

Je crois être certain qu'il m'eût été extrêmement facile de traiter cinq ou six mille peaux, en relâchant dans cinq ou six baies différentes depuis le port des Français jusqu'à celui de los Remedios seulement, et employant à cette traite le reste de la saison ; mais convaincu que les vaisseaux de l'état doivent protéger le commerce et ne jamais le faire, je ne me suis pas même arrêté un instant à cette idée. La quantité que nous en avons, a été traitée en huit ou dix jours au port des Français : elle est plus que suffisante pour notre objet, et je n'aurais pas donné de mille peaux de plus le moindre objet utile ; mais il était rigoureusement nécessaire d'en avoir un certain nombre, afin de connaître leur valeur, et d'éclairer le commerce sur le produit qu'il doit attendre de ses spéculations [c].

J'ai beaucoup réfléchi sur le projet d'une factorerie au

[c] L'argent provenant de notre vente sera réparti à chaque matelot, et sera une compensation des dangers qu'il aura courus et des fatigues qu'il aura essuyées. J'ai vu avec la plus vive satisfaction, que tous les officiers et passagers pensaient, comme moi, que ce serait une espèce de sacrilége de mêler aucune vue d'intérêt aux motifs qui nous ont déterminés à faire cette campagne.

J'ai nommé M. DUFRESNE subrécargue des matelots : je mettrai sous les port des Français ou dans les environs ; et j'y trouve de très-grands inconvéniens, à cause de l'immense éloignement où ce comptoir se trouverait de l'Europe, et de l'incertitude des résultats de ce commerce à la Chine, lorsque les Espagnols, les Russes, les Anglais et les Français y apporteront en concurrence ces peaux, qu'il est si facile de se procurer sur toute la côte. On ne peut d'ailleurs douter que notre compagnie des Indes ne réclamât contre le privilége qu'il faudrait accorder aux armateurs pour qu'ils pussent faire leur vente à la Chine : l'armement des bâtimens serait si considérable, que la seule vente des pelleteries ne pourrait pas indemniser une compagnie, à l'instar de celle d'Hudson, de ses frais de comptoir et d'expédition de navires, s'il leur fallait revenir à vide en Europe ; et il serait rigoureusement nécessaire qu'il fût enjoint à la compagnie des Indes de les charger à fret, à un prix convenu en Europe, de prendre même à intérêt le produit des pelleteries et de l'employer à l'achat de ses cargaisons.

Mais ces différens réglemens sont sujets à de grands inconvéniens : les deux compagnies seraient très-certainement sans cesse en querelle ensemble ; leurs employés ne s'accorderaient pas mieux. Je suis cependant certain que

---

yeux du ministre, ses comptes, les répartitions que nous avons faites, le reçu de chacun d'eux ; et si la somme est un peu considérable, je ne doute pas que, jointe à celle qui reviendra du désarmement, elle ne détermine chaque individu des deux frégates à se marier, ce qui formera pour les classes, des familles aisées qui multiplieront beaucoup et seront un jour d'une grande utilité à la marine.

si on les réunissait, une des deux parties resterait sans activité, et très-sûrement ce serait le commerce des pelleteries : ces priviléges exclusifs tuent le commerce, comme les grands arbres étouffent les arbustes qui les environnent.

Quoique les Russes soient au Nord et les Espagnols au Sud, il se passera encore bien des siècles avant que ces deux nations se rencontrent, et il restera long-temps entre elles des points intermédiaires, que d'autres nations peuvent occuper, et qui ne devraient exciter la jalousie d'aucun peuple, si les gouvernemens n'étaient pas généralement plus inquiets que les particuliers. Je ne doute pas que l'Espagne ne regardât comme une usurpation quelques arpens de terre qui seraient occupés par des Français et que ces mêmes Espagnols chercheraient peut-être vainement à découvrir pendant plusieurs siècles si on leur cachait la latitude et la longitude de cette factorerie ; mais j'avoue que je n'y vois pas un avantage assez considérable pour que les cabinets de Versailles et de Madrid ayent la plus légère altercation là-dessus, et je crois même qu'en supposant l'accession de la cour d'Espagne à un pareil établissement, il conviendrait d'essayer auparavant ce commerce par des expéditions particulières, pour connaître s'il porte en Chine sur des bases inébranlables : il ne serait pas temps de l'attribuer à une compagnie exclusive, il faudrait accorder seulement un privilége à une place de commerce pour trois expéditions de deux bâtimens chaque année, qui partiraient à la même époque; et il serait possible que l'on eût des nouvelles de la première expédition au moment où la troisième mettrait à la voile. Ces armemens seraient chers, parce que les bâtimens devraient être bien construits, parfaitement approvisionnés en voiles, en câbles, en cordages de toute espèce, et commandés par des marins expérimentés. Ce voyage ne pouvant être comparé à aucun autre pour la longueur et la difficulté de la navigation, on ne doit exposer aux mers du cap Horn et du Nord de l'Amérique, que des vaisseaux de quatre à cinq cents tonneaux : ils pourraient, à la rigueur, être un peu plus petits, s'ils n'avaient pour objet que de prendre des pelleteries en échange des articles qui doivent les procurer; mais on doit remarquer que les frais d'un vaisseau de trois cents tonneaux diffèrent assez peu de ceux d'un bâtiment de cinq cents, parce qu'il faut aux uns et aux autres un capitaine excellent, le même nombre d'officiers, et que la différence consiste dans sept ou huit matelots de plus ou de moins; et comme j'ai supposé qu'on exigerait de la compagnie des Indes qu'elle chargeât ces bâtimens à fret pour son compte, il serait alors bien différent pour les armateurs d'avoir à fréter cinq cents tonneaux au lieu de trois cents.

Ainsi, en résumant les différens articles de ce mémoire, mon opinion est qu'on ne doit point encore songer à l'établissement d'une factorerie, qu'il n'est pas même temps d'établir une compagnie exclusive pour faire ce commerce à l'aventure, qu'on doit encore bien moins le confier à la compagnie des Indes, qui ne le ferait pas, ou le ferait mal, et en dégoûterait le gouvernement; mais qu'il conviendrait d'engager une de nos places de commerce à essayer trois expéditions, en lui accordant la certitude d'un fret en Chine, ainsi que je l'ai déjà dit. Le gouvernement peut assurer, sur ma parole, que les bâtimens trouveront à traiter une grande quantité de peaux de loutre, depuis le port Nootka jusqu'à la baie des Français : mais ils ne doivent jamais entrer que dans les baies très-ouvertes, et dont il est facile de sortir, parce que plus ils relâcheront dans différentes rades, plus leur traite sera abondante.

Les peaux qu'ils se procureront la première année, seront sales et détériorées; mais il est probable que celles des années qui suivront, seront en meilleur état.

Le fer en barres larges de quatre doigts et de six ou huit lignes d'épaisseur, est l'article qui convient le mieux pour cette traite, avec quelques haches sans acier, et de gros grains de rassade bleue ou rouge. Cette cargaison augmenterait bien peu les frais de l'armement [d].

La carte que j'ai adressée au ministre de la marine pourrait leur servir; elle est exacte, et je crois qu'il y en a peu qu'on puisse lui comparer parmi celles qui ont été faites rapidement et en prolongeant les côtes à la voile. Ce qui me paraît le plus dangereux dans cette navigation,

---

[d] Il conviendrait d'embarquer quelques barriques de charbon, avec une forge, et un ouvrier capable de donner au fer en barre la forme que les Indiens désireraient.

ce sont les courans; et il importe beaucoup d'éviter les entrées étroites, où ils sont très-rapides. Avec cette précaution, je ne doute pas que ceux qui feront cette traite ne se procurent une grande quantité de peaux, sur-tout s'ils évitent toute rixe avec les naturels du pays, et s'ils ont pour principe de ne jamais réclamer les objets volés, qui ne peuvent être que d'une très-petite valeur.

Voilà, jusqu'à présent, les seules lumières que j'aye pu acquérir sur ce commerce : toutes les bases de mes raisonnemens sont relatives à mes connaissances sur l'Amérique; je n'en ai encore aucune sur la Chine : je serai bien plus instruit à mon départ de Macao, et j'aurai été à portée de tout apprendre lorsque je serai parti du Kamtschatka [e].

En mer, pendant la traversée de Monterey à Macao en décembre 1786. *Signé* LA PÉROUSE,

---

[e] Les détails que le capitaine COOK nous a transmis sur le commerce des pelleteries, le profit énorme qui a été le résultat de ses essais en ce genre, ont dû fixer les regards avides des armateurs et négocians : il était cependant facile de prévoir que la concurrence ferait baisser énormément le prix des fourrures en Chine, et, d'un autre côté, que les sauvages deviendraient plus exigeans lorsque des Européens se succéderaient dans leurs parages et chercheraient à obtenir une préférence marquée.

Depuis le dernier voyage de COOK, les Anglais ont fait plusieurs expéditions à la côte du Nord-Ouest de l'Amérique; les résultats en sont publics. Ceux de nos lecteurs qui désireront de plus amples éclaircissemens sur cette matière, doivent lire le Voyage de MEARES, celui de DIXON aux *pages 103, 109, 241, 255, 284—312, 333, 347, 408—433, 438 et 441* de la traduction française, et rapprocher les résultats du dire de LA PÉROUSE, et de celui de COOK, contenu dans les *pages 412, 419 et suivantes du tome IV* du troisième Voyage, *in-4.°*, traduction française. (N. D. R.)

ÉTAT *des Pelleteries de Loutre et de Castor traitées au port des Français, côte Nord-Ouest de l'Amérique, par les frégates la* BOUSSOLE *et l'*ASTROLABE.

LOUTRES.

Les pelleteries de loutre ont été partagées en trois lots; savoir :

Les fourrures sur peau,

Les fourrures sur tissus de laine ou *ponchos*,

Et les passe-poils ou bandelettes très-étroites.

Le premier lot a été divisé en trois qualités :

La première, les peaux vierges, et celles dont le poil est net et non mêlé;

La deuxième, celles un peu fatiguées mais encore belles;

La troisième, celles dont le poil est mêlé, sale, et celles qui ne sont propres qu'à être foulées et mises en feutre par le chapelier; il sera, je crois, très-utile d'en rapporter une grande partie en France afin de les soumettre à différens essais.

Les fourrures de loutre en peau, celles sur tissus, et celles de castor, ont toutes été réduites en pieds carrés, et calculées, pièce à pièce, d'après les différens motifs d'évaluation.

Les passe-poils ont été assortis suivant les degrés de finesse et les tons de couleur, et évalués fort bas d'après les prix des passe-poils de petit-gris en France.

Les fourrures de première qualité ont été divisées en onze sections, et évaluées à divers prix, eu égard à leurs différentes grandeurs.

Les articles formant chaque section ont été estimés à trois prix différens, d'après ce que j'ai lu et extrait du Journal des découvertes des Russes de M. Coxe, des Voyages du capitaine Cook, et ce que j'ai appris à Monterey :

Le premier prix est le plus bas auquel j'estime que les peaux peuvent être vendues, d'après ces observations ;

Le second est le prix moyen que les Espagnols de Monterey disent les vendre ;

Le troisième a été déterminé d'après les Voyages de Cook.

La première section, depuis la plus petite mesure jusqu'à deux pieds inclusivement, a été portée,

Pour le bas prix, à 5 piastres le pied carré, à raison de 30 piastres la peau entière de six pieds carrés, c'est-à-dire de trois pieds sur deux (ce qui est une des plus fortes grandeurs) ;

Pour le prix de Monterey, à 7 piastres $\frac{1}{2}$, ce qui fait 45 piastres la peau entière ;

Pour le prix de Cook, à 10 piastres, ce qui fait 60 piastres la peau : ce dernier prix me paraît forcé, et être celui qu'il faut demander pour obtenir moins.

Cette méthode a été suivie pour les autres sections, et généralement pour tous les différens objets de ce genre.

CASTORS.

On voit par l'état des fourrures transportées par les Anglais, de la baie d'Hudson à Pétersbourg, et par les Russes à Kiatcha, que le castor de la baie d'Hudson vaut à Kiatcha de 7 à 20 roubles la peau (le rouble, 4 livres 10 sous); le plus bas terme, de 7 roubles, fait 31 livres 10 sous.

J'ai pris, pour les peaux de castor, d'après leur mesure commune de dix-huit sur vingt pouces, ou de deux pieds $\frac{1}{2}$ carrés,

Le terme d'une demi-piastre pour le bas prix par pied, ce qui fait de 6 à 7 livres la peau;

D'une piastre pour le deuxième, ce qui fait de 13 à 14 livres la peau;

De deux piastres pour le troisième, ce qui fait de 26 à 30 livres la peau.

D'après ces bases, voici le résultat des calculs : 3231 articles de fourrures de toutes grandeurs et qualités, que nous avons traités, ont été estimés au plus bas 41,063 piastres $\frac{1}{8}$, ou 221,740 livres 17 sous 6 deniers, argent de France; au prix moyen de Monterey, 63,586 piastres $\frac{2}{8}$, ou 343,365 livres 15 sous, argent de France; enfin, au prix de Cook, 84,151 piastres, ou 454,415 livres 8 sous argent de France.

EXTRAIT

EXTRAIT

De la correspondance de MM. DE LA PÉROUSE, *DE* LANGLE *et* LAMANON, *avec le Ministre de la Marine.*

M. DE LA PÉROUSE.

De Monterey, 14 septembre 1786.

M.

Nos vaisseaux ont été reçus par les Espagnols comme ceux de leur propre nation ; tous les secours possibles nous ont été prodigués : les religieux chargés des missions, nous ont envoyé une quantité très-considérable de provisions de toute espèce, et je leur ai fait présent, pour leurs Indiens, d'une infinité de petits articles qui avaient été embarqués à Brest pour cet objet, et qui leur seront de la plus grande utilité.

Vous savez, M., que Monterey n'est pas une colonie : c'est un simple poste d'une vingtaine d'Espagnols, que la piété du roi d'Espagne entretient pour protéger les missions qui travaillent avec le plus grand succès à la conversion des sauvages ; et on n'aura jamais à reprocher à ce nouveau système aucune des cruautés qui ont souillé le siècle de

Christophe Colomb et le règne d'Isabelle et de Ferdinand.

Notre biscuit s'est un peu avarié; mais notre grain, nos farines, notre vin, &c. se sont conservés au-delà de nos espérances, et n'ont pas peu contribué à nous maintenir en bonne santé. Nos vaisseaux sont dans le meilleur état, mais ils marchent extrêmement mal.

M. DE LA PÉROUSE.

De Monterey, 19 septembre 1786.

M.

Mes dépêches devant traverser l'Amérique par terre et passer par la ville de Mexico, je n'ose vous faire parvenir par cette occasion les détails de notre campagne, ni vous envoyer les plans que nous avons levés, ainsi que les nombreuses et exactes observations que nous avons recueillies, qui nous mettent à portée de vous donner les plus grands éclaircissemens sur le commerce des pelleteries, et de vous faire connaître la part que les Espagnols se proposent d'y prendre.

Ils ne cessent d'ouvrir les yeux sur cette branche importante, dont le roi s'est réservé l'achat dans les présidios de la Californie. L'établissement espagnol le plus Nord de ses factoreries, fournit chaque année dix mille peaux de loutre; et si elles continuent à être vendues avec avantage à la Chine, il sera facile à l'Espagne de s'en procurer jusqu'à cinquante mille, et par-là de faire tomber le commerce des Russes à Canton.

On commence à trouver des loutres de mer sur la côte occidentale de la Californie, par les 28^d de latitude. Elles sont aussi abondantes que celles du Nord, mais d'une qualité inférieure.

Nous avons fait, sur la côte de l'Amérique, des découvertes qui avaient échappé aux navigateurs qui nous ont précédés, et nous avons pris possession d'un port très-propre à l'établissement d'une factorerie : cent hommes peuvent le défendre contre des forces considérables.

Les loutres s'y trouvent en si grande abondance, que nous en avons traité mille peaux en quinze jours : elles seront vendues à la Chine au profit des seuls matelots; tous les officiers et passagers pensent que la gloire seule peut compenser les peines et les dangers d'une pareille campagne......

La partie de la côte, prise entre les 50 et 55 degrés de latitude Nord, qui n'avait pas été aperçue par Cook, sera aussi très-intéressante dans notre relation. Nous avons fait des découvertes importantes; mais les détails ne peuvent être énoncés en chiffres, et ils vous arriveront de Chine par un vaisseau français, avec les mémoires relatifs à l'objet politique et secret de mes instructions concernant le commerce à faire sur la côte de l'Amérique.

M. DE LA PÉROUSE.

De Monterey, 19 septembre 1786.

M.

J'AI déjà eu l'honneur de vous annoncer qu'en suivant de point en point mes ordres, j'avais cru nécessaire d'user de la permission qui m'avait été donnée de changer le plan de mes instructions, et de commencer par la côte du Nord-Ouest de l'Amérique. J'ose dire que mes combinaisons ont eu le plus grand succès : nous avons, dans l'espace de quatorze mois, doublé le cap Horn, et remonté à l'extrémité de l'Amérique jusqu'au mont Saint-Élie; nous avons exploré cette côte avec le plus grand soin, et sommes arrivés à Monterey le 15 septembre; les ordres du roi d'Espagne nous y avaient précédés, et il eût été impossible, dans nos propres colonies, de recevoir un meilleur accueil.

Je dois aussi vous informer, M., que nous avons relâché dans les différentes îles de la mer du Sud qui avaient excité la curiosité.... et que nous avons parcouru, sur le parallèle des îles Sandwich, cinq cents lieues de l'Est à l'Ouest, afin d'éclaircir plusieurs points de géographie très-importans. J'ai mouillé vingt-quatre heures seulement à l'île Mowée, et j'ai passé par un canal nouveau que les Anglais n'avaient pas été à portée de visiter.

Je serai au Kamtschatka dans les premiers jours du mois d'août, et aux îles Aleutiennes à la fin du même mois. J'ai cru devoir remettre l'exploration de ces îles après ma relâche au Kamtschatka, afin de connaître ce que les Russes n'ont pas fait, et d'ajouter quelque chose à leurs découvertes.

Des îles Aleutiennes, je ferai voile, sans perdre un instant, vers l'hémisphère Sud, pour exécuter les ordres qui m'ont été donnés. J'ose dire que jamais le plan d'aucun voyage n'a été aussi vaste. Nous avons déjà passé un an sous voile, et vu néanmoins, dans nos courtes relâches, des choses très-intéressantes et nouvelles. Vous apprendrez avec plaisir, M., qu'il n'y a pas eu, jusqu'à présent, une seule goutte de sang indien répandue, ni un seul malade sur la Boussole : l'Astrolabe a perdu un domestique, qui est mort poitrinaire, et qui n'aurait pu résister en France à cette maladie. Nous serions certainement les plus heureux des navigateurs, sans l'extrême malheur que nous avons éprouvé : j'épargne à ma sensibilité le chagrin de le retracer ici, et je vous supplie de trouver bon que je vous adresse l'extrait de mon journal, en vous priant, M., d'en faire parvenir des copies aux familles des officiers qui ont si malheureusement péri. J'ai perdu dans cette occasion le seul parent que j'eusse dans la marine. C'était, parmi tous ceux qui avaient navigué avec moi, le jeune homme qui m'avait montré les plus grandes dispositions pour son métier ; il me tenait lieu de fils, et je n'ai jamais été aussi vivement affecté. MM. de la Borde, de Pierrevert, de Flassan, étaient aussi des officiers d'un grand mérite......

Nos malheurs m'ont obligé de faire usage du brevet

de lieutenant de frégate qui me restait, en faveur de M. Broudou, frère de ma femme, embarqué volontaire, dont j'ai été très-content; j'ai daté le brevet du 1.ᵉʳ août 1786. J'ai aussi donné à M. Darbaud un ordre pour faire fonctions d'enseigne; c'est un jeune homme très-distingué par ses talens.

Tous les officiers, savans et artistes, jouissent de la meilleure santé, et remplissent parfaitement leurs devoirs.

M. DE LANGLE.

De Monterey, 22 septembre 1786.

M.

Je ne pourrais rien ajouter au détail que M. DE LA PÉROUSE vous aura fait de notre navigation, parce que, depuis le départ de Brest, je n'ai pas perdu sa frégate de vue un seul instant. Destiné à suivre son sort, j'ai partagé ses malheurs : MM. LA BORDE MARCHAINVILLE, BOUTERVILLIERS, et FLASSAN, ont péri le 13 juillet 1786; un excès de courage et d'humanité a causé leur perte.... Ils ont fini leur carrière au moment où ils étaient en état de rendre des services distingués. Les deux premiers surtout, animés du zèle, de la persévérance et de la curiosité qu'il faut pour finir des campagnes du genre de celle que nous avons commencée, avaient tout le talent nécessaire pour se tirer des positions les plus embarrassantes : enfin, je perds en eux deux amis dont les conseils m'ont souvent été d'un grand secours. Ce malheur n'a pas ralenti le zèle des cinq officiers qui me restent; leur service, toujours plus pénible dans les rades qu'à la mer, ne les décourage pas; la bonne intelligence qui règne entre eux, le vif intérêt qu'ils prennent au succès de la campagne, font la sûreté de ma frégate; et la curiosité qui les anime, fait qu'ils ne pensent pas à leur retour en France.

M. DE MONTI, excellent homme de mer, est un modèle de sagesse, de prévoyance et de fermeté.

M. DE VAUJUAS joint à ces qualités une instruction et une intelligence rares.

M. DAIGREMONT, qui a aujourd'hui beaucoup d'expérience du métier de la mer, est courageux et capable d'entreprendre; il ne dément pas les espérances que donne communément une jeunesse vive et dissipée : il approche de la maturité, qui le mettra bientôt en état de rendre des services distingués, parce qu'il a du jugement et du caractère.

M. DE BLONDELA, officier très-patient, très-sage et très-appliqué, possède très-bien son métier de marin; il emploie ses loisirs à lever des plans, et à faire des dessins très-agréables et très-curieux : M. DE LA PÉROUSE lui a donné, le 13 juillet, l'ordre de remplir les fonctions de capitaine de brûlot; je vous supplie de vouloir bien lui accorder ce grade, que je crois bien mérité.

M. DE LAURISTON, que M. DE LA PÉROUSE a élevé au grade d'enseigne, est un sujet distingué, qui a acquis une grande expérience du métier de la mer; il est d'ailleurs d'un zèle infatigable pour les observations, et je m'en rapporte absolument à lui pour tout ce qui y est relatif. Aussi curieux et aussi passionné que ses camarades pour les découvertes, il n'est pas plus occupé qu'eux de son retour en France.

J'ai lieu aussi de me louer infiniment des qualités sociales de M. DE LESSEPS, de M. DE LA MARTINIÈRE, du père RECEVEUR et de M. DUFRESNE......

La perte des quatre meilleurs soldats et de trois excellens matelots de mon équipage, n'a produit aucun découragement parmi ceux qui me restent; j'ai en conséquence annoncé, après l'événement du 13 juillet, une gratification de deux mois d'appointemens......

Le nommé FRANÇOIS LAMARE, mon maître d'équipage, est un sujet d'une grande distinction...... S'il continue à se conduire comme il l'a fait jusqu'à présent, je lui donnerai, dans le courant de la campagne, le brevet d'entretenu qui m'a été envoyé pour lui.

Mon maître d'équipage mérite certainement cette récompense : mais ayant vu qu'elle causerait de la jalousie, j'ai cru nécessaire de promettre au nommé MATHURIN LÉON, mon maître pilote; à ROBERT-MARIE LE GAL, mon maître charpentier; à JEAN-FRANÇOIS PAUL, mon maître calfat, de vous demander, avec les plus vives instances, le droit de fixer la date de leur entretien; et je vous prierai aussi d'accélérer celle du nommé JEAN GROSSET, qui,

quoique

quoique plus jeune que les autres, n'a pas moins de capacité et d'intelligence. Je crois devoir à ces promesses le bon accord qui règne à mon bord; et c'est à leurs bons exemples, que j'attribue la gaîté et la bonne volonté qui s'y maintiennent.

Le nommé GAULIN, capitaine d'armes, faisant fonctions de maître canonnier, est aussi un sujet distingué; les moyens que j'ai d'augmenter sa paye, qui est modique, me mettent en état de le récompenser.

La marche de l'horloge marine n.º 18, a été d'une régularité étonnante; je crois, en conséquence, que les longitudes de toutes les terres que nous avons visitées depuis le départ de la Conception, sont déterminées avec une précision rigoureuse.

La marche de l'horloge n.º 27, moins régulière que celle du n.º 18, est aussi satisfaisante que je pouvais l'espérer, et telle que M. BERTHOUD l'avait annoncée. Nous donnons constamment la préférence aux cercles inventés par M. DE BORDA, sur les sextans, pour déterminer les longitudes par les distances du soleil à la lune; il y a toujours eu une grande conformité entre les résultats que MM. DE VAUJUAS, DE LAURISTON et moi avons obtenus à l'aide de ces instrumens, qui, à quelques défauts près dans l'exécution, sont, je crois, les plus parfaits pour la détermination des longitudes en mer. Le père RECEVEUR, et quatre de mes pilotes, sont aussi fort exercés à ces sortes d'observations.

Au nombre de ces derniers est un nommé BROSSARD:

ayant son instruction à cœur, je ne désire pas qu'il sorte de la classe des pilotes avant notre retour à l'île de France; je crois qu'il sera alors en état de remplir les fonctions de lieutenant de frégate. Il est actuellement second pilote, a de l'intelligence, des mœurs honnêtes; il mérite qu'on s'intéresse à lui, et qu'on le tire de la misère dans laquelle il est né et que sa conduite et son maintien démentent absolument.

Don Bertrand-Joseph Martinez, commandant la frégate du roi d'Espagne la Princesse, armée à San-Blas, était mouillé dans la baie de Monterey lorsque nous y sommes venus; il a prévenu nos besoins avec un zèle infatigable, et nous a rendu tous les services qui dépendaient de lui. Il m'a chargé de vous supplier de le recommander à son ministre: je serais charmé de trouver l'occasion de contribuer à son avancement.

Je pars d'ici sans avoir un malade: les soins de M. Lavaux, mon chirurgien-major, n'ont pu sauver le domestique de M. de Vaujuas, attaqué, en partant de Brest, d'une maladie de langueur qui l'a fait mourir le 11 août 1786. Le froment et le blé noir embarqués à Brest, se sont parfaitement bien conservés: des moulins que nous avons fait exécuter, et que deux hommes font mouvoir lorsque le vent est faible, nous procurent chacun vingt livres de mouture par heure; nous y avons adapté les meules dont M. de Suffren a fait usage pendant sa dernière campagne; j'ai laissé un de ces moulins aux religieux de la mission de Monterey.

M. DE LAMANON.

Des mers de Chine, 1.ᵉʳ janvier 1787.

M.

J'aurais désiré, après dix mille lieues de voyage, pouvoir vous donner une notice de nos découvertes en histoire naturelle et de mes travaux particuliers ; mais toutes les matières que je traite sont tellement liées ensemble, qu'il eût fallu vous envoyer des volumes. Je n'ai rien négligé dans ma partie pour concourir à vos vues ; j'ai examiné depuis le sable qui s'attache au plomb de sonde, jusqu'aux montagnes où il m'a été possible de pénétrer. J'emporte des collections de poissons, de coquilles, d'insectes, des descriptions d'animaux, et j'espère augmenter de beaucoup le nombre connu des êtres organisés. L'histoire naturelle de la mer, de la terre, de l'atmosphère, m'attache tour-à-tour. Si nous ne sommes pas les premiers *circum-navigateurs* qui n'ayent eu en vue que le progrès des sciences, du moins les Anglais ne seront plus les seuls. Il ne vous restait, M., après une paix avantageuse, qu'à faire naître cette rivalité de gloire utile à tous.

Au commencement du dernier siècle, nos voisins, pour avoir de l'or, découvrirent un nouveau monde : dans le nôtre, les Français ont déterminé par leurs mesures, la figure et les dimensions de la terre ; les Anglais ont détruit l'erreur d'un passage par les mers du Nord, qu'ils avaient eux-mêmes accréditée; ils ont commencé la reconnaissance générale du globe, à laquelle nous travaillons aujourd'hui sous vos auspices, et que les générations suivantes achèveront un jour. Mais ce qui distinguera toujours ce voyage, ce qui fera la gloire de la nation française aux yeux des philosophes, de nos contemporains et de la postérité, ce sera d'avoir fréquenté des peuples réputés barbares, sans avoir versé une goutte de sang. La campagne, à la vérité, n'est pas finie; mais les sentimens de notre chef me sont connus, et je vois comment il est secondé. Dans un moment de trouble et de danger qu'une équivoque fit naître, prenez vos fusils, s'écria-t-il, mais ne les chargez pas : tout fut pacifié par sa prudence. Au mérite d'habile navigateur, de guerrier, M. DE LA PÉROUSE en joint un autre, bien plus cher à son cœur, celui d'être, aux extrémités du monde, le digne représentant de l'humanité et des vertus de sa nation. Notre voyage prouvera à l'univers que le Français est bon, et que l'homme naturel n'est pas méchant.

J'ai détaché de mes journaux quelques mémoires, que j'adresse à l'académie des sciences; je vous prie, M., de les faire remettre à M. DE CONDORCET, secrétaire perpétuel de l'académie, et mon correspondant. J'ai pris, en même temps, la liberté de mettre sous votre pli quelques lettres, persuadé que par ce moyen elles arriveront plus sûrement.

M. DE LA PÉROUSE.

De Macao, 3 janvier 1787.

M.

Tous les plans ci-joints ont été dressés par M. Bernizet, jeune homme plein d'intelligence et d'exactitude. Quoique tous les officiers ayent coopéré aux observations astronomiques, il était juste de les mettre sous le nom de M. Dagelet, qui les a dirigées : d'ailleurs, il ne suffit pas qu'elles méritent la confiance des navigateurs, il faut encore qu'elles leur en inspirent; et le nom d'un astronome de profession, membre de l'académie des sciences, est très-propre à remplir cet objet.

M. Dagelet et tous les officiers ont aussi fait des relèvemens ; mais M. Bernizet s'en est essentiellement occupé sans interruption; il les a enregistrés, rapportés, et a rejeté ceux qui ne faisaient pas suite : ainsi, j'ai dû regarder toutes les opérations trigonométriques comme appartenant à ce géographe, qui est bien supérieur à l'opinion que j'en avais lorsqu'il a été embarqué. Il possède parfaitement la partie des mathématiques nécessaire à son état, peint, dessine, lève les plans avec la plus grande facilité, et je suis convaincu que ses talens le rendraient précieux à un général de terre qui en ferait pendant la guerre son aide de camp : il peut aussi être très-utile à la marine, et je désire bien vivement lui procurer une place à son retour.

L'Astrolabe a, dans toutes les occasions, fait les mêmes observations astronomiques et trigonométriques que la Boussole. M. de Langle observait lui-même les distances et les angles horaires, avec MM. de Vaujuas et de Lauriston; et il avait précisément dans son état-major, M. de Blondela, lieutenant de frégate, qui remplissait parfaitement les mêmes fonctions que M. Bernizet. J'aurais eu l'honneur de vous envoyer les plans de l'Astrolabe, si, en les comparant aux nôtres, je n'avais pas trouvé entre eux une telle ressemblance, que cet envoi m'a paru inutile; mais l'identité des résultats des deux bâtimens est une preuve de l'exactitude de notre travail.

J'ai l'honneur de vous adresser, M., deux dessins de M. de Blondela, qui ne sont pas inférieurs aux quatre de M. Duché. Ce dernier rend les costumes avec la plus grande vérité : son dessin de l'île de Pâque donne une idée bien plus vraie des monumens, que la gravure de M. Hodges; et comme il m'a paru qu'ils avaient excité la curiosité, j'ai ordonné à M. Bernizet d'en dresser un plan exact. J'ai d'ailleurs cherché, dans ma relation, à achever la peinture de ces insulaires, qui seront peu visités des Européens, parce que leur île n'offre aucune ressource. Les trois autres dessins de M. Duché sont aussi très-vrais : ce n'est qu'un échantillon de son activité; il en reste encore vingt autres dans le porte-feuille de ce peintre.

Le jeune M. Prevost a dessiné tous les oiseaux, les

poissons, les coquilles; j'ai cru devoir à son zèle la faveur de vous adresser trois de ses dessins d'oiseaux......

La carte espagnole du grand océan, que j'ai l'honneur de vous adresser, et sur laquelle j'ai tracé ma route de Monterey à la Chine, est détestable; je ne la joins aux autres que pour prouver que la connaissance de cette vaste mer n'a fait aucun progrès depuis deux siècles, parce que les galions de Manille suivent constamment la même ligne, et ne s'en écartent pas de dix lieues.

M. DE LA PÉROUSE.

De Macao, 3 janvier 1787.

M.

J'AI l'honneur de vous adresser la relation complète de mon voyage jusqu'à Macao, avec la table des routes que nous avons suivies chaque jour; j'y joins les plans des côtes que nous avons parcourues, du port des Français, dont nous avons pris possession, des différentes îles que nous avons visitées, ainsi que celui de l'île Necker, et de la Basse des frégates françaises, où nous avons été si près de nous perdre. J'ai tracé la route des deux frégates sur la carte générale ci-jointe : elle passe au milieu de plusieurs îles qui n'existent pas, et qui occupent oiseusement, sur les mappemondes, des espaces où il n'y eut jamais de terre.

Notre carte de la côte du Nord-Ouest de l'Amérique,

est certainement la plus exacte qui ait été dressée, et elle ne laisse à désirer que des détails, qui sont l'ouvrage du temps et d'une longue suite de navigations.

Nous avons reconnu l'entrée de l'archipel de Saint-Lazare (si on peut lui conserver ce nom), déterminé sa véritable position en latitude et en longitude, ainsi que sa largeur de l'Est à l'Ouest, et vingt lieues dans sa profondeur au Nord. La saison, qui était déjà très-avancée, la briéveté des jours, et le plan ultérieur de notre voyage, ne m'ont pas permis de pénétrer jusqu'au fond de ce labyrinthe; ce qui eût exigé deux ou trois mois, à cause des précautions qu'il faut nécessairement prendre dans ces sortes de reconnaissances, dont le résultat, en satisfaisant la curiosité, ne pouvait jamais être intéressant pour la navigation, ni d'aucune utilité à la France. Je n'aurais cependant pas hésité à achever cette reconnaissance, si je m'étais trouvé à l'entrée de cet archipel au mois de juin; mais à la fin d'août, aux environs de l'équinoxe, avec des nuits de douze heures et des brumes presque continuelles, l'entreprise était, j'ose le dire, impossible, et j'aurais compromis, sans aucun avantage pour la géographie, le reste du voyage.

Je me flatte, M., que vous remarquerez que depuis près de dix-huit mois, nous en avons passé quinze à la mer, et trois seulement dans nos différentes relâches. Le succès de mes soins a été si constant, que nous n'avons eu ni maladies, ni scorbut : mais, quoique au moment où j'ai l'honneur de vous écrire, nous ayons fait dix mille lieues,

nous

nous ne sommes guère qu'au tiers de notre campagne, et je n'ose me flatter d'un pareil bonheur pendant le reste du voyage, si toutefois on peut se dire heureux après le malheur effroyable que nous avons essuyé au port des Français, et dont j'ai eu l'honneur de vous rendre compte par mes lettres de Monterey. Puisque les précautions que j'avais prises n'ont pu nous en garantir, il ne m'est que trop prouvé qu'on ne saurait fuir sa destinée.

J'ai eu l'attention la plus scrupuleuse à ne pas changer les noms que le capitaine Cook avait imposés aux différens caps qu'il avait reconnus; mais il ne vous échappera pas, M., que nous avons vu la côte de l'Amérique de bien plus près que ce célèbre navigateur : ainsi, nous avons été autorisés à nommer des ports, des baies, des îles, des entrées, qu'il n'avait pas même soupçonnés; l'usage m'a permis de prendre ces noms parmi ceux dont je me rappelle le souvenir avec le plus d'intérêt.

Je désire ardemment, M., que vos occupations vous permettent de parcourir les différens chapitres de ma relation, afin que vous puissiez juger de l'exactitude avec laquelle j'ai cherché à remplir tous les articles de mes instructions. J'ai visité l'île de Pâque; les prétendues îles à l'Est des Sandwich, qui n'existent pas; l'île Mowée des Sandwich, sur laquelle le capitaine Cook n'était pas descendu; la côte du Nord-Ouest de l'Amérique, depuis le mont Saint-Élie jusqu'à Nootka : mais, de Nootka à Monterey, j'ai reconnu seulement les points que le capitaine Cook n'avait pas été à portée de relever, et qui étaient restés pointillés sur la carte.

Je me suis procuré, sur les établissemens espagnols, des éclaircissemens qui m'étaient demandés par mes instructions particulières; j'ai l'honneur de vous adresser ci-joint, un mémoire sur cet objet.

J'ai traversé le grand océan, sur un parallèle éloigné de cent soixante lieues de celui des autres navigateurs : j'ai découvert l'île Necker et la Basse des frégates françaises; j'ai prouvé par ma route la non-existence des îles de la Gorta, Déserte, la Mira, des Jardins [a]; et j'ai visité, ainsi qu'il m'était enjoint, une des îles au Nord des Mariannes, d'où je me suis rendu à la Chine.

J'en partirai au commencement de la saison, pour naviguer entre la côte de ce vaste empire, de la Corée, de la Tartarie, et les îles du Japon et Kuriles : je relâcherai ensuite au Kamtschatka, et je visiterai, en sortant de ce port, les îles Aléutiennes, ainsi que celles qui sont placées dans l'Est du Japon, dont l'existence cependant est plus que douteuse.

Il ne me restera plus après, qu'à faire voile vers l'hémisphère austral, n'oubliant pas, cependant, au Nord de la Ligne, les îles Carolines qu'il m'est enjoint de reconnaître. Ce n'est que du Kamtschatka, M., qu'il me sera possible de vous informer du plan ultérieur de cette seconde partie de mon voyage, parce que je ne pourrai l'arrêter entièrement,

[a] *Voyez* tome II, *pages 306 et 307.* (N. D. R.)

que lorsque je connaîtrai avec certitude l'époque précise de ma sortie des rades de Sibérie ; et j'ignore encore le temps que je serai forcé de donner à ma navigation sur les côtes de Tartarie. La mousson du Sud-Ouest, qu'on rencontre au Sud de la Ligne dès les premiers jours de novembre, ne me permet pas de me livrer, dès-à-présent, à des combinaisons que le moindre retard rendrait inutiles ; mais si je prévois la possibilité de traverser le détroit de l'Endeavour avant le commencement de cette mousson, ma première navigation sera autour de la nouvelle Hollande. Dans le cas contraire, je commencerai par l'entrée de Cook, dans la nouvelle Zélande ; la partie du Sud de la nouvelle Calédonie, les Arsacides, les Carolines : traversant ensuite les Moluques avec la mousson du Nord-Est, je reconnaîtrai la nouvelle Hollande, d'où je me rendrai à l'île de France.

Ce plan est bien vaste ; mais il n'est au-dessus du zèle d'aucune des personnes employées dans l'expédition : le plus difficile est d'achever cette besogne dans quatre ans, et peut-être est-il impossible que nos vaisseaux, nos agrès et nos vivres durent plus long-temps. Quoi qu'il en soit, M., je ferai tous mes efforts pour remplir en entier les instructions qui m'ont été remises ; mais je ne puis donner que très-peu de temps aux différentes relâches, et ce long séjour à la mer ne convient guère à nos botanistes et à nos minéralogistes, qui ne peuvent exercer qu'à terre leurs talens pour les sciences qu'ils cultivent.

EXTRAIT

D'une Lettre de M. DE LA MARTINIÈRE.

Macao, 9 janvier 1787.

« Nous voici à peu près à la moitié de notre course, après avoir successivement relâché à l'île de Madère, à l'île de Ténériffe, à Sainte-Catherine au Brésil, à la Conception au Chili, à l'île de Pâque, aux îles Sandwich, à la côte du Nord-Ouest de l'Amérique, à Monterey en Californie ».

Ici, M. DE LA MARTINIÈRE décrit les plantes qu'il a trouvées dans les lieux que les voyageurs ont parcourus. Parmi celles qu'il a observées dans l'île de Madère, il cite la *dracæna draco*. « Elle y devient, dit-il, très-rare ; l'idée, ajoute-t-il, que donnent de cette plante les chétifs échantillons que nous cultivons dans nos serres, est bien au-dessous de celle qu'on en a, lorsqu'on a eu l'avantage de la voir dans son propre pays : j'en ai sur-tout rencontré trois, dont le tronc, de six ou sept pieds de haut, avait quatre pieds et demi à cinq pieds de diamètre ; les principales branches, au nombre de douze à quinze, et de la grosseur d'un homme, s'élançaient un peu obliquement, toujours se divisant en deux, rarement en trois, jusqu'à la hauteur de quarante à cinquante pieds, y compris les sept pieds du tronc ; les feuilles n'occupaient que l'extrémité des branches, où elles se trouvaient disposées alternativement, et faisant un paquet. Cet arbre présente au coup-d'œil la régularité la plus parfaite; on serait tenté de croire que le plus habile jardinier y donne journellement ses soins ».

De l'île de Madère, les voyageurs ont passé à celle de Ténériffe. M. DE LA MARTINIÈRE a observé, depuis le port d'Orotava jusqu'au dernier cône du pic de Ténériffe, cinq espèces différentes de végétaux. « Je serais tenté de croire, dit-il, que cette différence n'est dûe qu'à la plus ou moins grande décomposition des basaltes, qui doivent nécessairement redevenir terre végétale; aussi n'est-on pas surpris de voir la plaine d'Orotava entièrement couverte de vignes et de quelques arbres fruitiers, parce que les pluies et la fonte des neiges lui charient la terre la plus déliée et la plus propre à la végétation.

» Outre plusieurs plantes naturelles à cette île, et dont le célèbre MASSON a fait une description exacte, on trouve l'arbrisseau connu sous le nom de *spartium supranulium*, très-bien décrit dans le supplément de LINNÉ : c'est le dernier arbrisseau que l'on rencontre près du sommet le plus élevé de cette montagne; il y végète d'une si grande force, qu'il n'est pas rare d'en rencontrer dont l'ensemble des branches a près de quatre-vingts pieds de circonférence sur sept à huit de haut. Il porte une quantité immense de fleurs, qui doivent vraisemblablement y attirer les abeilles, quoiqu'à une élévation bien considérable pour des animaux si faibles : ce qui me porte à cette conjecture, c'est que j'ai trouvé dans le cratère de ce fameux pic, plusieurs soupiraux à l'ouverture desquels on voyait des poignées d'abeilles à moitié consumées ; vraisemblablement elles y avaient été suffoquées par les vapeurs sulfureuses, après avoir été attirées par une douce chaleur dans cet asile offert contre le froid et l'impétuosité des vents qui les avaient surprises si éloignées de leur petite demeure.

» Nous y respirâmes fort à notre aise, pourvu toutefois que nous ne fussions pas exposés à ces vapeurs sulfureuses qui se dégagent du cratère par une infinité de soupiraux, au bas desquels nous eûmes occasion de voir du soufre en aiguilles et de très-beaux cristaux, en grande quantité : l'alcali volatil nous parut y avoir son énergie ordinaire. En descendant du Pic, nous prîmes la route qui conduit à la petite ville de Gouima ; ce qui me procura le plaisir de revoir plusieurs autres petits volcans, et quelques arbrisseaux que je n'avais pas vus dans les autres parties de l'île, tels que le *cytisus proliferus*, le *cistus monspeliensis*, le *cistus villosus*, l'*erica arborea*, et le *pinus tæda*, en assez grande quantité ».

Le 30 août, les voyageurs partirent de cette île : leur première relâche fut à l'île Sainte-Catherine, au Brésil ; elle présente le plus vaste champ à toutes sortes de recherches d'histoire naturelle ; mais le temps pluvieux qu'il y fit pendant le séjour de M. DE LA MARTINIÈRE, l'empêcha de s'y livrer autant qu'il l'aurait désiré.

Plus heureux au Chili, pays où M. DOMBAY a fait un séjour long et avantageux à la botanique, M. DE LA

Martinière, qui n'avait point connaissance du travail qu'y avait fait ce savant, s'est appliqué, comme lui, à rectifier les erreurs que le père Feuillée a répandues dans son Histoire médicinale des plantes. Cependant, tout en rapportant ces erreurs, M. de la Martinière avoue que l'ouvrage de ce religieux a beaucoup de mérite et dénote un savant très-instruit. A l'occasion du *licti*, arbre sous lequel le père Feuillée et d'autres botanistes disent qu'on s'endort involontairement et qu'on éprouve ensuite une démangeaison insupportable, M. de la Martinière s'exprime ainsi :

« L'histoire qu'il nous a laissée sur les mauvaises qualités du *licti (vol. III, pag. 33, tab. 33)*, mérite, ce me semble, quelques restrictions, d'après ce dont j'ai été témoin. Étant un jour en course, accompagné d'un de nos soldats, nous fûmes joints par deux paysans espagnols, qui prirent plaisir à nous suivre et à nous donner les noms du pays des différentes plantes que nous rencontrions. Arrivés sous plusieurs *licti*, qui ombrageaient le chemin dans lequel nous passions, je leur dis, voilà le *licti*, en le leur montrant, ce qu'ils confirmèrent aussitôt en l'appelant du même nom : ensuite je leur fis signe qu'il était dangereux d'y toucher ; un d'eux, pour me rassurer sur la crainte que j'en avais, en arracha une poignée de feuilles, qu'il broya dans sa bouche pendant fort long-temps, jusqu'à ce qu'il les eut rendues en très-petits fragmens : cependant il me fit signe que si je m'endormais à son ombre, il me viendrait des démangeaisons sur tout le corps, et que je serais obligé de me gratter, signe qu'il exprimait avec d'autant plus de facilité, qu'ils s'en occupent une partie de la journée, vu leur malpropreté. Étant donc rassuré par l'exemple qu'il venait de me donner, nous avons cueilli des fruits, à poignée, sur l'extrémité des branches : nous n'avons éprouvé, ni l'un ni l'autre, aucun mauvais effet. Ne serait-il pas possible que les mauvaises qualités de cet arbre fussent dûes à une espèce de gale, insecte de couleur rougeâtre, et d'une extrême petitesse, que j'ai eu occasion d'y voir! Je ne donne ceci, au reste, que comme une conjecture ».

M. DE LA PÉROUSE.

De Macao, 18 janvier 1787.

M.

JE vous dois un compte particulier de tous les officiers et passagers de la division; et comme j'ai beaucoup de bien à dire, c'est un devoir qu'il m'est très-doux de remplir.

M. DE LANGLE est un excellent officier, qui joint au plus grand talent pour son métier, un caractère ferme et inébranlable; son exactitude à me suivre a été si grande, que nous n'avons peut-être jamais été hors de la portée de la voix que lorsque je lui ai ordonné de s'éloigner et de chasser en avant, sa frégate ayant une grande supériorité de marche sur la mienne.

La retraite de M. MONGE n'a porté aucun préjudice aux observations astronomiques qui ont été faites à bord

de

de l'Astrolabe, parce que M. de Langle était aussi bon astronome marin que le professeur ; il a été secondé parfaitement par M. de Vaujuas, officier très-instruit, et il a formé aux observations M. de Lauriston, qui, dans tous les points, est un jeune homme accompli, tant pour l'instruction que pour le caractère, le zèle, et l'amour de ses devoirs.

J'ai autorisé M. de Langle à vous informer lui-même de son opinion sur le talent, le caractère et la conduite de chacun de ses officiers et passagers. Je sais qu'il est incapable de prévention et de petites affections ; ainsi la vérité vous parviendra sans déguisement.

M. de Clonard, mon second, est un officier de beaucoup de mérite, qui joint aux talens de son métier, un caractère d'exactitude, de zèle, d'honneur, et d'amour de la gloire, qui le rend à mes yeux un des hommes les plus estimables que j'aye jamais connus. Je lui ai remis, suivant vos ordres, son brevet de capitaine de vaisseau, le 1.er janvier 1787, pour jouir, à cette époque, de son ancienneté, et prendre rang parmi les autres capitaines, aux termes de la lettre que vous m'avez fait l'honneur de m'écrire, en date de Versailles, le 23 juin 1785.

M. Boutin est plein d'esprit et de talens ; il est d'une activité infatigable, d'une fermeté et d'un sang-froid dans les occasions difficiles, dont je ne ferai jamais assez l'éloge. C'est à cette qualité que je dois la conservation du petit canot qui traversa les brisans de la basse du port des

Français, le jour du naufrage de nos malheureux compagnons de voyage.

J'aurais usé, ce même jour, du droit que vous avez bien voulu me donner par votre lettre du 23 juin, d'avancer ou de reculer l'époque des grâces du roi. Une récompense était bien dûe à l'officier auquel je devais la conservation de six autres personnes, et qui avait lui-même échappé à un danger imminent; mais nous étions tous si affligés, que je crus devoir ne l'accorder qu'au 1.er janvier 1787, parce que vous aviez fixé cette époque pour celle de même nature accordée à M. DE VAUJUAS. J'ai ainsi devancé de six mois seulement la jouissance de M. BOUTIN.

S'il m'était moins douloureux, M., de vous rappeler les pertes que nous avons faites, j'aurais l'honneur de vous représenter que la mort de six officiers rend nulle la majeure partie des grâces qu'il vous avait plu de faire accorder aux officiers de la division.

MM. COLINET, SAINT-CÉRAN, DARBAUD; MOUTON et BROUDOU auxquels j'ai remis les deux brevets de lieutenant de frégate, sont pleins de zèle, d'activité, et ils remplissent parfaitement leurs devoirs : leurs corvées sont très-multipliées, chaque canot étant toujours commandé par un officier. Le nombre en eût été insuffisant, après nos malheurs, sans les deux remplacemens que j'ai faits.

M. DE LANGLE.

De Macao, 18 janvier 1787.

M.

La navigation de l'Astrolabe a été fort heureuse pendant sa traversée de Monterey à Macao. Je n'ai pas perdu un homme, et n'ai même pas eu un malade : la frégate sera en état de continuer la campagne, quand on aura réparé son grément et ses voiles.

L'ardeur et la bonne volonté de mon équipage ne se sont pas ralenties un seul instant, et nous continuerons tous, avec grand plaisir, à contribuer au succès de l'expédition de M. DE LA PÉROUSE.

La fermeté, la sagesse et la prévoyance de M. DE MONTI, contribuent au bonheur de tous, et ses talens m'inspirent la plus grande confiance.

Depuis que je sers, je n'ai pas rencontré un officier de marine aussi accompli que M. DE VAUJUAS.

M. DAIGREMONT a du caractère, du jugement et de la fermeté ; il s'exerce aux observations, et il y réussira.

M. DE BLONDELA, très-bon officier de marine, est d'une sagesse et d'une fermeté exemplaires ; il emploie ses loisirs à lever les plans des rades, et il exécute des dessins fort agréables et très-vrais.

Le zèle de M. DE LAURISTON pour acquérir des connaissances relatives à son métier, ne s'est pas ralenti un seul instant; il est aujourd'hui excellent officier de marine, et susceptible de faire de grands progrès en astronomie : je me suis déchargé sur lui de tout ce qui y est relatif.

C'est aux talens de ces cinq officiers, et à la bonne intelligence qui règne entre eux, que je dois l'exactitude rigoureuse avec laquelle l'Astrolabe a conservé la Boussole pendant les nuits et les brumes : ils prennent tant d'intérêt à la sûreté et à la conservation du vaisseau ainsi qu'au succès de la campagne, que je me trouve aujourd'hui le moins occupé de tous.

Je serais au comble de mes vœux, s'ils recevaient à l'île de France les grâces auxquelles vous avez jugé, M., qu'ils pourraient prétendre au retour.

Je pense, que M. de Vaujuas, qui était à la tête des enseignes lorsque vous l'avez fait lieutenant, et qui est né sans fortune, pourrait prétendre à la pension de huit cents livres accordée à feu M. d'Escures.

Je crois aussi que M. de Lauriston mérite de prendre rang parmi les enseignes, à compter du 13 juillet 1786, époque à laquelle M. de la Pérouse lui en a donné le brevet.

Je ne puis, M., vous faire un éloge assez complet de l'aménité et de toutes les bonnes qualités de M. de Lesseps.

Le père Receveur remplit ses fonctions avec beaucoup de décence; il a de l'aménité et de l'intelligence : il suit en mer les observations météorologiques et astronomiques ; et dans les rades, ce qui est relatif à l'histoire naturelle.

M. DE LA MARTINIÈRE s'occupe de la botanique avec beaucoup de zèle.

M. DUFRESNE s'est rendu utile pour sa traite des peaux de loutre ; il s'est donné beaucoup de soins pour leur conservation et leur vente. Comme il désire retourner en France, et que je le regarde aujourd'hui comme un homme qui ne peut plus nous servir, M. DE LA PÉROUSE lui a permis d'y retourner.

J'ai beaucoup d'éloges à vous faire du sieur LAVAUX, mon premier chirurgien, et du sieur GUILLOU, son second ; ils ont contribué, par leur prévoyance, à la bonne santé de mon équipage : ils ont eu heureusement beaucoup de loisirs jusqu'à présent ; ils les emploient, pendant le séjour dans les rades, à prendre des connaissances en botanique et en histoire naturelle, et à faire des collections pour le cabinet du roi.

J'ai à réclamer vos bontés pour le sieur BROSSARD, qui, après avoir servi pendant quarante mois, en qualité de volontaire, sur plusieurs vaisseaux, s'est embarqué comme aide-pilote sur l'ASTROLABE. Il a rempli, avec beaucoup de zèle et d'intelligence, les fonctions de second pilote, depuis le 13 juillet 1786. Je vous supplie de lui envoyer à l'île de France le brevet de lieutenant de frégate.

Permettez-moi de vous recommander mes maîtres pilote, canonnier, charpentier, voilier et calfat. Ce sont tous d'anciens serviteurs, qui ont fait leurs preuves du côté de l'intelligence et de la fermeté, et qui contribuent infiniment à la gaîté qui règne à mon bord, et à la bonne intelligence entre tous les individus. Je vous supplie de leur accorder l'entretien. Je ne vous parle pas de mon maître d'équipage, parce que je lui donnerai son brevet d'entretenu s'il continue à se conduire avec autant de fermeté et de distinction qu'il l'a fait jusqu'à présent.

M. DE BELLEGARDE a passé de la flûte le Marquis de Castries, à bord de l'ASTROLABE; c'est un sujet dont M. DE RICHERY m'a fait de grands éloges. Il est garde de la marine.

M. DE LA PÉROUSE.

De Macao, 2 février 1787.

M.

JE vous ai bien souvent entretenu de nos pelleteries; j'ai même ajouté qu'elles étaient vendues : j'ai eu lieu de le croire ainsi, puisque le marché était conclu; mais les difficultés qu'ont faites les acquéreurs au moment de la livraison, l'ont rompu. Je m'étais proposé un instant de les porter en France, où je suis convaincu qu'elles trouveraient un débit plus assuré et plus avantageux qu'à la Chine : mais ayant réfléchi que mon retour en Europe est encore très-reculé, j'ai profité de l'offre obligeante qui m'a été faite par M. ELSTOCKENSTROM, directeur de la compagnie de Suède; il a bien voulu se charger de les recevoir chez lui, de les vendre au profit des matelots, et d'en faire parvenir les fonds à l'île de France, où je me propose d'en faire la répartition aux équipages, à moins que les ordres que vous m'adresserez dans cette colonie, où je ne serai rendu que dans deux ans, n'en disposent autrement.

Il m'est impossible de ne pas vous informer que la nation française n'a pas dans ce moment, en Chine, un seul individu qui ait pu m'inspirer assez de confiance pour que je lui aye remis ce petit dépôt. Les deux subrécargues de la compagnie sont fous : le premier, M. Thérien, s'est brûlé la cervelle; et M. Dumoulin, le second, a fait plusieurs actes de folie qui, en Europe, l'auraient fait renfermer; néanmoins il reste chargé d'assez grands intérêts, parce que personne ne s'est cru suffisamment autorisé pour le destituer. Il résulte de cet état de choses, que toutes les nations commerçantes, même celles de Danemarck et de Suède, ont à Macao des hommes du premier mérite, et les Français ont le privilége de n'y avoir pas un seul individu assez instruit pour être bailli de village : je me permettrai à cet égard quelques éclaircissemens, que j'aurai l'honneur de vous adresser de Manille.

J'ai oublié de vous dire dans mes précédentes lettres, que j'avais trouvé dans la rade de Macao, la flûte le Marquis de Castries, commandée par M. de Richery, enseigne de vaisseau : comme ce bâtiment était expédié par MM. de

Cossigny et d'Entrecasteaux, vous serez informé par eux de sa mission; mais j'ai cru pouvoir prendre sur moi de désarmer M. de Bellegarde, et de l'employer sur l'Astrolabe, en remplacement des trois officiers de cette frégate naufragés sur la côte d'Amérique, quoiqu'il ne soit que garde de la marine.

M. DE LA PÉROUSE.

De Manille, 7 avril 1787.

M.

Si vos occupations vous ont permis de jeter les yeux sur ma relation, j'ose me flatter que vous vous serez aperçu que nous n'avons rien négligé pour rendre notre voyage intéressant et utile. Notre carte du Nord-Ouest de l'Amérique, depuis le Mont Saint-Élie jusqu'à Monterey, laissera peu à désirer aux navigateurs : nos malheurs dans la baie des Français, loin de diminuer notre zèle, nous ont encore plus persuadés des obligations que nous avons contractées envers le roi et la nation, et nous avons sans cesse à regretter qu'il ne soit plus permis d'espérer rencontrer aucun continent nouveau, mais seulement quelques îles de peu d'importance, qui n'ajouteront rien à nos connaissances et à notre commerce. Les paquets apportés par M. Dufresne vous auront appris qu'après avoir vendu nos pelleteries, je me proposais de faire voile pour Manille, afin d'y prendre des vivres, visiter notre grément, réparer notre

notre gouvernail, et nous mettre enfin à même de continuer notre voyage, en passant dans le canal de Formose, et prolongeant les côtes occidentales du Japon et celles de Tartarie.

Vous observerez, M., que cette partie de ma navigation a été reconnue généralement pour être la plus difficile : et si nous sommes assez heureux pour explorer ces côtes avec les mêmes soins que celles de l'Amérique, nous aurons l'avantage d'avoir les premiers fait cette navigation, sujette aux plus forts orages, dans des mers étroites, entièrement inconnues, enveloppées de brumes, et vraisemblablement parsemées d'écueils, avec les courans les plus violens. Toutes ces difficultés ne se présentent à notre imagination que pour exciter notre prudence et ajouter à notre zèle.

Je partis de Macao le 6 février, et n'arrivai à Cavite, dans la baie de Manille, que le 28. Les détails de cette traversée sont assez intéressans pour la navigation, et ils ajouteront un chapitre à notre relation.

J'ai préféré le port de Cavite à la rade de Manille, parce que nous sommes auprès d'un arsenal, et à portée de tous les secours : ils nous ont été prodigués, et nous devons aux ordres donnés par le gouvernement, et plus encore aux soins obligeans de M. Gonsoles Carvagnal, intendant des Philippines, de partir de Cavite aussi-bien munis de vivres frais qu'à notre sortie de Brest. J'aurai l'honneur de vous adresser du Kamtschatka, suivant vos ordres, un mémoire détaillé sur Manille, sur les ressources de cette colonie, sur son administration, sur la nouvelle compagnie, et sur le caractère des administrateurs, qui sont bien éloignés d'avoir adopté en faveur des Français les sentimens du cabinet de Madrid. Je dois cependant faire une exception en faveur de l'intendant, dont nous avons reçu, dans tous les instans, les marques d'une extrême bienveillance, et qui n'a pas manqué d'aller lui-même, plusieurs fois par jour, chez tous nos fournisseurs, parce que, connaissant la lenteur de ses compatriotes, il craignait de nous voir perdre une seule journée.

Je pars le 8 avril, quoique la mousson du Nord-Est ne soit pas reversée; mais je serai à portée de profiter des premiers changemens de vent pour m'élever au Nord. Avant de mettre à la voile, j'ai eu la satisfaction de voir arriver dans la baie de Manille, la frégate la Subtile, commandée par M. DE LA CROIX DE CASTRIES. M. D'ENTRECASTEAUX avait en partie expédié cette frégate pour me faire connaître ses démarches à la Chine, afin qu'elles ne fussent pas contrariées par les nôtres, si nos instructions nous enjoignaient de naviguer sur les côtes septentrionales de cet empire.

M. D'ENTRECASTEAUX vous rend compte de la révolte des indigènes de Formose, et du parti qu'il a cru devoir prendre d'offrir ses secours aux Chinois pour réduire les rebelles : ils n'ont point été acceptés, et j'avoue que j'aurais vu avec douleur la marine de France seconder le gouvernement le plus inique, le plus oppresseur qui existe sur la terre; je puis sans crime, aujourd'hui, former des vœux pour les Formosiens.

Je réponds à M. D'ENTRECASTEAUX, que ma navigation sur les côtes de la Chine n'alarmera point ce gouvernement, que je ne mettrai jamais mon pavillon, et que j'éviterai avec soin tout ce qui pourrait lui causer de l'ombrage; et j'ajoute que, quoique très-bon Français, je suis dans cette campagne un cosmopolite étranger à la politique de l'Asie.

Vous m'aviez adressé, avant mon départ de Brest, un mémoire de M. VEILLARD sur Formose; et j'ai vu avec étonnement à Macao, que ce même M. VEILLARD n'avait aucune connaissance de ce pays, qu'il ne pouvait répondre à aucune de mes questions, et que ce mémoire était la copie d'un manuscrit qui est entre les mains de tous les Européens de Macao. Quoiqu'il soit très-étranger à ma mission de vous entretenir des employés français à Canton, je croirais ne pas répondre à la confiance que vous m'avez marquée, si je vous laissais ignorer que MM. VEILLARD, COSTAR, DE GUIGNES et DUMOULIN, n'auraient jamais dû être chargés des intérêts d'une grande nation; et c'est à M. ELSTOCKENSTROM, chef de la compagnie de Suède, que j'ai été obligé de m'adresser pour toutes nos affaires.

J'ai l'honneur de vous écrire une lettre particulière à ce sujet.

M. DE LA PÉROUSE.

De Manille, 7 avril 1787.

M.

L'arrivée de M. de la Croix de Castries à Manille, a été pour nous un des événemens les plus heureux de cette campagne; il a bien voulu, ainsi que j'ai déjà eu l'honneur de vous le marquer, se charger de porter en France nos pelleteries, et il s'est prêté avec une extrême complaisance à réparer les pertes que nous avions faites depuis notre départ, en donnant à chacune de nos frégates, quatre hommes de son équipage, avec un officier. D'après cet arrangement, M. Guyet de la Villeneuve, enseigne de vaisseau, a passé sur la Boussole, et M. le Gobien, garde de la marine, sur l'Astrolabe. Cette recrue était bien nécessaire, parce que nous avons eu le malheur de perdre, il y a trois jours, M. Daigremont, lieutenant de vaisseau, embarqué sur l'Astrolabe, mort de la dyssenterie; et la santé de M. de Saint-Céran est devenue si mauvaise, que je suis forcé de l'envoyer à l'île de France pour s'y rétablir, tous les chirurgiens ayant déclaré qu'il lui était impossible de continuer la campagne. Ainsi, voilà depuis notre départ de l'Europe, huit officiers de moins, dont sept n'existent plus, et le dernier laisse peu d'espérance. Nous n'avons cependant perdu, depuis deux ans, de mort naturelle, qu'un seul officier avec un domestique.

Ils étaient l'un et l'autre embarqués sur l'Astrolabe, dont les équipages ont néanmoins joui d'une santé encore plus parfaite que celle des matelots de la Boussole.

M. DE LA PÉROUSE.

D'Avatscha, 10 septembre 1787.

M.

J'ose me flatter que vous verrez avec plaisir les détails de notre navigation depuis Manille jusqu'au Kamtschatka. Les frégates ont fait une route absolument nouvelle; elles ont passé entre la Corée et le Japon, suivi la côte de la Tartarie jusqu'aux environs du fleuve Ségalien, reconnu l'Oku-Jesso et le Jesso des Japonais, trouvé un détroit nouveau pour sortir de la mer de Tartarie. Nous avons vérifié et lié nos découvertes à celles des Hollandais, que le plus grand nombre des géographes commençait à rejeter, et que les Russes avaient trouvé plus commode d'effacer de leurs cartes; et nous avons enfin débouqué au Nord de la terre de la Compagnie, d'où nous avons fait route pour le Kamtschatka. Nos frégates ont mouillé dans la baie d'Avatscha, le 7 septembre, après une traversée de cent cinquante jours, dont cent quarante à la voile; et il n'y a pas un seul malade dans les deux bâtimens, quoique nous ayons sans cesse navigué au milieu des brumes les plus épaisses. Obligés de mouiller et d'appareiller à chaque instant, avec des fatigues dont les navigations du capitaine

Cook offrent peut-être peu d'exemples, nos soins pour la conservation de nos équipages ont été suivis jusqu'à présent d'un succès encore plus heureux que celui de ce célèbre navigateur, puisque depuis vingt-six mois que nous sommes partis d'Europe, personne n'est mort à bord de la Boussole, et qu'il n'y a pas un seul malade dans les deux bâtimens.

Je me rappelle, M., que lorsque mes instructions me furent remises, vous remarquâtes combien cette partie de notre navigation était difficile et intéressante, puisqu'il ne pouvait pas être moins important pour la géographie de connaître les limites du continent que nous habitons, que celles des terres Australes ou du Nord de l'Amérique : nous avons été assez heureux pour rendre aux géographes deux îles aussi considérables par leur étendue que les îles Britanniques, et pour décider enfin le seul problème de géographie qui restât peut-être à résoudre sur le globe. Ce n'est que d'aujourd'hui que j'ose compter notre campagne après celles du capitaine Cook ; et si la mort n'avait pas arrêté la course de ce grand homme, il est probable qu'il n'eût pas laissé l'exploration de la Tartarie orientale à ses successeurs. Si vos occupations vous permettent, M., de jeter les yeux sur les différens chapitres de ma relation, vous y trouverez, avec les détails nautiques, toutes les observations que j'ai eu occasion de faire sur les peuples que nous avons visités, sur le sol et les productions de leur pays : je n'ai généralement rien négligé de ce qui pouvait intéresser le gouvernement relativement au commerce, sans perdre de vue qu'il fallait aussi occuper l'oisiveté des savans, qui attendent peut-être notre retour pour publier de nouveaux systèmes. J'ai joint à ma relation toutes les cartes, tous les plans, et toutes les tables de latitudes et de longitudes qui sont nécessaires, ainsi que les dessins de MM. Duché et Blondela, dont je puis garantir la vérité.

J'ai l'honneur de vous adresser deux mémoires, l'un sur Manille et l'autre sur Formose, relatifs à la partie politique de mes instructions; ils sont très-sommaires, parce que je connais le prix de votre temps, et qu'ils ne contiennent que ce que je n'ai pas cru devoir mettre dans ma relation. Je n'aurais pas osé les confier à la poste; mais j'ai cru que vous approuveriez le parti que je prends d'expédier en France M. Lesseps, notre interprète russe. J'ai considéré que les appointemens de M. Lesseps, et ses rations jusqu'à notre arrivée en France, coûteraient à peu près la même somme que son voyage du Kamtschatka à Paris, et je me suis fait un scrupule de traîner dans l'hémisphère méridional, un jeune homme destiné à courir la carrière des consulats, et qui perdrait à bord un temps précieux pour son instruction. Je l'ai donc chargé de mes paquets, et je me flatte que lorsqu'il aura l'honneur d'être auprès de vous, les frégates seront à la nouvelle Zélande.

Sous peu de jours, j'aurai l'honneur de vous adresser une lettre particulière relative au plan ultérieur de ma campagne, qui sera de près de quatre ans, pendant lesquels nous aurons ● au moins trente-huit mois sous voile, ce qui est peut-être sans exemple parmi les navigateurs.

M. DE LA PÉROUSE.

D'Avatscha, 21 septembre 1787.

M.

J'ai eu l'honneur de vous adresser, par MM. Dufresne et Lesseps, la relation de ma campagne depuis mon départ de Brest jusqu'à notre arrivée au Kamtschatka. Il me reste à vous informer du projet ultérieur de notre navigation, puisque j'ai usé du droit que vous m'aviez donné, de faire au plan de mon voyage les changemens qui me paraîtraient convenables, en me conformant le plus qu'il me serait possible à mes instructions. J'ai cru devoir commencer par l'hémisphère Nord, et finir par celui du Sud, dans lequel est située l'île de France, que je regarde comme le terme de mon voyage.

J'ose me flatter d'avoir entièrement et complétement rempli toutes vos vues sur moi, jusqu'à ce moment, et j'ai été si parfaitement secondé par M. de Langle, que si la campagne est de quelque prix à vos yeux, il doit en partager les avantages : les bâtimens, malgré les brumes, ont navigué si près l'un de l'autre, et le concert a été si grand, qu'on pourrait presque dire qu'il n'y avait dans l'expédition qu'un seul vaisseau et un seul capitaine. Je me propose de partir de la baie d'Avatscha le 1.er octobre.

Je

Je ferai route pour reconnaître les Kuriles septentrionales jusqu'au canal de la Boussole, d'où je me porterai sur le 37.ᵉ parallèle, pour chercher la prétendue terre découverte par les Espagnols en 1610. Je ne crois point à l'existence de cette terre, qui est fort près de la route ordinaire des galions ; et toutes les informations que j'ai prises, me portent à croire que les Espagnols n'en ont aucune connaissance. Du 37.ᵉ parallèle, je ferai route vers l'archipel qui est au Nord des Mariannes, et je suivrai cette chaîne d'îles jusqu'à Guaham, où je relâcherai cinq jours seulement, pour prendre des fruits et quelques bœufs, qui puissent préserver nos équipages du scorbut pendant la suite de notre très-longue navigation.

De Guaham, je me porterai sur les Carolines, si les renseignemens que je prendrai me donnent la certitude de gagner le cap Choiseul de la terre des Arsacides, et de passer dans le même canal que M. BOUGAINVILLE, pour m'élever au Sud, et arriver avec les vents d'Ouest dans le canal de la Reine-Charlotte à la nouvelle Zélande [b], vers le 20 janvier 1788. Si, au contraire, mes propres observations et mes différentes recherches m'apprenaient l'impossibilité de faire cette route, j'abandonnerais l'exploration des Carolines, qui m'obligerait à me mettre cent cinquante lieues

---

[b] Par une lettre postérieure, en date du 28 septembre, LA PÉROUSE annonce qu'il a reçu le 26, au Kamtschatka, des lettres du ministre ; qu'il ne changera son plan de navigation, qu'en ce qu'il n'ira plus à la nouvelle Zélande, afin d'avoir plus de temps pour reconnaître les côtes de la nouvelle Hollande, et l'établissement que les Anglais y ont fait. (N. D. R.)

sous le vent des Mariannes, et je ferais directement route de Guaham pour la nouvelle Zélande, en prenant le plus à l'Est qu'il me serait possible ; et il est vraisemblable que je trouverais sur cette route absolument nouvelle, différentes îles encore plus intéressantes que les Carolines, et certainement moins connues. J'emploierais à les visiter plus ou moins de temps, l'un ou l'autre plan n'exigeant mon arrivée à la nouvelle Zélande que le 20 janvier 1788. Du canal de la Reine-Charlotte, je remonterai aux îles des Amis, et je ferai absolument tout ce qui m'est enjoint dans mes instructions, relativement à la partie méridionale de la nouvelle Calédonie, à l'île de Sainte-Croix de MENDAÑA, à la côte du Sud de la terre des Arsacides, à la Louisiade de BOUGAINVILLE, en déterminant si elle est jointe ou séparée de la nouvelle Guinée ; et je passerai, à la fin de juillet, entre la nouvelle Guinée et la nouvelle Hollande, par un autre canal que celui de l'Endeavour, si toutefois il existe. Je visiterai, pendant les mois d'août, septembre et une partie d'octobre, le golfe de la Carpentarie et la côte de la nouvelle Hollande, mais de manière qu'il me soit possible de remonter au Nord vers le Tropique, et d'arriver, au commencement de décembre 1788, à l'île de France. J'en partirai très-promptement pour reconnaître le prétendu cap de la Circoncision de BOUVET, et j'arriverai en France (après avoir relâché ou sans avoir relâché au cap de Bonne-Espérance, suivant les circonstances) en juin 1789, quarante-six mois après mon départ.

Je me flatte que vous verrez avec plaisir, que dans ce long voyage, je n'aurai pas eu besoin de relâcher à ces éternelles îles de la Société, sur lesquelles on a déjà beaucoup plus écrit que sur plusieurs royaumes de l'Europe, et j'avoue que je me félicite de n'avoir à parler, ni de Taïti, ni de la reine Obéréa. J'ai pris un soin particulier de m'éloigner des routes des navigateurs qui m'ont précédé.

M. DE LA PÉROUSE.

D'Avatscha, 25 septembre 1787.

M.

Vous savez que nos malheurs sur la côte du Nord-Ouest de l'Amérique ont rendu nulles presque toutes les grâces qu'il vous avait plu d'accorder aux états-majors des deux frégates. MM. D'ESCURES et DE PIERREVERT avaient chacun une pension, qui pourrait être donnée à MM. DE VAUJUAS et BOUTIN, officiers d'un égal mérite, et aussi distingués par leurs talens, que par leur zèle et leur bonne volonté. MM. DE BELLEGARDE et GOBIEN, gardes de la marine, que vous avez associés à nos travaux, et qui ont témoigné, à Macao et à Manille, un si vif désir de remplacer les officiers que nous avions eu le malheur de perdre, auront bien mérité, à leur arrivée à l'île de France, les brevets d'enseigne qui avaient été accordés à MM. DE BOUTERVILLIERS, DE FLASSAN et DE MONTARNAL. MM. DE BLONDELA et COLINET, lieutenans de frégate, auxquels vous m'avez permis de donner l'espérance d'un brevet de capitaine de brûlot à leur retour, ont déjà par leur bonne conduite, mérité cette grâce, que je vous supplie de m'adresser pour eux à l'île de France, avec le brevet de M. DE MONTI, et une lettre de satisfaction pour M. DE CLONARD: ce dernier ayant été promu au grade de capitaine de vaisseau, n'a rien à désirer; mais il a continué à faire le service de lieutenant, et à s'occuper des plus petits détails avec un zèle et une attention dignes des plus grands éloges, et si je ne craignais d'être suspect parce qu'il est mon ami particulier, j'oserais vous assurer qu'on ne peut rencontrer un meilleur officier, ni un homme plus plein d'honneur et de vertu.

J'ai aussi beaucoup d'éloges à faire de M. GUYET DE LA VILLENEUVE, qui a passé à Manille de la frégate de M. DE LA CROIX DE CASTRIES sur la mienne, pour y remplacer M. DE SAINT-CÉRAN, que le délabrement total de sa santé m'a forcé de renvoyer à l'île de France, et de MM. MOUTON et BROUDOU, auxquels j'ai donné les brevets de lieutenant de frégate que vous aviez bien voulu me remettre en blanc avant mon départ.

M. DE LANGLE s'est reposé des détails de l'astronomie sur M. DE LAURISTON, jeune homme plein de talens, de zèle et de mérite; il en a fait un élève qui n'a plus besoin de maître. M. DARBAUD a aussi parfaitement secondé M. DAGELET, et je suis persuadé qu'il n'est peut-être en France aucun jeune homme de son âge aussi instruit que lui.

M. Dagelet fait ici le même métier que nous, et sans doute mieux que nous : parmi cent bonnes et aimables qualités, je ne lui connais que le défaut d'avoir une santé très-délicate.

Quant à M. de Langle, il est au-dessus de tout éloge; et je désire, pour le bien du service et de l'État, qu'il arrive aux grades supérieurs avant que les années et les fatigues ayent diminué ses moyens.

M. Rollin, docteur en médecine, et mon chirurgien-major, est un homme distingué par ses connaissances. Il nous a préservés par ses soins, du scorbut et de toutes les autres maladies. Vous m'avez autorisé, M., à lui promettre au retour une pension si la mortalité n'avait pas excédé trois par cent sur ma frégate; et depuis vingt-six mois que nous sommes partis, personne n'a péri de mort naturelle sur la Boussole, et nous n'avons pas un seul malade.

M. de Langle est aussi très-content de M. Lavaux, son chirurgien-major : il n'a perdu qu'un domestique poitrinaire, et M. Daigremont, qui s'est empoisonné en voulant se traiter lui-même de la dyssenterie avec de l'eau-de-vie brûlée; le commis du munitionnaire de l'Astrolabe est aussi mort des suites d'une fracture à la tête, occasionnée par les éclats d'un fusil qui a crevé entre ses mains.

M. DE LANGLE.

D'Avatscha, 25 septembre 1787.

M.

Les brumes qui nous ont enveloppés assez constamment depuis le départ de Manille, ont beaucoup altéré le grément de l'Astrolabe. J'espère qu'avec les rechanges qui me restent à bord, je parviendrai à la conduire au moins jusqu'à l'île de France, à l'époque fixée dans le plan de la campagne : la frégate est d'ailleurs en bon état.

J'ai toujours navigué pendant les brumes à portée de la voix de la Boussole, parce que M. de la Pérouse s'est toujours fait un devoir de me conserver, et que mes officiers ont attaché de l'amour-propre à ne pas se séparer. Je voudrais pouvoir ajouter aux éloges que j'ai déjà eu l'honneur de vous adresser de leurs talens, de la patience avec laquelle ils attendent la fin de la campagne, et du désir qu'ils ont de faire de nouvelles découvertes......

La part que je prends à la gloire de la nation et aux succès de M. de la Pérouse, m'engage à vous témoigner combien nous avons lieu de nous féliciter d'avoir terminé heureusement notre périlleuse et difficile navigation sur les côtes d'Asie, grâces à l'infatigable vigilance de notre chef, à sa prudence et à ses talens. Je me ferai toujours un devoir de le seconder par zèle pour le progrès de la géographie, et par reconnaissance de toutes les marques d'amitié qu'il m'a données de tout temps. Je sais aussi que vous prenez intérêt à la réussite de la campagne; rien ne peut me faire oublier les bontés dont vous m'avez honoré, et j'ai bien à cœur d'en mériter la continuation.

M. DE LA PÉROUSE.

D'Avatscha, 27 septembre 1787.

M.

M. LESSEPS, que j'ai chargé de mes paquets, est un jeune homme dont la conduite a été parfaite pendant toute la campagne, et j'ai fait un vrai sacrifice à l'amitié que j'ai pour lui, en l'envoyant en France : mais comme il est vraisemblablement destiné à occuper un jour la place de son père en Russie, j'ai cru qu'un voyage par terre, au travers de ce vaste empire, lui procurerait les moyens d'acquérir des connaissances utiles à notre commerce, et propres à augmenter nos liaisons avec ce royaume, dont les productions sont si nécessaires à notre marine.

Il m'a paru que M. LESSEPS parle le russe avec la même facilité que le français; il nous a rendu au Kamtschatka les plus grands services, et si la survivance de la place de consul général de France à Pétersbourg, qu'occupe son père, était le prix de son voyage autour du monde par terre et par mer, je regarderais cette faveur comme la marque de la satisfaction que vous témoignez de notre conduite.

VOYAGE

M. DE LA PÉROUSE.

De Botany-Bay, 5 février 1788.

M.

Lorsque cette lettre vous parviendra, je me flatte que vous aurez reçu le journal de ma navigation depuis Manille jusqu'au Kamtschatka, que j'ai eu l'honneur de vous adresser par M. Lesseps, parti pour Paris, du havre de Saint-Pierre et Saint-Paul, le 1.er octobre 1787. Cette partie de la campagne, la plus difficile sans doute, dans des parages absolument nouveaux aux navigateurs, a cependant été la seule où nous n'ayons éprouvé aucun malheur ; et le désastre le plus affreux nous attendait dans l'hémisphère Sud. Je ne pourrais que répéter ici ce que vous lirez avec plus de détails dans mon journal. MM. de Langle et de Lamanon, avec dix autres personnes, ont été victimes de leur humanité ; et s'ils avaient osé se permettre de tirer sur les insulaires avant d'en être entourés, nos chaloupes n'auraient pas été mises en pièces, et le roi n'aurait point perdu un des meilleurs officiers de sa marine.

Quoique cet événement eût diminué de beaucoup les équipages des deux frégates, je crus ne rien devoir changer au plan de ma navigation ultérieure : mais j'ai été obligé d'explorer plus rapidement différentes îles intéressantes de la mer du Sud, afin d'avoir le temps de construire deux chaloupes à Botany-Bay, et de pouvoir reconnaître les

principaux

principaux points indiqués dans mes instructions, avant le changement de mousson, qui rendrait cette exploration impossible.

Nous sommes arrivés à la nouvelle Hollande sans qu'il y ait eu un seul malade dans les deux bâtimens; dix-huit des vingt blessés que nous avions en partant de Maouna, sont entièrement rétablis; et M. LAVAUX, chirurgien-major de l'ASTROLABE, qui avait été trépané, ainsi qu'un autre matelot de cette frégate, ne laissent aucune crainte sur leur état.

M. DE MONTI, qui était en second avec M. DE LANGLE, a conservé le commandement de l'ASTROLABE jusqu'à notre arrivée à Botany-Bay : c'est un si bon officier, que je n'ai pas cru devoir faire aucun changement dans les états-majors jusqu'à notre première relâche, où je n'ai pu méconnaître le juste droit de M. DE CLONARD, capitaine de vaisseau; il a été remplacé sur ma frégate par M. DE MONTI, dont le zèle et le talent sont au-dessus de tout éloge, et auquel sa bonne conduite assure le brevet de capitaine de vaisseau que vous avez eu la bonté de lui promettre si les comptes qui seraient rendus de lui étaient favorables.

Nous n'avons été précédés par les Anglais, à Botany-Bay, que de cinq jours. Aux politesses les plus marquées, ils ont joint toutes les offres de service qui étaient en leur pouvoir; et nous avons eu à regretter de les voir partir aussitôt notre arrivée, pour le port Jakson, quinze milles au Nord de Botany-Bay. Le commodore PHILLIP a préféré, avec raison, ce port, et il nous a laissés les maîtres et seuls dans cette baie, où nos chaloupes sont déjà sur le chantier; je compte qu'elles seront lancées à l'eau à la fin de ce mois.

Nous sommes éloignés des Anglais, par terre, de dix milles, et conséquemment à portée de communiquer souvent ensemble : comme il est possible que le commodore PHILLIP fasse des expéditions pour les îles de la mer du Sud, j'ai cru devoir lui donner la latitude et la longitude de l'île Maouna, afin qu'il eût à se méfier des perfides caresses que les naturels de cette île pourraient lui faire, si ses vaisseaux la rencontraient dans le cours de leur navigation.

EXTRAIT

D'une Lettre de M. DE LA PÉROUSE.

Botany-Bay, 7 février 1788.

...... Je remonterai aux îles des Amis, et je ferai absolument tout ce qui m'est enjoint par mes instructions, relativement à la partie méridionale de la nouvelle Calédonie, à l'île Santa-Crux de MENDAÑA, à la côte du Sud de la terre des Arsacides de SURVILLE, et à la terre de la Louisiade de BOUGAINVILLE, en cherchant à connaître si cette dernière fait partie de la nouvelle Guinée, ou si elle en est séparée. Je passerai, à la fin de juillet 1788, entre la nouvelle Guinée et la nouvelle Hollande, par un autre canal que celui de l'Endeavour, si toutefois il en existe un. Je visiterai, pendant le mois de septembre et une partie d'octobre, le golfe de la Carpentarie, et toute la côte occidentale de la nouvelle Hollande jusqu'à la terre de Diemen; mais de manière, cependant, qu'il me soit possible de remonter au Nord assez-tôt pour arriver au commencement de décembre 1788, à l'île de France.

M. DE LESSEPS.

Versailles, le 31 octobre 1788.

M.

A mon arrivée au Kamtschatka, j'ai tâché de me procurer des détails au sujet d'une expédition secrète qu'on préparait à Okhotsk, et du motif de ce voyage. Quelques notions que je me suis procurées à mon passage dans ce port, peuvent flatter peut-être votre curiosité, et vous donner des preuves du zèle que j'ai mis à vous être agréable. Je prends la liberté d'y joindre d'autres relations que je crois nouvelles, et par conséquent mériter d'être mises sous vos yeux.

M. Billings, embarqué dans le dernier voyage de Cook en qualité d'aide-astronome, fut envoyé d'Angleterre pour commander cette expédition, l'impératrice ayant fait demander une personne instruite dans cette partie. Cette souveraine lui accorda le grade de capitaine de vaisseau du deuxième rang, lui donna carte blanche, et le droit d'examiner la situation de toute la Sibérie. Elle fit de très-grandes dépenses pour construire et armer deux bâtimens à Okhotsk. On choisit des officiers de la marine russe, qui, sous les ordres de M. Billings, se rendirent à Okhotsk pour travailler à la construction des vaisseaux. Il était même déjà question de cet armement lors du départ de M. de la Pérouse, puisqu'on l'avait averti que peut-être le rencontrerait-il dans la partie septentrionale de la mer du Sud. Je l'ai trouvé si peu avancé lors de mon passage à Okhotsk, le 8 mai de cette année, qu'à peine la charpente d'un bâtiment était-elle achevée; le second n'avait encore que la quille sur le chantier. D'après toutes les probabilités, il m'a semblé que ces vaisseaux pourraient difficilement mettre en mer dans l'année 1789. Pour ne pas perdre de temps, M. Billings se décida à faire d'abord équiper, sur la rivière Kolumé, quelques petits bâtimens ou sloops; et après avoir descendu, en 1787, cette rivière, il fit un voyage dans la mer Glaciale. J'imagine qu'il avait pour but d'aller par mer au Kamtschatka, et de doubler le cap Svetoï et celui de Tchoukotskoï, le premier étant le seul obstacle que plusieurs navigateurs avaient déjà trouvé dans leurs voyages. M. Billings ne parvint pas à le lever; et probablement les glaces l'empêchèrent de faire le tour de ce cap Svétoï. Il revint dans la rivière Kolumé, vers la fin de la même année : les glaces portées par tous les vents de Nord vers la côte, le forcèrent de s'en rapprocher très-souvent, et il profitait de ceux de la partie du Sud pour continuer son voyage, la mer alors étant plus libre. La destination des deux bâtimens à Okhotsk, sous les ordres de M. BILLINGS, n'est encore sue de personne. Il est possible, d'après quelques bruits qui couraient dans le pays, que ce capitaine projetât de passer le détroit de Béhring, pour remplir son premier dessein, ou de suivre la côte du Nord-Ouest de l'Amérique. Ce secret est si bien gardé, que mes conjectures ne sont que très-peu fondées......

Je prends la liberté de vous présenter ci-joint deux cartes que j'ai pu me procurer à Okhotsk. Permettez-moi de vous en faire l'hommage; et comme je n'ai pas voulu me hasarder à en prendre des copies, je vous supplie de vouloir bien donner vos ordres pour que l'on m'en fasse passer une.

La première est une carte générale contenant la partie orientale de l'Asie, quelques-unes des îles Aleutiennes, le Kamtschatka, la mer d'Okhotsk et celle de Pengina, les îles Kuriles, l'étendue des découvertes des Russes, et le peu de connaissance qu'ils ont de l'île Ségalien, de la terre de Jesso et de la côte de Tartarie. L'autre carte m'a paru romanesque, et elle l'est réellement; mais malgré sa singularité, il est possible, M., qu'elle vous fasse plaisir : d'ailleurs, les îles Kuriles y sont, à ce que l'on m'a assuré, très-bien placées. J'ai traduit les articles qui doivent servir à l'intelligence de cette carte : on ne connaît ni la personne qui l'a dressée, ni le navigateur qui a fait ce voyage. Cette description, que je crois peu vraisemblable, a été copiée, ainsi que la carte, sur l'original laissé à Okhotsk, et je n'ai rien trouvé dans ce port qui fût plus intéressant.

Plusieurs bâtimens ont fait naufrage l'année dernière sur les côtes du Kamtschatka, ou dans les environs; entre autres ce malheur arriva à un bâtiment appartenant à M. Lanz, négociant anglais, et commandé par le capitaine Peters : ce vaisseau se brisa sur l'île de Cuivre. Un Portugais et un nègre du Bengale furent les deux seuls qui se sauvèrent; et après avoir passé l'hiver dans l'île, ils furent ramenés par des Russes au Kamtschatka, où je les vis. On doit les envoyer cette année à Pétersbourg, et il est probable qu'ils y seront dans deux ou trois mois. Le capitaine, pendant sa première relâche au Kamtschatka, avait contracté avec un marchand de ce pays nommé Schelikoff, des engagemens pour environ 80,000 roubles, et il envoya demander par ce Russe, à l'impératrice, la liberté de faire le commerce dans cette partie de ses états. On attendait le retour de ce bâtiment au Kamtschatka; mais il avait été, pendant cet intervalle, faire un voyage à la côte du Nord-Ouest de l'Amérique, probablement pour s'y procurer des fourrures, et ce ne fut qu'à son retour, et à peu de distance du port de Saint-Pierre et Saint-Paul, qu'il périt. Il ne jouit donc point de la permission qu'il avait fait demander, et qui lui fut accordée sans délai.

Je trouvai encore au Kamtschatka neuf Japonais, qui, par un coup de vent et faute de boussole, furent séparés de la côte de leur île, que ses habitans ont grand soin de ne jamais perdre de vue, et ils tinrent la mer pendant six mois sur un petit bâtiment caboteur. La première terre qu'ils aperçurent, fut les îles Aléutiennes : ils n'eurent rien de plus pressé que d'y mouiller, d'y descendre, et d'abandonner leur vaisseau. La nuit, les menaces d'un mauvais temps, et les efforts que firent les Russes qu'ils y rencontrèrent, aucune de ces considérations ne put les déterminer à retourner sur leur bâtiment pour le décharger, ou pour le mettre au moins en lieu de sûreté ; enfin, trop heureux de se revoir à terre, ils n'y pensèrent plus, et le laissèrent exposé au gré des vents, qui, dans la nuit, le jetèrent à la côte. On ne put en sauver que peu d'effets, dont les Russes se chargèrent, et qu'ils portèrent au Kamtschatka sur leurs bâtimens destinés aux chasses ; ils y menèrent aussi les neuf Japonais, qu'on prend soin de traiter avec beaucoup de bonté et de douceur dans ce pays, et qu'on enverra bientôt à Pétersbourg.

J'ai l'honneur de vous prévenir que le vocabulaire de la langue kamtschadale que M. DE LA PÉROUSE m'a chargé de faire, est aussi complet qu'il m'a été possible. Il est à vos ordres et aux siens : mais veuillez me permettre de l'insérer dans mon journal ; cela contribuera peut-être à le rendre d'autant plus intéressant. J'y travaille avec la plus grande application, ainsi que vous me l'avez ordonné ; flatté de pouvoir bientôt vous en faire l'hommage, et de me rendre digne de votre bienveillance.

M. DE LA PÉROUSE m'a recommandé expressément dans mon instruction, de vous rappeler les obligations qu'il

avait contractées envers M. Kasloff-Ougrenin, col[
et commandant d'Okhotsk et du Kamtschatka, qui
voulu recevoir aucun paiement pour sept bœufs qu'
donnés à notre équipage. Il aurait désiré pouvoir fou[
encore de la farine de seigle que M. de la Pérouse a
demandée, mais il ne s'en trouvait alors dans aucun
magasins du Kamtschatka. M. Vasili-Schmaleff, [
connu dans le voyage de Cook, et à présent capita[
inspecteur du Kamtschatka, nous a rendu aussi beaucoup
services, ainsi que l'enseigne Kaborof, commandant
port de Saint-Pierre et Saint-Paul. M. de la Pérouse
qu'il a été aussi bien reçu d'eux que s'ils eussent été
propres compatriotes, et qu'il désirerait qu'en témoign[
sa reconnaissance à la cour de Russie, on procurât à
personnes des récompenses proportionnées à leurs servi[
D'ailleurs, vous savez que les Anglais, à leur retour, ont
beaucoup de cadeaux au major Behm, alors command[
au Kamtschatka, et aux autres officiers russes de c[
presqu'île; et nous avons lieu de croire qu'ils n'ont pas
aussi bien traités que nous. J'ai l'obligation à ces offici[
de m'avoir aidé à entreprendre mon voyage par terre,
j'ose vous assurer qu'ils m'ont procuré toutes les facili[
qui pouvaient dépendre d'eux. M. Kasloff, qui m'est f[
attaché, m'a remis la note de ce qu'il attendait des bo[
de l'impératrice. J'aurai l'honneur de vous la remettre,
elle peut vous être agréable.

EXTRAI[

EXTRAITS

De Lettres de MM. DE LA PÉROUSE *et* DAGELET, *à M.* FLEURIEU.

M. DE LA PÉROUSE.

De la rade de Macao, 3 janvier 1787.

J'ENVOIE le plan de Monterey, levé par nous-mêmes : j'ai eu occasion de connaître à Monterey des officiers de la petite marine de San-Blas, qui certainement ne sont pas dépourvus de lumières, et qui m'ont paru très en état de lever des plans avec exactitude......

Vous verrez que j'ai plusieurs fois changé mon projet de navigation, à mesure que l'expérience et les réflexions ont décidé ces changemens. Ce n'est que de cette manière qu'un plan aussi vaste que le nôtre peut être exécuté.

Par exemple, j'ai fait route des îles Sandwich directement sur le mont Saint-Élie, parce que si j'avais commencé par Monterey pour remonter ensuite vers le Nord, j'aurais éprouvé une opposition continuelle des vents de Nord-Ouest; au lieu qu'avec ces mêmes vents, j'ai pu prolonger, en descendant, la côte de l'Amérique, et la suivre à ma volonté. Mais les brumes sont un obstacle sans cesse renaissant, qui oblige à perdre un temps très-considérable qu'on est forcé de donner à la prudence : je ne crois pas qu'on puisse compter sur plus de trois journées de temps clair, par mois. Les courans sont très-violens, et imposent aussi les plus grandes précautions : ils ont causé, au port des Français, les malheurs dont vous avez été informé par mes lettres, et qui seront pour moi un sujet éternel de douleur.

Je ne sais si vous regretterez que je n'aye pas visité plus particulièrement l'archipel de Saint-Lazare, si toutefois on doit lui conserver ce nom, ce qui assurément serait bien contraire à mon opinion : mais observez que je n'en ai découvert l'entrée qu'à la fin d'août, que les jours devenaient très-courts, que les brumes étaient continuelles, et que nous avons trouvé sur le cap Hector, des courans dont la vîtesse était de plus de six nœuds (six milles) à l'heure. Il était donc impossible de remonter entre toutes ces îles dans l'espace de deux ou trois mois ; et dès le commencement de septembre, la saison est finie. Cette exploration, pour être complète, exigerait une expédition qui n'eût pas d'autre objet, et dont la durée ne pourrait pas être de moins de deux ou trois ans. Rien n'est si long que de détailler une côte semée d'îles, coupée par plusieurs golfes, dont les brumes fréquentes, et les courans, toujours violens et incertains, ne permettent de s'approcher qu'avec prudence et précaution. Quoi qu'il en soit, je ne doute pas que le voyage de l'amiral DE FUENTES, du moins tel qu'on nous l'a donné, ne soit une forte exagération, si ce n'est point une rêverie : on ne parcourt pas en si peu de temps un chemin aussi prodigieux que celui qu'on dit qu'il a fait; et je serais bien tenté de croire que l'amiral DE FUENTES, et son capitaine BERNARDA, sont des êtres chimériques, et la relation du voyage qu'on leur attribue, une fable. Il n'en est pas moins vrai que, depuis Cross-sound jusques au cap Fleurieu, le grand navigateur des Espagnols MAURELLE, le capitaine COOK et moi, nous n'avons côtoyé que des îles éloignées du continent de quarante ou quarante-cinq lieues; et mon opinion est fondée sur la direction de la côte du continent, que j'ai revue au cap Fleurieu. Ces îles, pour la plupart, sont d'une grande étendue; et comme elles mordent, si l'on peut s'exprimer ainsi, les unes sur les autres, cette disposition leur donne l'apparence d'une côte non interrompue. J'avais soupçonné plusieurs fois, que les terres que je voyais, n'étaient pas toutes sur un même plan; mais ce soupçon fut changé en certitude, lorsqu'après avoir doublé le cap Hector, j'eus couru vingt lieues dans le Nord. Tous ces détails supposent que vous avez sous les yeux les cartes et plans que j'envoie, et que vous y suivez ma route en lisant ma relation......

Vous sentez qu'en tout, on ne doit attendre de nous que peu de détails : pour parcourir, dans l'espace de quatre années, tous les points qui me sont indiqués par mes instructions, nous n'avons pas un seul jour à perdre. Mais notre navigation fournira une preuve que la santé des équipages peut n'être point altérée par le plus long séjour à la mer : nous arrivons à Macao sans avoir un seul h[omme] attaqué du scorbut ; et cependant, sur dix-huit moi[s qu'a] déjà duré la campagne, quinze ont été employés dar[s une] navigation pénible qui nous a fait passer successiveme[nt dans] des climats fort opposés......

Je vous écris à la hâte, sans aucun ordre ; je jett[e mes] idées sur le papier, à mesure qu'elles se présentent. [Je suis] mouillé à cinq milles de distance de cette place, [avec] laquelle je n'ai point encore communiqué ; et comm[e on] m'a dit qu'un navire partait demain pour l'Europ[e, je] galope toutes mes dépêches. Je joins ma relation [mes] cartes et plans aux lettres que j'écris au ministre : [j'en] en adresserai des duplicata par la première occasio[n qui] se présentera, afin que s'il nous arrivait malheur [à la] côte de la Tartarie, du moins le commencement de [la] campagne ne fût pas perdu pour l'utilité des naviga[teurs.] Vous remarquerez sûrement avec plaisir, en parcouran[t les] différens chapitres, que si les peuples sauvages que [nous] avons visités, nous ont fait un peu de mal, nous avo[ns été] assez heureux pour n'être jamais obligés de leur en [faire.] Vous savez mieux que personne combien il m'est exp[ressé]ment enjoint de ne m'y porter qu'à la dernière extré[mité,] et vous savez aussi que ce principe est dans mon cœ[ur.]

P. S. Nous avons traité, à la côte de l'Amérique se[pten]trionale, près de mille peaux de loutre ; mais le plus [grand] nombre était en lambeaux et presque pourri. J'ai [cru] devoir mettre à ce commerce, un scrupule, une délica[tesse] dont tous les navigateurs qui ont abordé à cette côte ne m'ont pas donné l'exemple. Aucune peau n'a été traitée que par M. DUFRESNE : je l'ai chargé de conduire la traite, et il s'est acquitté de cette commission délicate avec autant de zèle que d'intelligence. Il a numéroté, enregistré chaque peau l'une après l'autre, et il va les vendre ici au profit des équipages. J'en adresserai les comptes au ministre, comme un subrécargue les adresserait à son armateur, et j'y joindrai les reçus de tous ceux qui auront touché de l'argent. Je n'ai pas voulu qu'il fût réservé une seule peau, ni pour les états-majors, les savans et artistes, ni pour moi. Le profit de la campagne doit appartenir aux matelots [a]; et la gloire, s'il y en a, sera le lot des officiers qui ont conduit l'expédition, et de leurs coopérateurs. Je vous avoue, mon cher ami, que pour cent mille écus comptant je n'aurais pas voulu faire cette campagne; mais je n'ai pas hésité de l'entreprendre par devoir, et par reconnaissance de la confiance qu'on a eue dans mon zèle, sans doute, plus que dans mes talens.

De Manille, le 8 avril 1787.

JE ne vous ferai, mon cher ami, aucun détail de ma campagne; vous avez sous les yeux mes lettres au ministre, et je me flatte que vous aurez lu avec quelque intérêt ma

---

[a] Les peaux ont été vendues 10,000 piastres au profit des équipages. (N. D. R.)

relation. Vous aurez remarqué que nous sommes certainement les premiers navigateurs qui, dans la même année, soient parvenus jusqu'au mont Saint-Élie, après avoir visité l'île de Pâque, les îles Sandwich, et cherché à éclaircir différens points de géographie. Nos cartes, nos plans, nos journaux, nos tables de route, &c., tout vous prouvera que nous n'avons rien négligé de ce qui pouvait assurer l'exactitude de nos divers travaux.

Ce qui nous reste à faire cette année, est plus difficile encore; et tous les renseignemens que nous avons pu nous procurer à la Chine sur la partie de côte de cet empire dont nous devons faire la reconnaissance, se bornent à nous donner la certitude que les courans sont d'une violence extrême dans les détroits, qu'on y rencontre beaucoup de bancs, et que la brume y est presque continuelle.

Mais, comme je sais qu'on vient à bout de tout avec de l'opiniâtreté et de la patience, ces obstacles ne font qu'irriter mon zèle, et j'ai la plus grande confiance dans mon étoile.

D'Avatscha, 10 septembre 1787.

Je vais, mon cher ami, m'entretenir avec vous sans aucun ordre; mais je tâcherai de ne rien oublier de ce que j'ai à vous dire.

Le ministre doit avoir reçu, par M. DUFRESNE, les détails de notre campagne depuis notre départ de

France jusqu'à notre arrivée à Macao; et je remets à M. LESSEPS, la suite de cette relation, depuis Macao jusqu'au Kamtschatka......

J'espère que vous serez content de la partie de notre voyage depuis Manille jusqu'au Kamtschatka : c'était la plus neuve, la plus intéressante, et certainement la plus difficile, à cause des brumes éternelles qui enveloppent ces terres par les latitudes que nous avons parcourues. Ces brumes sont telles, que j'ai été obligé de consumer cent cinquante jours pour explorer la partie de côte que le capitaine KING, dans le troisième volume du dernier Voyage du capitaine COOK, suppose pouvoir être visitée dans l'espace de deux mois. Je n'ai cependant séjourné que trois jours dans la baie de Ternaï, deux jours dans la baie de Langle, et cinq dans la baie de Castries. Je n'ai donc pas perdu de temps : encore ai-je négligé de faire le tour de l'île Chicha en passant par le détroit de Sangaar. J'aurais même désiré de pouvoir mouiller à la pointe du Nord du Japon, et j'aurais peut-être risqué d'envoyer un canot à terre, quoique cette démarche eût exigé préalablement un sérieux examen, parce qu'il est probable que mon canot eût été arrêté; et un pareil événement, qui peut être considéré comme presque sans importance quand il ne s'agit que d'un navire marchand, pourrait être regardé comme une insulte au pavillon national, quand le canot appartient à un vaisseau de l'état. La ressource de prendre et de brûler des champans, est une faible compensation, chez une nation qui ne donnerait pas pour cent Japonais un seul Européen dont elle voudrait faire un exemple. Quoi qu'il en soit, je n'ai pas été à portée d'envoyer un canot à la côte du Japon; et il m'est impossible de juger, dans ce moment, ce que j'eusse fait dans le cas où je m'y fusse trouvé.

Je ne vous peindrais que difficilement les fatigues de cette partie de ma campagne, pendant laquelle je ne me suis pas déshabillé une seule fois, et n'ai pas eu quatre nuits sans être obligé d'en passer plusieurs heures sur le pont. Représentez-vous six jours de brume, et deux ou trois heures seulement d'éclaircie, dans des mers très-étroites, absolument inconnues, et où l'imagination, d'après tous les renseignemens qu'on avait, peignait des dangers et des courans qui n'existaient pas toujours. Depuis le point où nous avons attéri sur la côte de la Tartarie orientale, jusqu'au détroit que nous avons découvert entre l'île de Tchoka et celle de Chicha, nous n'avons laissé aucun point sans le relever; et vous pouvez être assuré qu'il n'y existe ni crique, ni port, ni rivière, qui nous ait échappé. Soyez certain aussi qu'il y a beaucoup de cartes des côtes d'Europe moins exactes que celles que nous remettrons à notre retour [b]; car la carte jointe à cet envoi n'est pour ainsi dire qu'un croquis, très-soigné à la vérité, mais dont

---

[b] Malheureusement ces cartes ne sont pas parvenues, et ont subi le sort de nos navigateurs: mais ce que dit LA PÉROUSE de celle que nous possédons, diminue en partie la perte qu'a faite la géographie. (N. D. R.)

quelques points peuvent être en erreur, sur leur position, de dix ou douze minutes en longitude.

Nous avons donc enfin décidé la fameuse question des terres de Jesso, d'Oku-Jesso, du détroit de Tessoy, &c., qui a tant occupé les géographes.

Je n'ai rien négligé d'ailleurs pour donner une idée vraie des peuples qui habitent ces îles et le continent.

Les Russes avaient trouvé plus commode d'effacer de leurs cartes ces deux grandes îles, quoiqu'elles ayent dix fois la surface de toutes leurs Kuriles, qui ne sont que des rochers stériles, dont la population n'excède pas trois mille insulaires. Les brumes m'ont empêché de relever les Kuriles au Nord de Marikan, jusqu'à la pointe de Lopatka; mais je me propose de faire cette reconnaissance à ma sortie de la baie d'Avatscha, quoiqu'elle me paraisse peu importante: les Anglais ayant déterminé la pointe de Paramousir, et nous celle du Nord de Marikan, les îles qui se trouvent entre ces deux points ne peuvent être placées sur la carte avec une erreur considérable.

Vous vous apercevrez que notre travail dans cette partie, se lie merveilleusement bien avec celui des Hollandais, dont la navigation est peut-être la plus exacte qui ait été faite à l'époque du voyage du Kastricum. Vous trouverez parmi les cartes que j'adresse au ministre, celle que vous m'aviez remise des découvertes du capitaine URIÈS: il ne soupçonnait pas qu'il y eût une mer derrière les terres qu'il côtoyait, et encore moins un détroit au Nord du village d'Acqueis, devant lequel il était mouillé. On peut induire de sa relation, que les peuples de Chicha et ceux de Tchoka sont absolument les mêmes, puisque, parti d'Acqueis et arrivé à Aniva, il n'a pas soupçonné qu'il n'était plus sur la même île.

Un autre avantage qui résulte pour nous de la campagne des Hollandais, c'est qu'elle nous donne la largeur de l'île Tchoka jusqu'au cap Patience et au-delà; car les longitudes des Hollandais, prises du méridien du cap Nabo, sont à peu près exactes.

Sur votre carte, que j'envoie au ministre, j'ai porté le détroit que nous avons découvert, au milieu des montagnes des Hollandais, et j'ai tracé notre route à vue de l'île des États, du détroit d'Uriès et de la terre de la Compagnie.

Vous remarquerez sûrement, en lisant ma relation la carte sous les yeux, que j'aurais pu suivre la côte de Corée jusqu'au 42.ᵉ degré, ce qui eût été beaucoup plus facile et peut-être plus brillant que ce que j'ai fait; mais j'ai cru qu'il importait davantage de déterminer avec exactitude un point du Japon qui donnât la largeur de la mer de Tartarie, et même celle de l'île depuis le cap Nabo. Je suis certain que vous approuverez le parti que j'ai pris; vous regretterez cependant que les circonstances ne m'ayent pas permis de suivre un plus grand développement de la côte du Japon, et je le regrette aussi: mais n'oubliez pas, mon cher ami, lorsque vous examinerez les opérations de mon voyage, n'oubliez pas ces brumes éternelles, qui ne permettent pas de faire en un mois le travail qu'on ferait en trois jours sous le beau ciel des Tropiques ; n'oubliez pas enfin, que, sans l'heureux orage qui dans la manche de Tartarie nous donna quarante-huit heures de vent de Nord, nous ne serions pas arrivés cette année au Kamtschatka.

Encore une fois, quoique nous n'ayons pas tout fait, je suis convaincu qu'on ne pouvait guère faire davantage, et que notre campagne peut encore être comptée après celles des Anglais, ce qui ne m'était pas également démontré à mon retour de la côte de l'Amérique, parce que nous avions été forcés de parcourir cette côte trop rapidement ; et d'ailleurs plusieurs expéditions ne suffiraient pas pour la détailler seulement depuis Cross-Sound jusqu'au port San-Francisco. Représentez-vous, à chaque lieue, des enfoncemens dont on ne peut pas mesurer la profondeur, vu la distance du fond, que la vue ne peut atteindre ; des courans pareils à ceux du Four et du Raz sur nos côtes de Bretagne, et des brumes presque continuelles : vous conclurez qu'une saison entière suffirait à peine pour visiter dans tous les points vingt lieues de cette côte ; et je ne voudrais pas répondre de rendre, après six mois de travail, un compte exact et détaillé du pays compris entre Cross-Sound et le port Bucarelli, encore moins jusqu'au cap Hector, ce qui demanderait plusieurs années. J'ai donc été forcé de me borner à assigner la latitude et la longitude des principaux caps, à connaître et tracer la vraie direction de la côte, d'un point à un autre, à déterminer la position géographique des îles qui se portent à plusieurs lieues au large du continent. Le plan immense de notre voyage ne permettait pas que je me livrasse à aucun autre travail. Le capitaine Cook a peut-être moins fait sur cette côte ; non assurément que je veuille diminuer en rien le mérite de ce célèbre navigateur : mais, contrarié par les vents, resserré comme moi dans des limites de temps qui s'opposaient à ce qu'il donnât plus de développement à ses découvertes, il a navigué à une distance beaucoup plus grande de la côte que celle où les circonstances ont permis que je me tinsse ; et lorsqu'il l'a rapprochée vers la rivière de Cook et Williams-Sound, c'était dans l'espoir mal fondé je crois, mais qu'il n'a jamais abandonné, de pouvoir s'échapper par le Nord, et de courir vers son objet favori, un passage dans le golfe de Baffins ou celui de Davis. Son exploration de Williams-Sound laisse encore beaucoup à désirer ; mais, je le répète, ces sortes de reconnaissances exigent beaucoup plus de temps que ni lui ni moi ne pouvions en donner à nos recherches.

Je me suis procuré à Manille le journal du voyage que le pilote espagnol, le fameux D. Francisco-Antonio Maurelle, a fait, en sa qualité, sur la côte Nord-Ouest de l'Amérique. Ainsi, en joignant ce journal à celui de la première campagne des Espagnols dans cette partie, que M. Barrington a publié dans ses *Miscellanies*, dont j'avais l'extrait traduit dans les notes que vous aviez bien voulu rassembler pour mon instruction, nous aurons tous les secrets de Maurelle. J'ai laissé ce navigateur à Manille, commandant un des vaisseaux de la nouvelle compagnie destinés à faire le cabotage de Cavite à Canton. Je vous envoie un plan très-détaillé du port Bucarelli et des îles des environs, que j'ai obtenu à Manille. Les Espagnols, dans leur seconde campagne, pénétrèrent jusqu'à Williams-Sound; et croyant être sur la côte du Kamtschatka, ils craignaient à chaque instant d'être attaqués par les Russes. Je ne vous envoie pas leur carte générale, parce qu'en vérité elle nuirait plutôt au progrès de la géographie qu'elle ne pourrait y être utile. Ont-ils voulu nous tromper, ou plutôt ne se sont-ils pas trompés eux-mêmes ? Quoi qu'il en soit, ils n'ont vu la terre qu'auprès du port Bucarelli et à l'entrée du port du Prince-Guillaume.

J'ai joint à l'envoi des cartes de la seconde partie de mon voyage, des plans particuliers dressés par M. Blondela, lieutenant de frégate, embarqué sur l'Astrolabe : cet officier travaille avec une assiduité, une intelligence, un ordre, une propreté, qui méritent les plus grands éloges.

Vous trouverez parmi les plans, neuf dessins de la main de M. Duché : ils sont de la plus grande vérité. M. Blondela joint à cet envoi, une vue du havre de Saint-Pierre et Saint-Paul, qui n'est pas prise du même point que celle insérée dans le troisième Voyage du capitaine Cook, et une suite de dessins des différens bâtimens de mer en usage chez les divers peuples que nous avons visités. Cette collection est très-intéressante et mérite les honneurs de la gravure.

Je partirai d'Avatscha le 1.ᵉʳ d'octobre. Nous y avons été reçus avec les plus grandes marques d'affection; mais le bâtiment d'Okhotsk a vraisemblablement péri dans la traversée ᶜ, et le gouverneur du Kamtschatka, malgré la meilleure volonté, n'a pu nous faire fournir une seule caisse de farine. Cette disette me forcera de relâcher à Guaham, pour tâcher de m'y en procurer.

Voici le plan ultérieur de ma campagne, toujours subordonné aux circonstances et aux événemens que je ne puis prévoir.

Vous savez que j'ai déjà interverti une partie du premier plan tracé dans mes instructions, parce que j'y étais autorisé. J'ai pensé qu'il serait plus expéditif de commencer par l'hémisphère du Nord, et de finir par celui du Sud, puisque je devais terminer ma course par relâcher à l'île de France, située au Sud de la Ligne. Je vous avouerai aussi que j'avais quelque crainte d'être prévenu par les Anglais, qui, avant mon départ, avaient annoncé le projet d'un nouveau voyage de découvertes : je craignais pour la côte de la Tartarie, &c. qui était la seule partie vraiment neuve dont j'eusse à faire la reconnaissance ; et pour rien au monde je n'aurais voulu y être devancé.

En quittant Avatscha, je ferai route pour visiter les Kuriles et déterminer la position de ces îles, jusqu'au canal

---

ᶜ *Voyez* le Voyage de LESSEPS. (N. D. R.)

de la Boussole. Je me porterai sur le parallèle de 37 degrés, pour chercher la terre qu'on dit avoir été découverte à cette latitude, par les Espagnols, en 1610. Je remonterai les îles au Nord des Mariannes, et l'archipel même des Mariannes jusqu'à Guaham, où je relâcherai pour me procurer quelques provisions. Je ne passerai que cinq jours à Guaham; et de là, je dirigerai ma route sur les Carolines, si j'ai l'espoir de pouvoir gagner, de ces îles, le cap Choiseul de la terre des Arsacides de Surville, et passer par le canal de Bougainville : je ferai route ensuite au Sud, où je dois trouver des vents d'Ouest, &c.

Si, au contraire, les informations que j'aurai prises à Guaham, et les remarques que je ferai pendant la traversée, me persuadent qu'en reconnaissant les Carolines, je me mettrais trop sous le vent pour pouvoir arriver, à l'époque du 1.er février 1788, à la nouvelle Zélande, j'abandonnerai les Carolines, qui sont peu importantes, et je ferai route de Guaham à la nouvelle Zélande, en dirigeant ma route le plus à l'Est qu'il me sera possible. Je visiterai tout ce qui se trouvera sur mon chemin; et cette route, absolument nouvelle, doit me faire rencontrer des îles inconnues, qui vaudront peut-être mieux que les Carolines. L'un et l'autre plan me permet d'arriver, vers le 1.er février, au canal de la Reine-Charlotte. De là, j'emploierai six mois à parcourir les îles des Amis, pour m'y procurer des rafraîchissemens, la côte occidentale-méridionale de la nouvelle Calédonie, l'île de Sainte-Croix de Mendaña, la côte méridionale de la terre des Arsacides, celle de la Louisiade jusqu'à la nouvelle Guinée; et je chercherai, dans cette partie, un autre détroit que celui de l'Endeavour. J'emploierai les mois d'août et de septembre, et partie d'octobre, à visiter le golfe de la Carpentarie et la côte occidentale de la nouvelle Hollande, mais en combinant mes opérations de manière qu'il me soit facile de remonter au Nord pour gagner le Tropique et arriver à l'île de France à la fin de novembre.

Je quitterai l'île de France vers le 25 décembre 1788. Je dirigerai ma route vers le cap de la Circoncision, d'où je me rendrai en France sans relâcher ou après avoir relâché au cap de Bonne-Espérance, suivant les circonstances; et j'espère arriver à Brest en juin 1789, quarante-six ou quarante-sept mois après mon départ de ce port.

Voilà mon nouveau plan, dans lequel vous voyez que je ne puis faire entrer la côte méridionale de la nouvelle Hollande, ou la terre de Van-Diemen, d'où je ne pourrais gagner l'île de France, à cause des vents d'Ouest, qu'en faisant le tour entier. Cette route, qui serait beaucoup plus longue, ne me paraît pas praticable: l'état de nos grémens, l'état même de nos vaisseaux, s'opposent à ce que je puisse l'entreprendre.

Je n'ai point fait mention des îles de la Société, parce qu'elles sont si connues qu'elles n'offrent plus rien à la curiosité: c'est peut-être un mérite pour le chef de l'expédition, c'est sûrement un grand bien pour les équipages, de faire le tour du monde sans relâcher à O-Taïti. Vous savez, d'ailleurs, que les îles de la Société, celles des Amis, celles de MENDAÑA et autres, déjà bien connues, n'entraient dans le plan de mes instructions que pour me ménager des ressources, en me laissant la liberté de relâcher à des îles où je pusse me procurer des rafraîchissemens; mais je puis ou je saurai m'en passer. Je n'oublierai cependant pas que vous m'avez recommandé, comme un objet qui importe au perfectionnement de la géographie, de déterminer la vraie position de quelques-uns des points reconnus par CARTERET, afin d'avoir des données sûres d'après lesquelles on puisse corriger les erreurs de l'estime sur toute la route de ce navigateur, dépourvu d'horloges marines, et qui paraît d'ailleurs n'avoir fait qu'un petit nombre d'observations astronomiques.

Ce même ANTONIO MAURELLE dont je vous ai déjà parlé, le COOK des Espagnols, quoiqu'à mon avis il soit bien inférieur au COOK anglais, fit, au commencement de 1781, un troisième voyage, de Manille à l'Amérique septentrionale, dans lequel il voulut atteindre les hautes latitudes australes, pour s'élever ensuite dans l'Est avec les vents d'Ouest des environs de la nouvelle Zélande; mais il ne put exécuter ce plan, faute de vivres, et il fut obligé de remonter au Nord vers les Mariannes, d'où il fit la route ordinaire des galions, pour se rendre à San-Blas. Je vous adresse le journal de ce troisième voyage que j'ai su me procurer, dans lequel MAURELLE croit avoir fait beaucoup de découvertes, parce qu'il ne connaît aucune de celles qu'ont faites les navigateurs modernes. Je voulais d'abord conserver ce journal, pour vérifier si MAURELLE aurait en effet rencontré quelque île nouvelle dans le voisinage de celles des Amis, parage dans lequel on est informé par les naturels de ces îles, qu'il en existe un grand nombre d'autres dont ils ont connaissance, et que les Européens n'ont point encore reconnues; mais après l'avoir examiné, j'ai vu que si je voulais en faire usage, il ne pourrait que m'induire en erreur : c'est un chaos presque informe, une relation mal rédigée, où les longitudes sont conclues d'une estime plus qu'incertaine, et les latitudes assez mal observées.

Je me suis procuré une excellente carte de Manille et quelques autres plans intéressans. Vous croyez bien que ce n'est pas sans une peine extrême, et sans faire quelques sacrifices, que j'ai pu les obtenir; car vous savez que les Espagnols ne sont rien moins que communicatifs : ils ont cependant plus à recevoir qu'à donner. Les autres nations maritimes se sont empressées de faire connaître à l'Europe ce qu'ils voulaient dérober si mystérieusement à notre connaissance. J'ai eu occasion à Manille de me confirmer dans l'opinion que j'avais de leur pusillanime et inutile circonspection. Le gouverneur de l'île possède une carte qui comprend depuis Manille jusqu'au Kamtschatka. Je reconnus, à la seule inspection, que cette carte n'est autre chose que la carte française de BELLIN, dessinée sur une plus grande échelle ; et vous connaissez le faire de notre hydrographe, et les erreurs de cette carte, qui l'emporte peut-être en inexactitude sur toutes les autres du même auteur : le gouverneur ne me la laissa examiner que pendant une minute, et encore de loin, tant il craignit sans doute que ma mémoire ne fût assez bonne pour en faire faire une copie de ressouvenir. Je trouvai, je l'avoue, sa peur si puérile, qu'oubliant pour un moment sa gravité, je ne pus m'empêcher de lui dire que, dans peu de temps, je serais à portée d'en savoir beaucoup plus que lui et que toutes ses cartes ne pourraient jamais m'en apprendre.

Si vous voulez prendre la peine de récapituler les durées de mes séjours dans chaque port, depuis le 1.er août 1785, époque de mon départ de Brest, jusqu'au 7 septembre 1787, époque de mon arrivée au Kamtschatka, vous verrez que, dans cet intervalle, je n'ai employé que cinq mois et treize jours dans mes différentes relâches, et qu'environ vingt-un mois ont été employés à naviguer ; et vous apprendrez avec plaisir que, malgré les fatigues et les privations inséparables d'une si longue navigation, pas un seul homme n'est mort sur ma frégate, pas un homme n'est malade. L'Astrolabe a perdu un officier; mais la maladie dont il est mort, fruit de son imprudence, a une cause absolument étrangère aux fatigues et aux dangers de la campagne. La santé de l'équipage de cette frégate est d'ailleurs aussi parfaite que celle du mien. Vous pouvez être assuré que les soins du capitaine Cook pour ses équipages, n'ont pas été plus grands, plus suivis, que ceux que M. DE LANGLE et moi nous ne cessons de donner à la conservation des hommes précieux qui partagent nos travaux; et si, jusqu'à la fin de nos courses, nous sommes aussi heureux à cet égard que nous l'avons été jusqu'à présent, nous démontrerons, comme l'a fait COOK, qu'avec des soins et un régime éclairé, on peut parvenir à préserver les marins du scorbut et des autres maladies qui semblaient être inséparables des longues traversées. Mais il ne faudra rien conclure de cette expérience répétée, qui soit applicable à des vaisseaux de ligne, à des équipages de huit cents, de mille, de douze cents hommes, recrutés souvent parmi les convalescens qui sortent des hôpitaux, et qu'il n'est pas possible de nourrir, comme on nourrit un équipage de cent hommes choisis pour une expédition particulière, avec des farines de Moissac de première qualité, avec des vins de Cahors ou de Ténériffe à six cents livres le tonneau, ni de traiter avec tous les antiscorbutiques que la pharmacie et la physique ont pu combiner, &c. Observez encore que l'espace qui manque sur les grands vaisseaux à proportion du nombre des hommes, ne permet pas de donner à chacun un très-grand hamac, et que les officiers n'y sont pas assez nombreux pour que leur surveillance, quelque active qu'elle soit, puisse s'étendre également sur des détails qui peuvent paraître minutieux, tels que le soin de faire changer de linge aux matelots régulièrement, et en leur présence, pour garantir ces braves gens de la paresse naturelle à l'homme quand il s'agit de la propreté de sa personne, paresse qu'il surmonte quand il est question de supporter la fatigue et d'affronter le danger. A tous ces soins multipliés et constans, j'ai joint l'attention de relâcher, sans calculer la dépense, dans des lieux où je fusse assuré de procurer d'excellens vivres à mes équipages, tels que la Conception du Chili, Monterey en Californie, Macao, Manille, &c. J'ai cru qu'une des expériences qu'on se proposait de faire dans cette campagne, était de s'assurer si des hommes, parfaitement nourris, parfaitement soignés, peuvent soutenir les fatigues des plus longues navigations, dans tous les climats, sous toutes les latitudes, au milieu des brumes, sous un ciel brûlant, &c.; et jusqu'à présent, je puis répondre affirmativement : mais ma campagne est encore loin de sa fin. Puisse la constance de nos soins et de notre zèle être toujours récompensée par le même succès !

D'Avatscha, 25 septembre 1787.

JE vous adresse, mon cher ami, un mémoire de M. ROLLIN, chirurgien-major de la BOUSSOLE : vous le lirez, et vous jugerez sûrement qu'il doit faire partie de la collection des mémoires et autres ouvrages que nos savans préparent chacun de leur côté. Ce M. ROLLIN est un homme du premier mérite, qui, depuis vingt-six mois, n'a pas perdu un homme, n'a pas un seul malade, et s'occupe sans cesse de la visite de nos alimens, de leur conservation, de leur amélioration, et généralement de la médecine préservative, que je préfère de beaucoup à la médecine curative......

Je joins ici la table des latitudes et des longitudes des différens points de notre carte de l'archipel de Corée, Tartarie orientale, &c. Vous y trouverez les longitudes corrigées pour chaque méridien, d'après le milieu entre des longitudes obtenues par des distances prises lorsque la lune était à l'Orient, et des longitudes conclues lorsque la lune était à l'Occident du soleil. Cette différence de circonstance a toujours produit, tant pour la Boussole que pour l'Astrolabe, une différence de vingt à vingt-six minutes dans les résultats, différence qu'on ne peut attribuer qu'à l'erreur des tables; et M. Dagelet a pensé qu'elle exigeait une correction. Ne regardez, en général, ce que nous vous adressons aujourd'hui relativement à cette partie de notre campagne, que comme un travail qui n'est pas absolument terminé, et peut être susceptible de quelque légère correction.

Nous avons trouvé ici le tombeau de M. de Lisle de la Croyère : j'y ai placé une inscription en cuivre. J'ignore si l'on sait en France que ce savant était marié en Russie, et qu'il a laissé une postérité jouissant de la considération qui est dûe à la mémoire de son père. Son petit-fils est conseiller des mines de Sibérie, et il a, à ce titre, des appointemens assez considérables.

D'Avatscha, 28 septembre 1787.

Je vous écris de nouveau, mon cher ami, pour vous annoncer la réception des paquets qui m'arrivent par la voie d'Okhotsk, à la veille de mettre à la voile [d]. Je suis traité avec une bonté et une distinction dont ni mes services, ni ma bonne volonté, ne pourront jamais m'acquitter......

Les ordres que je reçois, ne changent rien au plan ultérieur que j'avais arrêté pour ma campagne; seulement je relâcherai à Botany-Bay, à la côte orientale de la nouvelle Hollande. J'aurais manqué ces objets d'utilité, si j'avais commencé par l'hémisphère du Sud : mais le plus grand avantage que je trouve dans le parti que j'ai pris, c'est la certitude de n'avoir été prévenu à la côte de Tartarie, &c. par aucun bâtiment anglais. Je sais que tous ceux qui ont été expédiés de l'Inde, ont passé dans l'Est du Japon : le plus considérable a péri sur l'île de Cuivre, près l'île de Béhring ; il ne s'en est sauvé que deux hommes, auxquels j'ai parlé, et qui sont envoyés par terre à Pétersbourg.

Le bâtiment qui se construit à Okhotsk, et que la Russie destine à faire des découvertes dans ces mers, est à peine sur le chantier, et il serait possible qu'il ne fût pas en état de prendre la mer avant trois ou quatre ans......

Adieu : je pars demain très-bien portant, ainsi que tout

---

[d] Son brevet de chef d'escadre était compris dans ces paquets, que la Russie s'était chargée de lui faire parvenir au Kamtschatka. (N. D. R.)

mon équipage. Nous ferions encore six fois le tour du monde, si ce voyage pouvait être utile ou seulement agréable à notre patrie.

M. DAGELET.

De Botany-Bay, 5 février 1788.

J'AI remis à M. DE LA PÉROUSE, pour être insérée dans les paquets qu'il adresse au ministre, une table qui contient nos longitudes et nos latitudes observées à bord depuis notre départ du Kamtschatka jusqu'au jour de notre mouillage dans la baie de Botanique. Le général me charge de vous donner quelques renseignemens sur ce travail (chose assez peu nécessaire); et j'obéis avec d'autant plus de plaisir, qu'elle est plutôt une occasion de me rappeler à votre amitié, qu'une utile dissertation astronomique.

J'ai divisé cette table en quatre colonnes : la première renferme les longitudes journalières de l'horloge marine n.º 19, en calculant sa marche d'après son mouvement déterminé à la baie d'Avatscha; la seconde colonne renferme les corrections qu'il faut appliquer aux longitudes du n.º 19, pour obtenir des longitudes exactes, telles que nous les avons déterminées à différentes époques, et par un grand nombre de suites d'observations de distances. J'ai fait en sorte d'y apporter toute l'exactitude qu'il m'a été possible, depuis les jours qui ont précédé notre attérage aux îles des Navigateurs, jusqu'à Botany-Bay; et je crois qu'il y a peu d'incertitude sur tout ce qui regarde les points

véritablement

véritablement géographiques des terres que nous avons vues. La troisième colonne renferme les longitudes vraies, et la quatrième les latitudes observées avec soin.

M. DE LA PÉROUSE.

De Botany-Bay, 7 février 1788.

JE n'aurai donc jamais que des malheurs à vous annoncer, mon cher ami; et mon extrême prudence est sans cesse déconcertée par des événemens impossibles à prévoir, mais dont j'ai toujours eu, en quelque sorte, un secret pressentiment. J'avoue que j'ai à me reprocher, dans la malheureuse journée du 11 décembre dernier, d'avoir cédé, presque malgré moi, aux importunités, je dirai même à l'opiniâtreté extraordinaire de M. DE LANGLE, qui prétendait que l'eau fraîche, l'eau nouvellement embarquée, était le meilleur antiscorbutique, et que son équipage serait totalement attaqué du scorbut avant notre arrivée à la nouvelle Hollande s'il ne se pourvoyait pas d'eau fraîche. J'y suis cependant parvenu sans aucun malade, quoique nos équipages n'ayent bu que de l'eau anciennement embarquée; et je suis très-convaincu que la bonne eau, nouvelle ou ancienne, est également salubre [e]. Vous lirez dans mon journal les détails

[e] C'est une opinion généralement établie, que souvent, dans les longues campagnes, les états-majors des vaisseaux préfèrent, pour leur usage, l'eau embarquée dans le port de l'armement, à toutes celles dont on s'est pourvu dans le cours du voyage, et qu'ils boivent de la première jusqu'à la fin de la campagne.

de notre malheureux événement aux îles des Navigateurs : ma sensibilité en est trop profondément affectée, pour que ce ne soit pas pour moi un supplice de les retracer. Vous trouverez sûrement inconcevable qu'un homme du plus grand sens, du jugement le plus sain, plein de lumières, possédant des connaissances de tous les genres, ait préféré à une baie connue, vaste, et où l'eau était excellente, un endroit peu sûr, où ses chaloupes sont restées à sec, à la mer basse : deux mille Indiens, qui les environnaient, les ont mises en pièces après avoir massacré tous les hommes qui n'ont pas eu le temps de se réfugier dans les canots restés à flot au pied des ressifs; tandis que nos frégates faisaient tranquillement un commerce d'échange avec les naturels de l'île, à deux lieues au large, où assurément nous étions bien loin de prévoir la possibilité d'un accident semblable.

Une trentaine d'Indiens ont été tués à terre dans cette fatale journée, par les gens de nos chaloupes, quand ils s'en virent assaillis. J'aurais pu, si je n'eusse contenu la juste fureur de nos équipages, en laisser massacrer cinq cents autres, dispersés sur nos deux frégates, ou remplissant les pirogues qui environnaient les deux bâtimens; ces pirogues, qui commerçaient en toute sécurité le long du bord, eussent été coulées bas : mais je crus qu'une pareille barbarie ne réparerait pas notre malheur, ne nous consolerait pas; et il ne peut être permis de faire du mal que lorsqu'il est absolument nécessaire.

Je n'ai trouvé près de l'endroit de la côte où est situé le

village *du Massacre*, qu'un mauvais fond de corail : la houle d'ailleurs jetait à terre ; je suis certain que nos câbles n'y auraient pas résisté deux heures, et les frégates pouvaient s'y trouver dans le plus grand danger, sans que même il leur fût possible d'approcher à la portée de canon de cette infernale petite baie. Je n'ai pas cru d'ailleurs que le plaisir de brûler cinq ou six huttes, fût un motif suffisant pour faire courir aux frégates un risque si imminent. Je crois cependant que je n'aurais pu me refuser de l'essayer, si j'eusse eu l'espoir de reprendre nos chaloupes ; mais les sauvages, après les avoir presque détruites, en avaient échoué les carcasses sur la plage.

Vous approuverez qu'un pareil malheur ne m'ait rien fait changer au plan ultérieur du voyage ; mais il m'a empêché d'explorer entièrement l'archipel des Navigateurs, que je crois plus considérable, plus peuplé, plus abondant en vivres, que celui de la Société, en y comprenant O-Taïti, et dix fois plus grand que toutes les îles des Amis ensemble. Nous avons reconnu l'archipel de Vavao, attenant à ces dernières, et que le pilote espagnol MAURELLE avait aperçu, mais qu'il a si mal placé en longitude qu'en le marquant sur les cartes d'après son indication, on y eût introduit une nouvelle confusion. Les navigateurs se trouveront garantis de toute incertitude à cet égard, par nos déterminations, ou plutôt par celles du capitaine COOK, qui a si bien décrit le groupe d'Hapaee, qu'il était impossible de méconnaître son identité avec les îles Galves de MAURELLE.

Vous trouverez dans mon journal, que j'ai vu l'île Plistard, l'île Norfolk, et qu'enfin je suis arrivé à Botany-Bay sans un seul malade sur les deux bâtimens : les petits symptômes de scorbut ont cédé à l'usage des vivres frais que je m'étais procurés aux îles des Navigateurs. Je suis assuré que l'air de la mer n'est pas la principale cause de cette maladie, et qu'on doit bien plutôt l'attribuer au mauvais air des entreponts, lorsqu'il n'est pas fréquemment renouvelé, et plus encore à la mauvaise qualité des vivres. Peut-on croire que du biscuit rongé des vers, comme il l'est quelquefois, et ressemblant à une ruche d'abeilles, de la viande dont un sel âcre a corrodé toute la substance, et des légumes absolument desséchés et détériorés, puissent réparer les déperditions journalières ? Du défaut de nourriture substantielle, suit nécessairement la décomposition des humeurs, du sang, &c. Aussi, je regarde les esprits de cochléaria, et tous les remèdes contenus dans des flacons, comme des palliatifs d'un moment; et les vivres frais, les vivres frais seuls, soit du règne animal, soit du règne végétal, guérissent le scorbut si radicalement, que nos équipages, nourris pendant un mois des cochons traités aux îles des Navigateurs, sont arrivés à Botany-Bay mieux portans qu'à leur départ de Brest : et cependant ils n'avaient passé que vingt-quatre heures à terre dans l'île de Maouna. Je considère que le *malt* (la drêche), le *spruce-beer*, le vin, le café, la *sauer-kraut*, &c. ne sont antiscorbutiques que parce que ces substances, liquides ou solides, s'altèrent très-peu, et constituent un aliment propre à l'homme : elles ne suffisent cependant pas pour guérir le scorbut; mais je crois qu'elles doivent le retarder; et, sous ce point de vue, on ne saurait trop en recommander l'usage. Je regarde comme des subtilités en médecine, les airs fixes, &c. des docteurs anglais et français : on en avalerait à pleine bouteille, qu'ils ne feraient pas la millième partie du bien que font aux marins de bonnes tranches de *roast-beef*, des *beef-stakes*, des tortues, du poisson, des fruits, des herbes, &c.

Ma théorie sur le scorbut se réduit donc à ces aphorismes, qui ne sont pas d'HIPPOCRATE :

Alimens quelconques propres à l'homme, et capables de réparer les déperditions journalières ;

Air extérieur introduit le plus souvent qu'il est possible dans les entreponts et dans la cale ;

Humidité occasionnée par les brumes, combattue sans cesse par des fumigations et même par des brasiers ;

Propreté et fréquente visite des hardes des matelots ;

Exercice habituel; temps de sommeil suffisant, mais sans rien donner à la paresse.

Je vous avoue que je n'ai pas confiance dans l'observation du capitaine COOK sur l'altération de l'eau dans les barriques. Je crois que celle qui était de bonne qualité quand on l'a embarquée, après avoir passé par les deux ou trois décompositions connues de tous les marins, lesquelles la rendent puante pendant quelques jours, redevient ensuite excellente, et aussi légère peut-être que l'eau distillée, parce que toutes les matières hétérogènes se sont précipitées, et restent en sédiment au fond des barriques : au moment où je vous écris, quoique nous soyons très-voisins d'une assez bonne aiguade, je bois de l'eau du port des Français (côte de l'Amérique), et je la trouve excellente. Cette fausse opinion, qui n'a jamais été la mienne, a cependant causé nos malheurs à l'île de Maouna : mais comment résister à un capitaine d'une grande expérience, lorsqu'il vous assure que tout son équipage sera attaqué du scorbut avant quinze jours s'il n'a pas de l'eau fraîche !

M. Dagelet vous écrit au sujet de ses observations : je ne vous en parlerai pas. Il me suffira de vous dire que la combinaison de nos deux moyens, les observations de distances et les horloges marines, a complétement résolu le problème : nous avons constamment navigué avec moins d'erreur en longitude, qu'on n'en avait en latitude il y a dix ans, lorsqu'on observait avec des octans de bois, et quatre fois moins peut-être que lorsqu'on faisait usage de l'arbalestrille et du quart de nonante.

La mort de M. de Langle n'apportera aucun changement sur l'Astrolabe, relativement aux observations astronomiques. Depuis près d'un an, M. de Lauriston en était seul chargé : c'est un jeune officier du premier mérite, et qui, pour l'exactitude, peut même le disputer à nos astronomes; je sais, d'ailleurs, que son registre d'observations est tenu dans le meilleur ordre.

Comme les Anglais ont formé leur établissement au port

Jakson, ils ont abandonné entièrement Botany-Bay. J'ai fait à terre une espèce de retranchement palissadé, pour y construire en sûreté de nouvelles chaloupes : ces constructions seront achevées à la fin du mois. Cette précaution était nécessaire contre les Indiens de la nouvelle Hollande, qui, quoique très-faibles et peu nombreux, sont, comme tous les sauvages, très-méchans, et brûleraient nos embarcations s'ils avaient les moyens de le faire et en trouvaient une occasion favorable : ils nous ont lancé des zagaies après avoir reçu nos présens et nos caresses. Mon opinion sur les peuples incivilisés était fixée depuis long-temps; mon voyage n'a pu que m'y affermir : « j'ai trop, à mes périls, appris à les connaître ». Je suis cependant mille fois plus en colère contre les philosophes qui exaltent tant les sauvages, que contre les sauvages eux-mêmes. Ce malheureux LAMANON, qu'ils ont massacré, me disait la veille de sa mort, que ces hommes valaient mieux que nous. Rigide observateur des ordres consignés dans mes instructions, j'ai toujours usé avec eux de la plus grande modération; mais je vous avoue que si je devais faire une nouvelle campagne de ce genre, je demanderais d'autres ordres. Un navigateur, en quittant l'Europe, doit considérer les sauvages comme des ennemis, très-faibles à la vérité, qu'il serait peu généreux d'attaquer sans motif, qu'il serait barbare de détruire, mais qu'on a le droit de prévenir lorsqu'on y est autorisé par de justes soupçons.

Je vous ai fait part dans mes lettres écrites du Kamtschatka, du plan ultérieur de campagne auquel j'étais obligé de me fixer pour arriver en Europe au mois de juin 1789. Ni nos vivres, ni nos agrès, ni nos vaisseaux même, ne me permettraient de reculer le terme de mon voyage qui sera, je crois, le plus considérable qu'ait jamais fait aucun navigateur, au moins pour le développement de la route. Il me reste encore des choses bien intéressantes à faire, des peuples bien méchans à visiter ᶠ : je ne réponds pas de ne pas leur tirer quelques coups de canon; car je suis bien convaincu que la crainte seule peut arrêter l'effet de leurs mauvaises intentions.

Je partirai le 15 mars de Botany-Bay, et je ne perdrai pas mon temps jusqu'au mois de décembre, époque à laquelle je compte arriver à l'île de France.

Vous trouverez à la suite de mon journal, le plan de sept des îles des Navigateurs : les insulaires nous en ont nommé dix; et je crois que pour compléter cet archipel, il faut y joindre les îles de la Belle-Nation de Quiros, et celles des Cocos et des Traîtres, mais je n'en suis pas rigoureusement certain. Ces deux dernières sont très-petites et de peu d'importance; mais je ne serais pas surpris que les îles de Maouna, d'Oyolava et de Pola, ne continssent ensemble quatre cent mille habitans. Maouna est beaucoup plus petite que les deux autres; et dans l'espace de vingt-quatre heures, nous nous y procurâmes cinq cents cochons

---

ᶠ Ceux des îles situées dans le Sud-Est de la nouvelle Guinée, découvertes par les Français en 1768 et 1769.

et une quantité immense de fruits. J'aurais désiré joindre au plan des îles des Navigateurs, celui de l'archipel des Amis, augmenté des îles Vavao, Latté, &c.; mais, à mon grand regret, il n'est pas terminé, et ne pourra l'être avant mon départ. Au défaut du plan, vous trouverez dans les tables les latitudes et les longitudes de ces îles; elles y sont plus exactes que celles que j'ai rapportées dans le texte de mon journal : quoique historique, il a été écrit à mesure que les événemens arrivaient, et en y portant des longitudes qui n'avaient pas encore été soumises au dernier examen, d'après lequel souvent elles éprouvaient des corrections.

M. DE CLONARD commande aujourd'hui l'ASTROLABE; M. DE MONTI l'a remplacé sur la BOUSSOLE : ce sont deux officiers du premier mérite. Nous en avons perdu un d'un mérite supérieur dans M. DE LANGLE; il était doué des plus excellentes qualités, et je ne lui ai jamais connu d'autre défaut que d'être opiniâtre, et si entier dans son opinion, qu'il fallait se brouiller avec lui si l'on refusait de la suivre : il m'a plutôt arraché qu'il n'a obtenu la permission qui a causé sa perte. Je n'aurais jamais cédé, si le rapport qu'il me fit de la baie où il a péri, eût été exact; et je ne concevrai jamais comment un homme aussi prudent, aussi éclairé que lui, a pu se tromper si grossièrement.

Vous voyez, mon cher ami, que je suis encore très-affecté de cet événement; malgré moi, j'y reviens sans cesse.

EXTRAITS

De Lettres écrites par M. DE LA PÉROUSE *à* M. DE LA TOUCHE, *Directeur-adjoint des ports, et Capitaine de vaisseau; et par* M. DE LAMANON *à* M. DE SERVIÈRES.

M. DE LA PÉROUSE.

Macao, le 6 janvier 1787.

ME voici, mon cher LA TOUCHE, enfin arrivé à la Chine, après dix-huit mois depuis mon départ de France, dont quinze à la voile. Nous n'avons perdu personne de maladie, et il n'y a pas un seul malade sur les deux bâtimens; mais tu connais sans doute dans cet instant les malheurs que nous avons éprouvés sur la côte de l'Amérique. Je te renvoie, pour tous les détails de ma campagne, à ma relation entière, que j'adresse au ministre......

Quoique nous ayons déjà presque fait le tour du monde, notre campagne ne fait que commencer : je partirai à la belle saison pour remonter la côte de la Chine, et celle de la Tartarie, jusqu'au Kamtschatka; c'est la navigation certainement la plus difficile qu'il soit possible d'entreprendre. Depuis trois ou quatre jours que je suis à Macao, j'ai pris quelques informations, et l'on m'a rapporté que les différens canaux entre la Chine et le Japon, la côte de Tartarie et les Kuriles, étaient pleins de bancs, que les courans y étaient très-violens et les brumes presque continuelles; ainsi tu vois que notre besogne n'est pas facile : mais nous la ferons, ou nous y périrons.

Je me suis empressé d'envoyer ma relation complète de notre voyage jusqu'à notre arrivée à Macao, ainsi que nos cartes, afin que si nous éprouvons des malheurs, ce commencement de campagne, que je crois intéressant, ne soit pas perdu. Je compte partir d'ici pour Manille à la fin du mois, et de Manille pour le Kamtschatka le 10 avril. Adieu; je t'embrasse et t'aime de tout mon cœur.

Au Kamtschatka, le 22 septembre 1787.

J'AI déjà fait, mon cher ami, presque le tour du monde sans recevoir aucune de tes lettres : je ne t'accuse pas, parce que personne ne m'a écrit; mais je me plains, parce que cette contrariété me rend très-malheureux, et il doit être permis d'exprimer sa douleur. Je ne te fais aucun détail de ma navigation, parce que tu es à portée de tout voir; et comme tu es marin, tu jugeras mieux que personne combien la navigation que nous venons de faire, était difficile et dangereuse de toute manière, par les courans, les brumes, les orages, et les peuples chez lesquels des étrangers ne peuvent ni aborder, ni trouver aucune ressource en cas d'événemens. Aucun Européen, avant nous, n'avait passé dans l'Ouest du Japon : on savait que c'était une île ; mais on ignorait si le passage qui la sépare de la Corée, était praticable pour de gros vaisseaux. Les relations de Kæmpfer ne pouvaient qu'inspirer le plus grand effroi sur la navigation de ces mers, dont il ne parlait que sur le rapport des Japonais. Le prétendu détroit de Tessoy du père des Anges, n'était guère propre à inspirer de la confiance, puisqu'il le disait rempli d'herbes qui empêchaient les bâtimens de passer. Nous avons éclairci tout ce fatras de géographie, trouvé un détroit certainement bien nouveau, et sommes enfin arrivés au Kamtschatka, d'où je pars pour l'hémisphère Sud le 1.er octobre 1787, ne comptant arriver en France qu'au mois de juin 1789......

J'ai lu, mon cher ami, l'ordonnance nouvelle : je te jure que je la trouve parfaite; et je voudrais que, comme à l'arche du Seigneur, il fût défendu par une loi d'y toucher au moins de deux siècles après la première année, où quelques lettres ministérielles en interprétation pourraient être nécessaires. J'y ai trouvé des gardes de la marine élevés pour être marins, des officiers qui n'ont à penser qu'à leur métier de mer, et des directeurs à leurs occupations particulières; des troupes qui sont constituées pour servir utilement dans des vaisseaux où on aura toujours assez d'infanterie quand nous n'aurons pas de guerre en Allemagne, enfin un centre d'unité, qui est le commandant, ce qui assure l'exécution du plan, le seul bon, le seul vrai, le seul raisonnable. Ce que j'ai tant désiré est enfin arrivé : une marine commandante, et une marine auxiliaire dont on a eu soin de ménager les intérêts de manière à ne pas l'humilier, et une éducation dure donnée à des jeunes gens, qui les rendra peut-être un peu rustres, mais jamais orgueilleux, et ils en auront plus de caractère. Je voudrais avoir été élevé comme les nouveaux élèves, dont on a bien fait de changer le nom ; car rien de l'ancienne école n'était bon à conserver......

M. DE LAMANON.

Des mers de Chine, le 1.er janvier 1787.

VOUS, mon cher SERVIÈRES, qui avez tant de correspondans, vous n'en avez point en Chine ; vous y êtes pourtant avantageusement connu, et vous y avez des amis : pourriez-vous en douter, après avoir appris que c'est de Macao que je vous écris ! Mille fois j'ai regretté que vous ne fussiez pas des nôtres ; mille fois j'en ai été charmé. Les plaisirs que j'ai eus depuis notre départ, ont été grands. Je travaille plus de douze heures par jour, et je ne suis presque jamais au niveau de ma besogne : poissons à anatomiser, quadrupèdes à décrire, insectes à attraper, coquilles à classer, événemens à raconter, montagnes à mesurer, pierres à recueillir, langues à étudier, expériences à faire, journal à écrire, nature à contempler, je voudrais pour tout cela vingtupler mon existence. Avec votre activité et votre santé, vous auriez partagé nos travaux et nos jouissances : mais, s'il y a du plaisir, représentez-vous aussi la situation d'un géologue obligé de passer trois ans sur quatre, à la mer. Entre les Tropiques, l'estomac s'affaiblit, et la transpiration excessive fatigue; dans les climats froids, les brouillards vous accablent : ajoutez-y la douleur que nous avons eue de perdre nos amis, les dangers que nous avons courus, et qui ont été grands; et vous avouerez que la science a, comme la religion, son martyrologe. La santé et l'espérance ne m'ont jamais quitté; et un peu fatigué de dix mille lieues que nous venons de faire, je reprends haleine pour continuer : je n'ai pas encore eu le loisir de m'ennuyer un moment.... Mongès et moi, avons chacun notre département : le sien consiste dans les oiseaux, une partie des insectes, les analyses des pierres et des eaux, et quelques objets de physique; j'ai dans le mien la géologie, les quadrupèdes, les poissons, les coquilles, les autres animaux aquatiques, la rédaction des observations météorologiques, l'histoire naturelle de la mer, &c. M. de la Martinière, qui est sur l'Astrolabe, a les plantes, et s'amuse aussi aux insectes, oiseaux et poissons. Tous ces matériaux à mettre en ordre, à employer convenablement, exigent des méditations et du travail......

Conservez votre santé, votre aimable gaîté, et comptez toujours sur votre ami.

P. S. J'attends de vous, à l'île de France ou au cap de Bonne-Espérance, une longue lettre qui m'apprendra les nouvelles littéraires et politiques les plus importantes.

LETTRE

De M. DE LA MARTINIÈRE au Ministre de la Marine [a].

De la rade de Sainte-Croix, à Ténériffe,
le 29 août 1785.

M.

Si, à l'exemple de presque tous les botanistes qui ont eu jusqu'ici occasion de parcourir les différens pays étrangers pour en connaître les productions, je ne m'occupais qu'à recueillir une infinité de plantes pour les ranger dans un herbier, je pense que je ne remplirais pas le but de la mission dont je suis chargé. Selon moi, le botaniste, arrivé dans un pays, doit s'occuper aussitôt à en examiner toutes les productions, à en tenir un catalogue exact, à en connaître le sol, l'exposition et la température, enfin à juger, par l'analogie de la végétation qu'il aurait aperçue dans les différentes contrées, quelles sont les productions qui pourraient avec avantage se propager en France, et rendre par-là un service important à la nation.

C'est ce dont je me suis occupé, principalement dans

---

[a] Cette pièce et les suivantes ne m'étant parvenues qu'au moment de terminer l'impression, je n'ai pu les classer sous leur date; elles m'ont paru néanmoins assez importantes pour ne pas en priver les savans. (N. D. R.)

notre relâche à Madère, à Ténériffe, et pendant le voyage au Pic. J'y ai rencontré plusieurs plantes, qui végéteraient certainement bien, si elles étaient cultivées dans la province du Languedoc; j'en juge par l'observation que j'ai eu lieu de faire sur une infinité de plantes de cette même province, qui croissent ici parmi celles qui lui seraient du plus grand secours, et dont elle est entièrement privée.

Si jamais on vient à bout de les y acclimater, comme j'ai lieu de l'espérer, je croirai avoir rendu un grand service à cette province. Vous savez, M., qu'elle manque absolument de bois; ce serait donc pour parer à cet inconvénient, que je propose d'y cultiver les plantes suivantes, dont j'ai l'honneur de vous envoyer les graines.

Cette culture se bornerait à sept ou huit, dont plusieurs sont du genre des genêts : il en est un entre autres, sur lequel je souhaiterais que l'on multipliât les expériences, parce que c'est celui qui, en fournissant le plus de bois, donnerait encore au pays la ressource d'un pâturage excellent pour la nourriture des chèvres. Les insulaires de Ténériffe nous en offrent l'exemple; ils laissent, pendant des années entières, des troupeaux de chèvres dans le canton où ce genêt croît abondamment : ces animaux ne se nourrissent que de cette plante, et ils se portent très-bien. Cet arbrisseau, vulgairement appelé genêt, est nommé par MASSON, dans le supplément de LINNÉ, *spartium supranulium;* il vient parfaitement sur le haut des montagnes qui se trouvent du côté du port d'Orotava, en montant au Pic.

C'est certainement le *spartium* le plus considérable de tous ceux qui sont connus : j'en ai rencontré dont l'ensemble des branches avait plus de quatre-vingts pieds de circonférence. Le tronc était presque de la grosseur d'un homme, et les branches étaient proportionnées. Cet arbrisseau s'élève à la hauteur de dix à douze pieds : il doit donner le plus beau coup-d'œil lorsqu'il est en fleurs, attendu qu'il est extrêmement garni de branches, et que les fleurs doivent y être en grand nombre.

Les autres plantes qui me paraissent devoir encore bien végéter dans le midi de la France, sont,

1.º Une espèce d'asperge très-commune dans le pays, arbrisseau charmant : elle est appelée par LINNÉ *asparagus declinatus;*

2.º Une espèce de ciste (*cistus villosus* LINNÆI);

3.º Un euphorbe des Canaries (*euphorbia Canariensis* LINNÆI), qui croît sur les rochers, et qui sert généralement à brûler. Cette plante jouit d'une force de végétation si considérable, que le même tronc donne quelquefois plus de cent cinquante branches de la grosseur du bras, et de douze pieds de hauteur. Un seul de ces euphorbes serait capable de chauffer un homme tout l'hiver.

Je souhaiterais que l'on choisît, pour ces expériences, le terrain des environs de Montferrier, petit village à une lieue de Montpellier, autour duquel se trouve une étendue de terrain inculte, appelé vulgairement *garrigues;* tout me porte à croire que ces différentes plantes y végéteraient très-bien, attendu que ce pays-là a été volcanisé, de même que l'île de Ténériffe.

La personne qui me paraît la plus propre à faire ces expériences, et qui s'en chargera avec plaisir, est M. Gouan, professeur de médecine à Montpellier, très-connu en botanique, sous lequel j'ai pris mes grades de docteur en médecine, et pour qui j'aurai toute ma vie le plus grand respect. Si vous voulez bien lui faire passer une partie des graines que j'ai l'honneur de vous envoyer, je serai au comble de mes souhaits.

J'ai l'honneur de vous adresser aussi deux petites cordes que j'ai faites avec l'écorce du bananier, ainsi que plusieurs paquets de la partie ligneuse de ce même arbre, que je vous prie instamment de faire examiner, pour essayer s'il est possible d'en retirer tous les avantages que je conçois.

Si l'on a déjà tenté sans succès d'en faire du linge et des cordes, c'est vraisemblablement parce qu'on n'a pu trouver la vraie manière de préparer cette écorce.

Voici quelle serait ma méthode :

Je ne voudrais point qu'on fît rouir l'écorce ainsi que le chanvre, parce que cette plante contient une grande quantité d'eau de végétation, et de pulpe, qui tend à accélérer la putréfaction de la partie ligneuse, essentielle à conserver ; tandis qu'au contraire, si on avait le soin de couper en forme de ruban l'enveloppe supérieure, et que l'on raclât avec un couteau cette même écorce pour en ôter toute l'eau et la pulpe que chaque enveloppe contient, l'on obtiendrait facilement la partie ligneuse : on pourrait la laisser ensuite pendant quelque temps dans l'eau pour lui faire subir un léger degré de putréfaction, ce qui contribuerait à rendre cette partie beaucoup plus moelleuse, et elle serait susceptible d'être substituée à tous les usages du chanvre, et avec bien plus d'avantages, puisqu'un seul tronc pourrait donner, en raison de ses différentes couches concentriques, qui sont au nombre de dix à douze, autant de différentes parties ligneuses plus ou moins fines, à proportion de leur distance du centre de l'arbre.

Vous jugerez, M., de la force de ces petites cordes : elles ont été faites à bord ; je les ai montrées à M. DE LANGLE, qui paraît très-persuadé qu'on en pourrait tirer de grands avantages : il s'agirait seulement, m'a-t-il dit, d'en exposer une corde dans l'eau pendant quelque temps, et de voir si elle ne perdrait pas ce degré de force qu'elle a, ou enfin si elle s'y conserverait. Je me propose d'en faire l'expérience. [b]

[b] Le voyage de LA PÉROUSE n'a pu, par les raisons que j'ai indiquées, procurer un grand nombre de nouveaux végétaux ; mais l'on doit distinguer parmi ceux qui ont été envoyés par le jardinier COLLIGNON, une charmante plante herbacée qui a fleuri et fructifié au jardin des plantes, en 1789. JUSSIEU, qui l'observa le premier, reconnut qu'elle constituait un genre nouveau, appartenant à la famille des nyctages, et il lui donna le nom d'*abronia*, mot grec qui signifie en français, *beau, délicat*. (Voyez *Gen. Plant.* page 448.) LAMARCK en a donné une assez bonne figure dans ses *Illustrationes generum*, planche 150. Les graines de cette plante avaient été récoltées en Californie. (N. D. R.)

EXTRAIT

D'une Lettre de M. DE LAMANON *à* M. DE CONDORCET, *Secrétaire perpétuel de l'Académie des Sciences.*

Après une traversée de deux mois, nous arrivons à l'île Sainte-Catherine; nous n'y resterons que le temps nécessaire pour faire du bois et de l'eau. Depuis Ténériffe, nous n'avons vu d'autre terre que les îles de Martin-Vas, qui ne sont point habitées, et l'île de la Trinité, où un établissement portugais a succédé depuis un an à l'établissement anglais. Il y a une garnison d'environ deux cents hommes, et point de femmes. On leur porte des vivres tous les six mois, et il n'y a rien de cultivé dans cette île, qui n'est qu'un rocher de basalte : je m'en suis approché à la portée de la voix; mais la mer est parsemée d'écueils, et nous avions ordre du capitaine de ne point descendre à terre.

Quand vous recevrez cette lettre, celle que je vous ai écrite de Ténériffe vous sera probablement parvenue. Obligé de vous écrire avant d'avoir mouillé à Sainte-Catherine, vu qu'autrement je n'en aurais certainement pas le temps, je ne puis vous donner de grandes nouvelles. Nos maisons flottantes ne marchent guère bien; ce qui alongera notre voyage, qui en tout sera, dit-on, de trois ans et demi. Il n'y aura point eu jusqu'à nous de navigateurs qui ayent autant tenu la mer; car nous restons bien peu de temps dans nos relâches : il est vrai que nous sommes pressés pour doubler le cap Horn dans la saison favorable. Ce long séjour en mer n'est pas trop ce qu'il me faudrait pour des observations lithologiques; mais j'en tire parti pour autre chose. Je me porte bien, je travaille habituellement douze heures par jour sans être fatigué, malgré le roulis : au lieu de rester au lit jusqu'à neuf ou dix heures comme j'en avais la douce habitude, je vois lever tous les jours le soleil, et n'en suis pas fâché.

Je joins ici un mémoire sur les résultats que j'ai obtenus en observant le baromètre d'heure en heure, depuis 1 degré Nord jusqu'à 1 degré Sud. Il paraît que l'action combinée du soleil et de la lune a produit dans l'atmosphère un flux et reflux qui a fait varier d'une ligne le baromètre. Ce ne devrait être que d'un tiers de ligne, d'après les calculs de M. DE LA PLACE : il est vrai que j'ai lu ailleurs, que selon les calculs de ce même savant, le baromètre à l'équateur doit par l'action de la lune varier de demi-ligne; ainsi il y a du doute. M. DE LA PLACE pourra vérifier si l'observation est d'accord avec la théorie : au reste, il doit y avoir de l'incertitude dans les fondemens de ce calcul, si j'en juge par l'opinion des plus grands mathématiciens sur le flux et reflux. Les uns disent que si la mer était de mercure, le flux et reflux serait le même; d'autres assurent qu'il serait différent : c'est à vous autres mathématiciens du premier ordre à scruter de nouveau cette matière, et à déterminer notre assentiment.

Je fais des observations magnétiques avec beaucoup de soin; il serait trop long de vous en rendre compte. J'ai observé pendant vingt-quatre heures de suite, l'inclinaison de la boussole, pour trouver le moment auquel nous passerions l'équateur magnétique; et j'ai trouvé le vrai zéro d'inclinaison, le 8 octobre à huit heures du matin, par 10^d 46′ environ de latitude Sud [a]. J'observe des barres de fer que j'ai fait placer sur le vaisseau, d'autres barres de fer qui sont fixes, les oscillations de l'aiguille horizontale et perpendiculaire, le poids que supporte un aimant selon les latitudes; enfin, j'espère que depuis long-temps on n'aura pas recueilli autant de faits sur cette matière. Il n'y aura que les résultats d'imprimés dans notre relation générale.

Nous n'avons aucun malade à bord de nos deux bâtimens, si on en excepte M. BLONDELA, qui a la poitrine très-affectée. Nous sommes tous contens les uns des autres, et beaucoup de M. DE LA PÉROUSE; j'ai en mon particulier à m'en louer, et il se prête avec plaisir à me procurer toutes les facilités qu'exigent mes recherches. M. MONGÈS s'est chargé de la partie des oiseaux, de celle des animaux microscopiques, de la cryptogamie; j'ai pour moi l'ichthyologie, les papillons, les coléoptères, les coquilles marines, terrestres et fluviatiles : à l'égard de la minéralogie, nous n'avons pas tiré encore de ligne de démarcation; cependant,

[a] *Voyez* tome III, *pages 272 et 273.* (N. D. R.)

d'après la tournure d'esprit de chacun de nous, les observations géologiques seront faites par moi, et les détails des mines, l'analyse chimique, par l'abbé Mongès. Je suis encore chargé des résultats météorologiques et des observations de l'aimant. Lorsque j'étais à Salon, je restais dans ma famille une année pour épargner de quoi voyager l'année suivante ; j'avais donc une année de réflexion et une année d'observations locales : à présent, je compare mes observations quand nous sommes en mer, et j'en fais de nouvelles à chaque relâche ; mon genre de vie n'a donc presque pas changé.

Lorsque vous aurez occasion de voir M. le Roy, dites-lui que le 25 octobre, nous avons eu un orage extraordinaire ; le ciel était tout en feu : je passai une partie de la nuit à l'observer, et j'eus le plaisir de voir trois foudres ascendantes ; elles partirent de la mer comme un trait : deux s'élevèrent perpendiculairement, et la troisième fit un angle de 75 degrés. La foudre serpentait moins qu'en France. Vers la fin de l'orage, je vis un point lumineux au bout du paratonnerre, il y demeura un quart d'heure ; c'est ce qu'on appelle le feu Saint-Elme : il n'y en eut point sur les autres mâts. Je prêche toujours en faveur du paratonnerre ; on doit l'ôter à Sainte-Catherine, où nous serons demain ; peut-être obtiendrons-nous de le conserver encore quelque temps. M. de la Pérouse paraît presque convaincu de son utilité. Je ne sais qui lui a dit que les Anglais ne s'en servaient plus, et qu'ils y avaient trouvé de grands inconvéniens; cependant Forster cite un exemple où il fut très-utile sur le vaisseau du capitaine Cook. Je crois que nous finirons par ôter le paratonnerre dans les tempêtes, crainte qu'il ne casse, et que nous le replacerons à l'approche des orages; c'est, je crois, le parti le plus sûr et le plus raisonnable. ᵇ

J'adresse à M. de Fleurieu le mémoire dont je parle dans cette lettre, parce que j'ignore si le ministre veut ou non qu'il soit public avant notre retour.

P. S. Nous avons été bien reçus à Sainte-Catherine; il y a abondance de tout : j'y ai fait ample moisson d'insectes, de quadrupèdes, de poissons, de pierres, &c. Les habitans sont bons, et le gouverneur nous a fait beaucoup de politesse.

A bord de la Boussole, devant Sainte-Catherine, le 5 novembre 1785.

ᵇ *Voyez* ma note, *tome II, page 31*, dont l'impression a devancé de près de deux ans la connaissance de cette lettre. (N. D. R.)

OBSERVATIONS

OBSERVATIONS

Faites depuis un degré de latitude Nord jusqu'à un degré de latitude Sud, pour découvrir le flux et reflux de l'atmosphère, par M. DE LAMANON.

ON avait déjà observé qu'entre les Tropiques, le mercure du baromètre se tenait plus constamment élevé dans les syzygies que dans les quadratures de la lune ; mais on n'avait pas soupçonné que par le moyen de cet instrument, le flux et reflux de la mer pût être non-seulement aperçu, mais en quelque façon mesuré : il était réservé à l'académie des sciences d'entrevoir cette possibilité. Voici comment elle s'exprime à ce sujet dans l'instruction qu'elle a rédigée, et que M. DE LA PÉROUSE nous a remise les premiers jours de notre voyage autour du monde [a].

« L'académie invite encore les navigateurs à tenir un
» compte exact des hauteurs du baromètre, dans le voisi-
» nage de l'Équateur, à différentes heures du jour ; dans
» la vue de découvrir, s'il est possible, la quantité des
» variations de cet instrument qui est due à l'action du
» soleil et de la lune, cette quantité étant alors à son
» *maximum*, tandis que les variations dues aux causes
» ordinaires sont à leur *minimum*. Il est inutile de faire

[a] *Voyez* tome I.er page 161. (N. D. R.)

» remarquer que ces observations délicates doivent être
» faites à terre, avec les plus grandes précautions ».

Ayant entendu la lecture de cet article dans une séance particulière de l'académie, j'avais fait construire par le sieur Fortin, un excellent baromètre propre à apercevoir un $50.^e$ de ligne de variation. M. Lavoisier m'avait indiqué cet artiste intelligent. On a cru que je me servirais de cet instrument, construit exprès, et c'est pour cela que l'académie a dit dans son instruction, que cette observation devait être faite à terre : mais ayant trouvé à Brest un baromètre marin selon la méthode de M. Nairne, décrit dans les Voyages du célèbre Cook, j'ai vu qu'il remplissait toutes les conditions nécessaires pour faire en mer des observations exactes. Quelque grand qu'ait été jusqu'à présent le roulis du vaisseau, le mercure est resté immobile; la bonne suspension du baromètre, et le tube capillaire qui est adapté au tube ordinaire, en sont la cause : avec le nonius qui y est joint, on peut apprécier les variations d'un $10.^e$ de ligne.

En observant tous les jours ce baromètre, au lever du soleil, à midi, et à son coucher, j'ai remarqué que depuis le $11.^e$ degré 2′ de latitude Nord, jusqu'à 1 degré 17′, il affectait une marche très-régulière : il était toujours à son maximum d'élévation vers le midi; il descendait ensuite jusqu'au soir, et remontait pendant la nuit. Nous étions à la latitude de 1^d 17′ le 27 septembre.

Le 28, avant le jour, je commençai les observations pour lesquelles je m'étais préparé la veille, et je les continuai d'heure en heure, jusqu'au 1.er octobre à six heures du matin, c'est-à-dire, pendant plus de trois jours et trois nuits. (M. MONGÈS eut la bonté de les faire pour moi pendant les six heures de mon sommeil.) Je crus devoir observer en même temps le thermomètre en plein air, le thermomètre attaché au baromètre, et l'hygromètre à cheveu. Je fis aussi plusieurs colonnes pour la direction du vent, celle du vaisseau, et pour le chemin que nous parcourions, estimé par le loch. Je profitai de cette occasion pour observer la température de l'eau de la mer à toutes les heures, et l'inclinaison de la boussole.

Les résultats de ces observations m'ont paru très-curieux: le baromètre est monté d'heure en heure, pendant six heures, et il est ensuite descendu pendant six heures, pour remonter pendant les six heures suivantes, et ainsi de suite, comme on peut le voir par la table suivante, extraite de mon journal.

Le 28 septembre..	de 4^h à 10^h matin.... monté de.....	1^l $\frac{9}{10}$.
	de 10 à 4 soir...... descendu......	1 $\frac{3}{10}$.
	de 4 à 10 soir...... monté........	$\frac{9}{10}$.
Le 29............	de 10 à 4 matin..... descendu.....	1 $\frac{3}{10}$.
	de 4 à 10 matin..... monté........	1 $\frac{5}{10}$.
	de 10 à 4 soir...... descendu.....	1 $\frac{3}{10}$.
	de 4 à 10 soir...... monté........	1
Le 30...........	de 10 à 4 matin..... descendu.....	$\frac{7}{10}$.
	de 4 à 10 matin..... monté........	1 $\frac{4}{10}$.
	de 10 à 4 soir...... descendu.....	1 $\frac{4}{10}$.
	de 4 à 10 soir...... monté........	1
Le 1.er octobre....	de 10 à 4 matin..... descendu.....	$\frac{8}{10}$.

Le flux et reflux de l'air à l'Équateur est donc tel, qu'il fait varier le baromètre d'environ $1^l \frac{2}{10}$ de la division anglaise ; ce qui suppose dans l'atmosphère une élévation et un abaissement d'environ cent pieds. L'action combinée du soleil et de la lune n'opère, selon M. BERNOULLI, qu'une élévation de sept pieds dans les eaux de la mer à l'Équateur.

Il est vrai qu'il y a des corrections à faire, 1.° pour la différence de température du mercure du baromètre ; 2.° peut-être pour la différence de la température de l'air ; 3.° pour les sept pieds d'élévation et d'abaissement de la mer sur laquelle j'étais placé en observant.

Au reste, je laisse à de plus habiles que moi à vérifier si l'observation est d'accord ou non avec la théorie ou les calculs. Quoi qu'il en soit, ces observations prouvent que les météorologistes donnent beaucoup trop à l'action de la lune, comme j'ai cru devoir le leur reprocher dans mon Mémoire sur le brouillard de 1783, imprimé dans le Journal de physique, et comme l'auteur de la Cosmographie élémentaire (M. DE LA PLACE) l'avait démontré mathématiquement. On aurait tort aussi de ne rien donner à l'action de la lune ; car en causant une variation de $1^l \frac{3}{10}$ dans le baromètre, elle peut influer sur l'atmosphère, et occasionner des révolutions sensibles.

Je crois devoir mettre sous les yeux de l'académie mes observations telles qu'elles ont été faites, et je les joins ici. Il faut observer qu'à cause du changement de la ligne de niveau dans le réservoir du baromètre, il faut toujours ajouter une ligne aux élévations du mercure indiquées dans la table.

TABLE des Observations faites à toutes les heures, depuis 1^d Nord jusqu'à 1^d Sud.

JOURS et heures.	DIRECTION du vaisseau.	VÎTESSE du vaisseau.	THERMOM. extérieur.	BAROMÈTRE.	THERMOM. du baromètre et de l'hygrom.re	HYGROM.re à cheveu.	DIRECTION du VENT.	ÉTAT DU CIEL.
		Lieues.	*D.*	*P. L.*	*D.*	*D.*		
28 *Sept.* 4h mat.	O. ¼ S. O.	1 ½.	19 ½.	29. 8. 9/10.	20.	97.	S.	Beau. Núages à l'horizon. Lat. 1d 5'. N.
5.	O. S. O.	1.	19 ½.	29. 8. 9/10.	20.	97.	S.	*Idem.*
6.	O. S. O.	1.	19 ½.	29. 9. 1/10.	20.	97 ½.	S.	*Idem.*
7.	O. S. O.	1.	20.	29. 9. 3/10.	21.	98 ½.	S.	*Idem.*
8.	O. S. O.	1.	20.	30. 5/10.	21.	97.	S.	*Idem.*
9.	O. S. O.	1.	20 ½.	30. 8/10.	21.	96.	S.	*Idem.*
10.	O. S. O.	1.	20 ¾.	30. 8/10.	21.	95 ½.	S.	Ciel bleu à travers un espace égal de nuages.
11.	O. S. O.	1.	21.	30. 6/10.	21 ½.	95 ½.	S.	*Idem.*
midi.	O. S. O.	1.	21.	30. 2/10.	21 ¼.	95 ½.	S.	*Idem.*
1.	O. S. O.	1.	21.	30.	21 ¾.	95 ½.	S.	*Idem.*
2.	O. S. O.	1.	21.	29. 9. 7/10.	21 ¼.	97.	S.	Couvert.
3.	O. S. O.	1.	20.	29. 9. 6/10.	21.	98.	S.	*Idem.*
4.	O. S. O.	1.	20.	29. 9. 6/10.	21.	98.	S.	*Idem.* Bruine.
5.	S. O. ¼ O.	1.	20.	29. 9. 6/10.	21.	98.	S. ¼ S. E.	Couvert.
6.	S. O. ¼ O.	1.	20.	29. 9. 8/10.	21.	97 ¾.	S. ¼ S. E.	*Idem.*
7.	S. O. ¼ O.	1.	20.	30. 1/10.	20 ½.	99.	S. ¼ S. E.	*Idem.*
8.	S. O. ¼ O.	1.	20.	30. 4/10.	20 ½.	99.	S. ¼ S. E.	*Idem.*
9.	S. O.	1.	20.	30. 5/10.	20 ½.	98.	S. S. E.	*Idem.*
10.	S. O.	1.	19 ¾.	30. 5/10.	20 ½.	98.	S. S. E.	*Idem.*
11.	S. O.	1.	19 ¾.	30. 3/10.	20 ½.	98.	S. S. E.	*Idem.*
minuit.	S. O.	1.	19 ¾.	30. 1/10.	20 ½.	98 ½.	S. S. E.	*Idem.*

VOYAGE

JOURS et heures.	DIRECTION du vaisseau.	VITESSE du vaisseau.	THERMOM. extérieur.	BAROMÈTRE.	THERMOM. du baromètre et de l'hygrom.	HYGROM. à cheveu.	DIRECTION du VENT.	ÉTAT DU CIEL.
		Lieues.	D.	P. L.	D.	D.		
29 Sept. 1ʰ mat.	S. O.	2/3.	19 1/4.	29. 9. 7/10.	21.	98 1/2.	S. S. E.	Couvert.
2.	S. O.	2/3.	19 1/4.	29. 9. 6/10.	21.	97.	S. S. E.	Idem. Mer très-houleuse.
3.	S. O.	2/3.	19 1/4.	29. 9. 4/10.	21.	100.	S. S. E.	Idem.
4.	S. O.	2/3.	19 1/2.	29. 9. 3/10.	21.	100.	S. S. E.	Idem. Quelques gouttes d'eau.
5.	S. O. 1/4 O.	1.	19 1/2.	29. 9. 2/10.	21.	101.	S. S. E.	Idem.
6.	S. O. 1/4 O.	1.	19.	29. 9. 2/10.	20.	101.	S. S. E.	Idem.
7.	S. O. 1/4 O.	1.	19.	29. 9. 7/10.	20.	101.	S. S. E.	Idem.
8.	S. O. 1/4 O.	1.	19.	30.	21.	99.	S. S. E.	Couvert.
9.	S. O.	1.	20.	30. 7/10.	21.	98.	S. S. E.	Idem.
10.	S. O.	1.	20 1/4.	30. 7/10.	21.	96.	S. S. E.	Soleil pâle.
11.	S. O.	1.	21.	30. 3/10.	22.	95 1/4.	S. S. E.	Ciel bleu et nuag.
midi.	S. O.	1.	21.	30. 2/10.	21 1/2.	95 1/2.	S. S. E.	Couvert.
1.	S. O.	3/4.	20 1/2.	29. 9. 6/10.	21.	98.	S. S. E.	Idem.
2.	S. O.	2/3.	20 1/2.	29. 9. 5/10.	21.	99.	S. S. E.	Idem.
3.	S. O.	2/3.	20 1/2.	29. 9. 4/10.	21.	98.	S. S. E.	Idem.
4.	S. O.	2/3.	20 1/2.	29. 9. 4/10.	21.	98.	S. S. E.	Ciel bleu et nuag.
5.	S. O.	1.	20 1/2.	29. 9. 4/10.	21.	98.	S. E. 1/4 S.	Idem.
6.	S. O.	1.	20.	29. 9. 4/10.	20 1/4.	98.	S. E. 1/4 S.	Id. Passé la Ligne par 181ᵈ 40′, longitude des montres
7.	S. O.	1.	20.	29. 9. 1/10.	20 1/4.	98.	S. E. 1/4 S.	Beau. Mer houleuse.
8.	S. O.	1.	20.	30. 2/10.	20 1/4.	97.	S. E. 1/4 S.	Idem.
9.	S. O.	1.	20.	30. 4/10.	20 1/4.	98.	S. E. 1/4 S.	Idem.

DE LA PÉROUSE. 263

JOURS et heures.	DIRECTION du vaisseau.	VITESSE du vaisseau.	THERMOM. extérieur.	BAROMÈTRE.	THERMOM. du baromètre et de l'hygrom.	HYGROM. à cheveu.	DIRECTION du VENT.	ÉTAT DU CIEL.
		Lieues.	D.	P. L.	D.	D.		
10ʰ soir.	S. O.	$\frac{2}{3}$	20.	30. $\frac{4}{10}$	20.	99.	S. E.	Beau. Mer houleuse.
11.	S. O.	$\frac{2}{3}$	20.	30. $\frac{4}{10}$	20.	99.	S. E.	Couvert.
minuit.	S. O.	$\frac{2}{3}$	19 $\frac{1}{2}$	30. $\frac{3}{10}$	20.	98 $\frac{1}{2}$	S. E.	Idem.
30 Sept. 1.	S. O.	1.	19 $\frac{1}{4}$	30. $\frac{2}{10}$	20.	98 $\frac{1}{2}$	S. E.	Beau. Quelques nuages.
2.	S. O.	1.	19 $\frac{1}{4}$	29. 9. $\frac{4}{10}$	20.	99.	S. E.	Beau. Halo à Jupiter.
3.	S. O.	$\frac{1}{6}$	19.	29. 9. $\frac{8}{10}$	20.	99.	S. E.	Beau. Nuages à l'horizon.
4.	S. O.	$\frac{1}{6}$	19.	29. 9. $\frac{7}{10}$	20.	91 $\frac{1}{2}$	S. E.	Idem.
5.	S. O.	$\frac{2}{3}$	19.	29. 9. $\frac{9}{10}$	20.	91 $\frac{1}{2}$	S. E. $\frac{1}{4}$ S.	Idem.
6.	S. O.	$\frac{2}{3}$	19.	30. $\frac{1}{10}$	20.	99.	S. E. $\frac{1}{4}$ S.	Couvert.
7.	S. O.	$\frac{2}{3}$	19 $\frac{1}{4}$	30. $\frac{1}{10}$	20.	98.	S. E. $\frac{1}{4}$ S.	Ciel bleu à travers les nuages.
8.	S. O.	$\frac{2}{3}$	20.	30. $\frac{7}{10}$	21.	96.	S. E. $\frac{1}{4}$ S.	Beau.
9.	S. O. $\frac{1}{4}$ S.	$\frac{1}{6}$	20.	30. $\frac{8}{10}$	21.	95.	S. E.	Idem.
10.	S. O. $\frac{1}{4}$ S.	$\frac{1}{6}$	20.	30. 1. $\frac{1}{10}$	21 $\frac{1}{2}$	94.	S. E.	Idem.
11.	S. O. $\frac{1}{4}$ S.	$\frac{1}{6}$	21.	30. 1.	21 $\frac{1}{2}$	94 $\frac{1}{2}$	S. E.	Idem.
midi.	S. O. $\frac{1}{4}$ S.	$\frac{1}{6}$	21.	30. $\frac{7}{10}$	21 $\frac{1}{2}$	94 $\frac{1}{2}$	S. E.	Idem.
1.	S. O.	$\frac{1}{6}$	20.	30. $\frac{1}{10}$	21 $\frac{1}{2}$	95 $\frac{1}{2}$	S. E. $\frac{1}{4}$ S.	Idem.
2.	S. O.	$\frac{1}{6}$	19.	30.	20 $\frac{3}{4}$	95.	S. E. $\frac{1}{4}$ S.	Beau. Nuages à l'horizon.
3.	S. O.	$\frac{1}{6}$	19.	29. 9. $\frac{8}{10}$	20 $\frac{3}{4}$	96.	S. E. $\frac{1}{4}$ S.	Idem.
4.	S. O.	$\frac{1}{6}$	19.	29. 9. $\frac{7}{10}$	20 $\frac{3}{4}$	95 $\frac{1}{2}$	S. E. $\frac{1}{4}$ S.	Couvert.
5.	S. O.	$\frac{2}{3}$	19.	29. 9. $\frac{9}{10}$	20 $\frac{3}{4}$	95.	S. S. E.	Beau. Nuages à l'horizon.
6.	S. O.	$\frac{2}{3}$	19.	30. $\frac{1}{10}$	20 $\frac{3}{4}$	95.	S. S. E.	Idem.
7.	S. O.	$\frac{1}{2}$	18 $\frac{1}{2}$	30. $\frac{3}{10}$	20.	95.	S. S. E.	Idem.

JOURS et heures.	DIRECTION du vaisseau.	VITESSE du vaisseau.	THERMOM. extérieur.	BAROMÈTRE.	THERMOM. du baromètre et de l'hygrom.	HYGROM.re à cheveu.	DIRECTION du VENT.	ÉTAT DU CIEL.
		Lieues.	D.	P. L.	D.	D.		
8h soir.	S. O.	$\frac{1}{2}$.	18 $\frac{1}{4}$.	30.	$\frac{5}{10}$.	19 $\frac{3}{4}$.	96.	S, S. E.	Beau. Nuages à l'horizon.
9.	S. O. $\frac{1}{4}$ S.	$\frac{2}{3}$.	18 $\frac{1}{4}$.	30.	$\frac{6}{10}$.	19 $\frac{3}{4}$.	96.	S. E. $\frac{1}{4}$ S.	Idem.
10.	S. O. $\frac{1}{4}$ S.	$\frac{2}{3}$.	18 $\frac{1}{4}$.	30.	$\frac{7}{10}$.	19 $\frac{3}{4}$.	97 $\frac{1}{2}$.	S. E. $\frac{1}{4}$ S.	Quelques nuages.
11.	S. O. $\frac{1}{4}$ S.	$\frac{2}{3}$.	18 $\frac{1}{4}$.	30.	$\frac{7}{10}$.	19 $\frac{3}{4}$.	97 $\frac{1}{2}$.	S. E. $\frac{1}{4}$ S.	Idem.
minuit.	S. O. $\frac{1}{4}$ S.	$\frac{2}{3}$.	19.	30.	$\frac{6}{10}$.	19 $\frac{3}{4}$.	95 $\frac{1}{2}$.	S. E. $\frac{1}{4}$ S.	Nuages noirs.
1.er Oct. 1.	S. S. O.	$\frac{5}{6}$.	19.	30.	$\frac{3}{10}$.	19 $\frac{3}{4}$.	96.	S. E.	Beau. Quelques nuages.
2.	S. S. O.	$\frac{5}{6}$.	19.	29.	$\frac{9}{10}$.	19 $\frac{3}{4}$.	95 $\frac{1}{2}$.	S. E.	Idem.
3.	S. S. O.	$\frac{5}{6}$.	19.	29.	$\frac{9}{10}$.	19 $\frac{3}{4}$.	95 $\frac{1}{2}$.	S. E.	Idem.
4.	S. S. O.	$\frac{5}{6}$.	19.	29.	$\frac{9}{10}$.	19 $\frac{3}{4}$.	95.	S. E.	Beau.
5.	S. S. O.	1.	19.	29.	$\frac{9}{10}$.	19 $\frac{3}{4}$.	95.	S. E.	Idem.
6.	S. S. O.	1.	19.	30.	$\frac{2}{10}$.	19 $\frac{3}{4}$.	95.	S. E.	Idem. Latitude, 1d 34′ S.

Lorsque ces observations ont été faites, la lune était à son dernier quartier, et le soleil presqu'à l'Équateur. Je compte les répéter la première fois que nous passerons encore la Ligne; et dans une île, avec un baromètre encore plus sensible.

A Sainte-Catherine, le 5 novembre 1785.

NOTE

NOTE DESCRIPTIVE,

Sur les Lianes du Chili [a] comprises dans l'Atlas, sous les n.os 6, 7, 8 et 9; par VENTENAT, membre de l'Institut national.

Le nom de *liane* est employé généralement, dans les deux Indes, pour désigner les plantes qui sont grimpantes ou volubles. Celle dont le dessin a été envoyé par LA MARTINIÈRE, est un sous-arbrisseau à tige cylindrique, rameuse, munie de vrilles, voluble et grimpante. Les feuilles portées sur un pétiole renflé à sa base, ont une disposition alterne. Chaque feuille est biternée, c'est-à-dire qu'elle se divise en trois petites feuilles, subdivisées chacune en trois folioles ovales-aiguës, entières dans leur jeunesse, ensuite obscurément lobées. Les fleurs disposées en grappes simples et pendantes, naissent vers le sommet de la tige et des rameaux dans les aisselles des feuilles. Leur sexe est distinct, c'est-à-dire que les fleurs mâles se trouvent sur un individu, et que les fleurs femelles résident sur un autre. On remarque à la base de chaque grappe, deux petites folioles ovales-arrondies, presque opposées.

---

[a] Les dessins de ces lianes étaient parvenus sans aucun mémoire ni description particulière : je dois au botaniste éclairé et complaisant qui m'a fourni cette note, de m'avoir mis à même d'y suppléer. (N. D. R.)

Fleur mâle. *(Atlas, n.ᵒˢ 6 et 7.)*

Calice formé de six feuilles ouvertes, ovales-oblongues, obtuses, dont trois extérieures plus larges.

Corolle formée de six pétales lancéolés, aigus, opposés aux folioles du calice, et plus courts.

Pivot cylindrique s'élevant du centre de la fleur, droit, de la longueur des pétales, portant à son sommet six anthères oblongues, biloculaires, qui s'ouvrent en dehors.

Fleur femelle. *(Atlas, n.ᵒˢ 8 et 9.)*

Calice semblable à celui de la fleur mâle, mais plus grand.

Corolle insérée sous le pistil, formée de six pétales rarement entiers, plus souvent incisés à leur sommet, bifides ou trifides, plus courts que les folioles du calice.

Étamines 6, ayant la même insertion que la corolle; filamens distincts, élargis, très-courts, entourant le pistil; anthères 6, droites, oblongues, acuminées, stériles.

Ovaires 3-6, oblongs, gibbeux en dehors, et presque de la longueur de la corolle; styles nuls, stigmates en tête, oblongs, persistans.

Baies en nombre égal à celui des ovaires, oblongues, acuminées, charnues, (divisées intérieurement en six loges, et contenant des semences nombreuses et anguleuses. *Flore péruvienne.*)

Cette plante constitue un genre nouveau, qui appartient à la dioécie hexandrie du système sexuel de LINNÉ. Nous aurions désiré pouvoir lui donner le nom de *la Martinière*; mais en parcourant la Flore du Pérou et du Chili, imprimée à Madrid en 1794, nous avons reconnu qu'elle y était mentionnée sous le nom de *lardizabala*. Il est probable qu'elle existe dans l'herbier de notre compatriote DOMBEY, qui avait été envoyé en 1774 dans le Pérou, avec les auteurs de la Flore péruvienne, RUIZ et PAVON, pour concourir ensemble aux progrès de l'histoire naturelle.

Le caractère général du lardizabala, place évidemment ce nouveau genre dans la famille des ménispermes, à laquelle il se rapporte par ses tiges grimpantes, ses fleurs en grappes à sexes distincts, par ses feuilles calicinales, ses pétales et ses étamines au nombre de six, par son pistil composé de trois à six ovaires, qui deviennent autant de fruits : il diffère seulement des genres connus de cet ordre, par ses fruits, qui, au lieu d'être monospermes, renferment chacun plusieurs semences. Ce caractère, qui indique une nouvelle section à établir dans les ménispermes, fortifie les rapports qui lient cette famille avec l'ordre voisin des anones. En effet, la plupart des genres des anones ayant également dans une même fleur plusieurs fruits à semences nombreuses, différaient en ce point de tous les genres des ménispermes; et en plaçant le lardizabala entre les uns et les autres, on établit une transition naturelle. Il ne reste, pour confirmer ces rapports, qu'à examiner l'intérieur des fruits, et sur-tout la structure des semences. On sait que celles des ménispermes sont réniformes, du moins à l'intérieur, munies d'un périsperme charnu, et qu'elles renferment vers leur partie supérieure un embryon dicotylédone plus petit. Les caractères que nous avons énoncés dans le lardizabala indiquent une pareille structure dans ses semences. Les auteurs de la Flore péruvienne n'en parlent point, parce que n'étant pas probablement assez pénétrés des principes de la méthode naturelle, qui est la véritable science, ils n'ont pas attaché aux caractères fournis par la semence toute l'importance qu'ils méritent: néanmoins, les vrais naturalistes les regarderont toujours comme la pierre de touche et le complément de la vérification de tous les autres.

FIN DU QUATRIÈME ET DERNIER VOLUME.

TABLE

Des Pièces contenues dans ce Volume.

EXTRAIT *d'un Voyage au pic de Ténériffe, du 24 Août 1785, par MM.* DE LAMANON *et* MONGÈS, *physiciens, faisant partie de l'expédition de M.* DE LA PÉROUSE, *et précis de quelques Expériences chimiques faites sùr le haut de ce pic, avec une description de nouvelles variétés de schorls volcaniques*.......................... Page 1.

MÉMOIRE *ou Dissertation sur les habitans des îles de Pâque et de Mowée; par M.* ROLLIN, *docteur en médecine, chirurgien ordinaire de la marine, et chirurgien-major de la frégate la* BOUSSOLE, *commandée par M.* DE LA PÉROUSE.......................... 7.

MÉMOIRE *géographique sur l'île de Pâque, par M.* BERNIZET, *ingénieur-géographe employé dans l'expédition de M.* DE LA PÉROUSE.......................... 21.

MÉMOIRE *physiologique et pathologique sur les Américains, par M.* ROLLIN.......................... 36.

 Des indigènes du Chili.......................... ibid.
 Des indigènes de la Californie.......................... 37.

Des Américains qui habitent les environs de la baie des Français.................................... Page 39.

Observations générales........................ 42.

Table de comparaison des proportions des Américains indigènes.. 60.

MÉMOIRE descriptif, *sur quelques insectes, par* M. DE LA MARTINIÈRE, *naturaliste employé dans le voyage autour du monde*... 61.

DISSERTATION *sur les habitans de l'île de Tchoka ou Ségalien, et sur les Tartares orientaux, suivie d'une table comparative des proportions de ces deux peuples ; par* M. ROLLIN.. 73.

OBSERVATIONS *de* M. DE MONNERON, *capitaine au Corps du génie, embarqué en qualité d'ingénieur en chef dans l'expédition de* M. DE LA PÉROUSE............ 87.

Ile de la Trinité............................. ibid.
Ile Sainte-Catherine......................... 90.
Chili....................................... 96.
Ile de Pâque, îles Sandwich, et baie des Français. 101, 102.
Port de Monterey............................ 104.

MÉMOIRES *sur Manille et Formose, par* M. DE LA PÉROUSE............................. 106, 110.

MÉMOIRE *sur les Térébratules ou Poulettes, et description d'une espèce trouvée dans les mers de la Tartarie orientale ;*

par M. DE LAMANON, de l'Académie de Turin, correspondant de l'Académie des Sciences.......... Page 116.

§. I.er *Description de la coquille*................. 119.

§. II. *Description de l'animal*.................. 124.

MÉMOIRE sur les Cornes d'ammon, et description d'une espèce trouvée entre les Tropiques, dans la mer du Sud; par M. DE LAMANON................... 134.

MÉMOIRE sur le commerce des Peaux de loutre de mer, &c. par M. DE LA PÉROUSE; suivi d'un état des pelleteries de loutre et de castor traitées par lui au port des Français......................... 140.

EXTRAIT de la Correspondance de MM. DE LA PÉROUSE, DE LANGLE, LAMANON, &c., avec le ministre de la marine........................... 153.

EXTRAITS de Lettres de MM. DE LA PÉROUSE et DAGELET à M. FLEURIEU............... 209.

EXTRAITS de Lettres écrites par M. DE LA PÉROUSE à M. DE LA TOUCHE, directeur-adjoint des ports, et capitaine de vaisseau; et par M. DE LAMANON à M. DE SERVIÈRES....................... 242.

LETTRE de M. DE LA MARTINIÈRE au ministre de la marine........................... 247.

EXTRAIT d'une Lettre de M. DE LAMANON à M. DE

CONDORCET, secrétaire perpétuel de l'Académie des Sciences.......................... Page 252.

MÉMOIRE et Table des Observations faites depuis un degré de latitude Nord jusqu'à un degré de latitude Sud, pour découvrir le flux et reflux de l'Atmosphère; par M. DE LAMANON............................. 257.

NOTE descriptive, sur les Lianes du Chili comprises dans l'Atlas du Voyage de LA PÉROUSE; par VENTENAT, membre de l'Institut national................... 265.

FIN DE LA TABLE DES PIÈCES.

TABLE GÉNÉRALE
DES MATIÈRES.

A.

ABGRAL (Alain), matelot, tom. I, pag. 7.

ACADÉMIE *des sciences*; son mémoire pour servir aux savans embarqués sous les ordres de la Pérouse, I, 157.

ACHARD, matelot, I, 7.

ACQUEIS; village de ce nom, III, 92.

AINÉ (Jean L'), aide-pilote, I, 9.

ALBATROS, oiseaux; les officiers et matelots en tuent une grande quantité dont ils se nourrissent, II, 45.

ALEUTIENNES (Iles), I, 24, 37, 145.

ALLES (Louis), matelot, I, 10.

AMÉRICAINS. Mémoire physiologique et pathologique sur les Américains par Rollin, IV, 36.

AMÉRIQUE (Côte du Nord-Ouest de l'), I, 123. Ses habitans, leurs costumes, I, 329 et suiv. II, 151 et suiv.

AMERTUME (L'), île, I, 281.

ANACHORÈTES, îles, I, 262.

ANATOMIE; mémoire de l'académie des sciences pour servir aux savans embarqués sous les ordres de la Pérouse, I, 165.

ANDRIEUX (Jean-Thomas), matelot, I, 11.

ANSON (L'amiral), a donné une vue exacte du cap des Vierges, côte des Patagons, et en a bien déterminé la position, II, 46. La lecture de son voyage a perpétué, parmi les marins, le préjugé des difficultés qu'on dit rencontrer pour doubler le cap Horn, II, 51.

ANTHROPOPHAGIE, I, lxvj; II, 125.

ARSACIDES (Terre des), I, lxiv, 114.

ARTEAGA (Ignace), fait un voyage de découvertes à la côte du Nord-Ouest de l'Amérique, I, 327.

ASCENÇAON (Ile de l'), I, 67.

Sa recherche ; discussion sur son existence : opinion du rédacteur ; sa position, *tom*. II, *pag*. 28 et suiv.

ASSOMPTION (Ile de l'), des Mariannes. Détails sur cette île, II, 307 et suiv. Sa position, III, 310.

ASTROLABE (L'), l'une des frégates de l'expédition, commandée par de Langle. Mouille à la côte Nord-Ouest de l'Amérique, II, 146. Suit la Boussole à la portée de la voix au milieu des brumes, pendant toute la reconnaissance de la côte Nord-Ouest de l'Amérique, II, 243. Tables de sa route, III, 353.

ASTRONOMIE. Partie des instructions relative à l'astronomie, I, 42. Mémoire de l'académie des sciences, relatif à la partie astronomique, I, 158. État des instrumens d'astronomie embarqués sur les deux frégates, I, 246 et suiv. État des livres d'astronomie embarqués sur les deux frégates, I, 250 et suiv. Observations astronomiques, ou indication des longitudes et latitudes, II, 16, 17, 23, 33, 37, 46, 47, 70, 71, 72, 79, 109, 137, 138, 140, 142, 144, 145. Les Sauvages volent le cahier des observations, II, 157. Observations, &c., II, 185, 218, 221, 224, 225, 226, 228, 230, 233, 234, 235, 237, 238, 239, 240, 241. Réflexions sur les observations astronomiques, II, 284 et suiv. 299. Observations, &c., II, 313, 332, 333, 364, 369, 370, 383, 386, 391; III, 2, 3, 13, 25, 26, 45, 48. Observatoire établi sur une île de la baie de Castries, III, 59. Observations, &c., III, 60, 83, 94. Observatoire établi à terre à Avatscha, III, 129. Observations, &c., III, 165, 171, 172, 177, 249, 255. Tables de la route des deux frégates, et observations météorologiques, III, 267 et suiv. Observations sur les longitudes, IV, 230, 232.

ATOLE, l'une des nourritures des Indiens de la Californie, II, 267. *Voyez* POUSSOLE.

AUDIGNON (François-Marie), maître d'équipage surnuméraire, I, 9.

AUSTRALES. *V.* TERRES Australes.

AUTRET (Guillaume), matelot, I, 11.

AVATSCHA (Baie d'); la Pérouse en a connaissance et y mouille, III, 100, 101. Accueil qui lui est fait, et détails sur le Kamtschatka, *tom.* III, *pag.* 124 et suiv. Sa longitude et sa latitude, III, 342.

B.

BANKS, fait prêter à Monneron les boussoles d'inclinaison qui avaient servi au capitaine Cook, II, 8.

BANNIOU (Pierre), matelot, I, 11.

BARBE. Opinion sur la barbe des Américains, II, 204, 250.

BAROMÈTRE; ses variations uniformes sous l'Équateur, IV, 257.

BAROS (Francisco de), gouverneur de Sainte-Catherine; accueil qu'il fait aux navigateurs français, II, 36 et suiv. Il leur assure que l'île de l'Ascençaon n'existe pas, II, 37.

BASCO, gouverneur de Manille, accueille nos navigateurs, II, 342 et suiv.

BASCO (Ile don Joseph), I, 269.

BASHÉES (Iles), II, 312 et suiv.

BASSE des frégates françaises; les deux bâtimens de la Pérouse sont au moment de périr sur cet écueil, II, 301 et suiv. Sa position, II, 303.

BASSET (Jean-Marie), matelot, I, 11.

BAUMAN (Iles), nom donné, dit-on, par Roggewein à l'archipel des navigateurs, III, 223.

BEAU-TEMPS (Cap), côte des Patagons. La Pérouse en a connaissance, II, 46.

BÉHRING (Baie de), II, 142 et suiv.

BELLEC (Jean-Louis), matelot, I, 11.

BELLEGARDE (Dupac de), garde de la marine, fait lieutenant de vaisseau, I, 12.

BELLE-NATION (Ile de la), I, 19.

BENJAMIN, I, 8.

BERMUDÈS, brigadier des armées navales d'Espagne, commandant au port de Cavite, rend de très-grands services aux frégates françaises, II, 344 et suiv.

BERNARD (Jean), matelot, I, 11.

BERNIZET, ingénieur-géographe, embarqué sur la Boussole, I, 5. Il fait des relèvemens à la Trinité, II, 28. Il rectifie le plan de la baie de la Conception, II, 57. Prend des relèvemens des îles Mowée et Morokinne, II, 128. Descend à terre à la baie de Béhring, côte du Nord-Ouest de l'Amérique, II, 142. Va reconnaître un port sur la côte du Nord-Ouest de l'Amérique, tom. II, pag. 145. Il lève le plan du port des Français, II, 158. Dresse la carte des côtes d'Amérique, II, 288. Va visiter un volcan à quelques lieues d'Avatscha, III, 129. Lève le plan de la baie d'Avatscha, III, 145. Son mémoire géographique sur l'île de Pâque, IV, 21.

BERNY (Jean), second charpentier, I, 10.

BERREFORD (Iles de) ; leur position : ce sont les îles Sartine de la Pérouse, II, 234.

BERRIN (Michel), canonnier, I, 7.

BERTELÉ (Paul-Joseph), matelot, I, 7.

BERTHOUD (Ferdinand) ; les horloges marines embarquées par la Pérouse, sont de son invention et construites par lui, II, 11. La table de température remise par lui à Paris à Dagelet, n'était pas exacte, II, 72. Perfection de ses montres, II, 105. Perfection de ses horloges, II, 221. Éloge de son talent, II, 221.

BIGNON (François), canonnier, I, 11.

BILLINGS ; sa mission au Kamtschatka, III, 144. Son expédition du Kamtschatka, IV, 203.

BIOBIO (Mamelles de) : point de reconnaissance pour entrer à la Conception du Chili, II, 55.

BISALION (Jean-François), I, 8.

BISCAYENNES ; la Pérouse en prend deux à bord de son armement, II, 10.

BITCHYS, III, 62.

BIZIEU (François), second charpentier, I, 10.

BLEAS (Jean-Marie), forgeron, I, 8.

BLONDEAU (Jean), canonnier, I, 7.

BLONDELA, lieutenant de frégate, embarqué sur l'Astrolabe, I, 8. Dresse une partie des cartes du Nord-Ouest de l'Amérique, II, 288. Dessine une vue de l'ostrog de Saint-Pierre et Saint-Paul, dont il donne une copie au gouverneur, III, 145. Éloge de ses talens et de sa conduite, IV, 159, 179, 221.

BODEGA-Y-QUADRA (Jean-François de la), a fait un voyage de découvertes à la côte Nord-Ouest de l'Amérique, I, 324.

BOLABOLA, I, 19.

BOLET (Jean), fusilier, I, 6.

BONNY (Pierre), matelot, I, 6.

BON-SUCCÈS (Baie de), indiquée comme premier rendez-vous en cas de séparation, *tom.* II, *pag.* 40. La Pérouse se décide à n'y point relâcher, II, 48.

BORDA ; ses observations sur les îles de Madère, Salvage et Ténériffe, II, 15.

BOT ; la Pérouse en embarque un en pièces, II, 10.

BOTANIQUE; mémoire de l'académie des sciences pour servir aux savans embarqués sous les ordres de la Pérouse, I, 171.

BOTANY-BAY; la Pérouse y arrive, III, 264.

BOTOL Tabaco-xima (Ile), II, 377, 378. Sa position, III, 322.

BOUCHER (Nicolas), boulanger, I, 12.

BOURHIS (Yves), aide-voilier, I, 10.

BOUSSOLE (Observations sur l'inclinaison de la), IV, 254.

BOUSSOLE *d'inclinaison ;* observations faites à Ténériffe, II, 17, 18.

BOUSSOLE (La), nom de la frégate de la Pérouse. Elle mouille à la côte du Nord-Ouest de l'Amérique, II, 146.

BOUSSOLE (Canal de la), ainsi nommé par la Pérouse, III, 97.

BOUTERVILLIERS, garde de la marine, embarqué sur l'Astrolabe, I, 9.

BOUTIN, enseigne de vaisseau, fait des relèvemens du mouillage à Madère, II, 16. Va reconnaître une baie sur la côte du Nord-Ouest de l'Amérique, II, 138. Sonde le port des Français, II, 150. Est envoyé par la Pérouse au gouverneur de Macao, II, 316. Il se rend près du gouverneur de Manille, II, 342. Sa conduite à l'île de Maouna, lorsqu'il est attaqué par les sauvages, III, 199. Il reçoit six blessures, III, 201. Son éloge, IV, 177, 195.

BOUVET, découvre le cap de la Circoncision, II, 1.

BOWEN (George), capitaine anglais, prétend avoir connaissance du sort de la Pérouse : sa déposition, I, lxiv.

BRANCIFORTE, gouverneur général des îles Canaries, donne aux Français les plus grandes marques d'amitié, II, 20.

BRETAUD (Pierre), matelot, I, 7.

BRETEL (François), I, 8.

BROSSARD (Pierre), aide-pilote, fait sous-lieutenant de vaisseau, I, 9.

BROUDOU, volontaire embarqué sur la Boussole, I, 5. Est nommé lieutenant de frégate, II, 216.

Éloge que la Pérouse en fait, *tom.* IV, *pag.* 196.

BUACHE; soins qu'il s'est donnés pour la rédaction des cartes, I, xiij. Discours fait par lui à l'académie des sciences, sur le passage au Nord, trouvé par Lorencio Ferrer de Maldonaldo, II, 134. Position de ce passage, II, 230.

BUCARELLI (Port de), I, 326; II, 224.

BULINAO (Banc de), II, 334.

C.

CALÉDONIE, I, 20, 33, 112.

CALIFORNIE; mémoire sur les indigènes, IV, 37.

CALINASSÉ, île de l'archipel des Navigateurs, III, 222.

CANCRELAS, insectes; leurs effets sur les provisions des vaisseaux, I, 279 et suiv.

CANEVET (Pierre), tonnelier, I, 12.

CAPLAN, poisson, II, 189.

CAROLINES (Iles), I, 41, 151.

CARPENTARIE, I, 21.

CASES des habitans de l'île de Pâque; leur construction, leur dimension, IV, 28 et suiv.

CASTRIES (De), ministre de la marine; sa lettre au secrétaire perpétuel de l'académie des sciences, I, 155. Il reçoit, d'après sa demande, un mémoire sur les observations les plus importantes à faire pendant la campagne, II, 7. Il donne les ordres nécessaires dans les ports pour assurer le succès de cette campagne, II, 9.

CASTRIES (Baie de); sa description, mœurs et coutumes des habitans, ses productions, &c. III, 57. Sa longitude et sa latitude, III, 336. Longitude et latitude de l'observatoire, III, 408.

CATANDUANÈS (Ile), I, 259. Sa position selon Maurelle, I, 264.

CATHERINE (Ile Sainte). Arrivée à cette île, II, 32. Relèvemens du mouillage, II, 32. Sa longitude et sa latitude, II, 33, 37. Sa description, II, 33, 37 et suiv. Limites du gouvernement, II, 34. Sa fertilité, II, 34. Pêche de baleines, II, 34. Indication de son entrée et de son mouillage, II, 35. Hospitalité des habitans, II, 39. Leurs mœurs et usages, II, 39. Départ, II, 40. Sa position, III, 276. Observations de Monneron sur cette île, IV, 90.

CAUSIAU (Mathurin), matelot, I, 11.

CAVITE (Port de), dans la rade de Manille, *tom.* I, *pag.* 256. Les bâtimens y arrivent, II, 341. Détails sur l'île Luçon, son gouvernement, son état militaire, II, 341 et suiv. Départ, II, 367. Longitude de l'observatoire, III, 316. Longitude et latitude de l'observatoire, III, 402.

CAZAURANT (Pierre), I, 8.

CÉRAN (Saint); éloge de son zèle et de son activité, IV, 178. Devient si malade qu'il est débarqué, IV, 188.

CERCLE; inconvéniens pour la géographie, de sa division en 400 degrés, I, xxx.

CHALOUPES biscayennes. *Voyez* BISCAYENNES.

CHAMPION (Dominique), fusilier, I, 8.

CHARRON (Pierre), maître charpentier, embarqué sur la Boussole, I, 6.

CHAUB (Marens), canonnier, I, 7.

CHAUVE (André), aide-charpentier, I, 6.

CHAUVIN (Pierre), aide-canonnier, I, 10.

CHAUVRY (Charles-Antoine), I, 7.

CHEVREUIL (Jean-Pierre), matelot, I, 7.

CHICHA; nom donné à l'île de Jesso, III, 83.

CHILI; mémoire sur les indigènes, IV, 36. Observations de Monneron sur le Chili, IV, 96.

CHIMIE; mémoire de l'académie des sciences pour servir aux savans embarqués sous les ordres de la Pérouse, I, 164.

CHINE. Compte rendu par la Pérouse sur les agens du gouvernement français en Chine, IV, 183 et suiv.

CHINOIS; vices de leur gouvernement, II, 320 et suiv.

CIRCONCISION (Cap de la), découvert par Lozier-Bouvet le 1.er janvier 1739, I, 153. Observations de la Pérouse et du rédacteur, II, 1 et suiv.

CLERKE (Le capitaine); la Pérouse trouve son tombeau au Kamtschatka, et y attache une inscription, III, 144.

CLONARD, commandant de vaisseau, embarqué sur la Boussole, I, 4. Arrime la frégate avec art, II, 10. Descend à la baie de Béhring, côte du Nord-Ouest de l'Amérique, II, 142. Il cherche inutilement l'entrée de la rivière de Béhring, II, 143. Compte que rend la Pérouse du mérite de cet officier, IV, 177, 196, 241.

Cocos (Ile des), *tom.* III, *pag.* 230.

Colinet, lieutenant de frégate, embarqué sur la Boussole, I, 4. Est blessé par les sauvages à l'île Maouna, III, 201. Éloge de son zèle et de son activité, IV, 178.

Collignon, embarqué en qualité de jardinier botaniste, II, 7. Il sème toutes sortes de graines dans le meilleur terrain de l'île de Pâque, II, 97. Graines qu'il a reconnues en Californie, II, 281, 282. Tue à la baie de Castries un loup marin qu'il trouve endormi, et il éprouve un accident qui lui brise l'os du pouce, III, 78. Cherche des plantes à l'île Maouna, III, 235.

Compagnie (Ile de la); la Pérouse en a connaissance, III, 94.

Conception (Baie de la), au Chili; description de son entrée, II, 55. La Pérouse y mouille, II, 56. Son plan tracé par George Juan, et rectifié par Bernizet, II, 57. Départ de cette baie, II, 71.

Conception (Ville de la); elle a été détruite par un tremblement de terre en 1751, II, 58. Nouvelle ville, sa situation, son administration civile et militaire; détail sur les mœurs et coutumes des habitans, II, 58 et suiv. Costume des dames, II, 65.

Congrès. Idée d'une espèce de congrès pour l'achèvement de la reconnaissance du globe, I, xxij et suiv.

Consolation (Iles de), I, 313.

Conversion de Saint-Paul (Ile de la), I, 18.

Cook; son opinion sur le continent austral, II, 2. Ordre donné en 1778, à tous les bâtimens qui le rencontreraient, de le laisser passer, et de lui donner même du secours, II, 4. Il a déterminé avec précision la position des différens caps de la terre de Feu, II, 47. Son opinion sur la terre de Davis, II, 73. Examen des événemens qui ont occasionné sa mort, II, 119. Iles de la côte du Nord-Ouest de l'Amérique, qu'il n'a pas aperçues, II, 223.

Cook (Baie de), dans l'île de Pâque. Observations et remarques sur son mouillage, II, 79.

Corée (Côte de), II, 387 et suiv.

Cornes d'ammon (Mémoire de Lamanon sur les), IV, 134.

Cos (Cap), de Dixon; c'est le cap Fleurieu de la Pérouse *;* sa longitude et sa latitude, *tom.* II, *pag.* 231.

COSQUET (René-Marie), maître charpentier, I, 8.

COULEUVRES (Les), îles, I, 305.

CREACHADEC (Olivier), aide-voilier, I, 10.

CRÉE (Alain), matelot, I, 11.

CRILLON (Mont); montagne ainsi nommée par la Pérouse, II, 219.

CRILLON (Cap); sa position, III, 83.

CROIX (Port de la), dans l'entrée du port de Bucarelli, I, 327.

CROMPADOR, nom donné à Macao aux pourvoyeurs des bâtimens étrangers, II, 331.

CROSS (Cap), de la côte du Nord-Ouest de l'Amérique, ainsi nommé par la Pérouse, II, 220.

CROYÈRE (De Lisle de la), géographe français, dont le tombeau est au Kamtschatka; la Pérouse y fait attacher une inscription composée par Dagelet, III, 143.

CROYÈRE (De Lisle de la). Iles auxquelles la Pérouse a donné le nom de ce géographe, II, 223.

D.

DAGELET, embarqué comme astronome sur la Boussole, II, 6. Fait des observations à Brest, II, 11. Remet à la Pérouse une note contenant ses observations sur le retard des horloges n.ºs 18 et 19, II, 11, 12. Fait des relèvemens du mouillage à Madère, II, 16. Ses observations astronomiques à Ténériffe, II, 16. Prend des relèvemens des îles Mowée et Morokinne, faisant partie des îles Sandwich, II, 128. Fait des observations à terre en Californie, II, 284. (*Voyez* ASTRONOMIE.) La Pérouse rend hommage à son travail, IV, 165. Son éloge, IV, 197.

DAGELET (Ile), II, 391. Sa position, III, 326.

DAIGREMONT, enseigne de vaisseau, embarqué sur l'Astrolabe, I, 8. Descend à terre à la côte du Nord-Ouest de l'Amérique, II, 143. Meurt à Manille, II, 360, 361. Éloge qu'en fait de Langle, IV, 159, 179.

DALRYMPLE; son opinion sur la terre de Davis, II, 73. Sa carte des Philippines n'est pas exacte, *tom*. II, *pag.* 334.

DAMPIER, a fait erreur dans la citation de la position de la terre de Davis, II, 75.

DANGER de Byron (Iles du). Fausse position de ces îles sur les cartes, III, 177.

DANGEREUSE (La), roche à fleur d'eau, à quatre lieues Sud-Est du cap Crillon, III, 91.

DANIEL (Bertrand), matelot, I, 7.

DAPRÈS; son témoignage sur l'existence de l'île de l'Ascençaon, II, 37. Opinion du rédacteur sur le danger d'effacer des cartes les îles anciennement découvertes, II, 37.

DARAN (Jean), matelot, I, 7.

DARBAUD, embarqué volontaire sur la Boussole, I, 4. Les sauvages lui volent son habit, II, 157. Est nommé enseigne de vaisseau, II, 216. Va reconnaître une baie sur la côte de Tartarie, III, 24. Éloge de son zèle et de son activité, IV, 178, 196.

DARRIS (Jacques), premier maître d'équipage de la Boussole, I, 5.

DAVID (Louis), I, 8.

DAVID (Louis), canonnier, I, 11.

DAVIS (Ile de), II, 73.

DE CLONARD. *Voyez* CLONARD.

DÉCRETS de l'Assemblée nationale relatifs à la Pérouse, I, 1 et suiv.

DE LA BORDE BOUTERVILLIERS. *Voyez* BOUTERVILLIERS.

DE LA BORDE MARCHAINVILLE. *V.* MARCHAINVILLE.

DE LAMANON. *V.* LAMANON.

DE LA MARTINIÈRE. *Voyez* MARTINIÈRE.

DE LANGLE. *Voyez* LANGLE.

DÉLIVRANCE (Iles de la), I, 20.

DE MONNERON. *V.* MONNERON.

DE MONTARNAL. *Voyez* MONTARNAL.

DE MONTI. *Voyez* MONTI.

D'ENTRECASTEAUX. *Voyez* ENTRECASTEAUX.

DE PIERREVERT. *Voyez* PIERREVERT.

DE ROUX DARBAUD. *Voyez* DARBAUD.

D'ESCURES. *Voyez* ESCURES.

DESLUCHES (Pierre), fusilier, I, 12.

D'ESTAING (Baie). *V.* ESTAING.

DÉTROIT de le Maire. *Voyez* MAIRE.

DÉTROIT de Magellan. *Voyez* MAGELLAN.

DEVEAU (Simon-George), tom. I, pag. 12.

DIEGE (François), fusilier, I, 6.

DIEGO D'ALVAREZ (Ile de), I, 70.

DISGRACIADA (La), île découverte par les Espagnols ; discussion sur son existence, II, 106 et suiv.

DIXON, a fait une vaine recherche des îles los Majos, la Mesa, la Disgraciada, Rocca-Partida et Santa-Maria de la Gorta, II, 106 et suiv. Comparaison de sa navigation sur la côte du Nord-Ouest de l'Amérique avec celle de la Pérouse, II, 147 et suiv. Comparaison de ses déterminations et relations des mœurs et usages, II, 200, 223 et suiv.

DONETY (Jean), matelot, I, 7.

DRAKE (Iles de), I, 82.

DRAKE (Terre de) ; la Pérouse en fait la recherche, II, 52. Discussion sur l'existence de cette terre, II, 52, 53.

DREAU (Jean-Marie), matelot, I, 6.

DROUX (Jean-Louis), I, 12.

DRU (Le), propose de faire des observations sur l'aimant, et fournit une boussole d'inclinaison de sa composition, II, 8.

DUBOY-LAVERNE, directeur de l'imprimerie de la République. Éloge de son zèle et de ses soins pour cette édition, I, xv.

DUCHÉ DE VANCY, dessinateur, embarqué sur la Boussole, I, 5. Employé comme peintre de costumes et paysages, II, 7. Il dessine la vue de la Trinité, II, 28. Le costume des dames de la Conception du Chili, II, 65. Donne un dessin des monumens de l'île de Pâque, II, 86. Éloge de la vérité de ses dessins, IV, 166, 221.

DUFRESNE, naturaliste, embarqué sur l'Astrolabe, I, 9. Éloge de ses qualités sociales, IV, 160, 181. Sa conduite comme chargé de la traite des peaux de loutre, IV, 213. Renvoyé de Macao en France pour apporter la première partie du Voyage de la Pérouse, IV, 214.

DUMOULIN, subrécargue de la compagnie des Indes à Macao, IV, 183.

DUPAC DE BELLEGARDE. *Voyez* BELLEGARDE.

DUQUESNE (Guillaume), matelot, I, 10.

DUQUESNE (Jean-François), matelot, I, 7.

DURAND (Guillaume), matelot, I, 6.

DURAND (Jean-Pierre), armurier, embarqué sur la Boussole, *tom.* I, *pag.* 8.

DUTERTRE (Étienne), tambour, I, 6.

E.

EASTER (Ile d'). *Voyez* PÂQUE.

EAU *de la mer* ; observations sur sa lumière phosphorique, II, 13. Opinion de la Pérouse et du rédacteur sur ce phénomène, II, 13.

ÉCHANGES. État des marchandises et effets embarqués sur les bâtimens aux ordres de la Pérouse, tant pour donner en présens, que pour faire des échanges, I, 241.

EDJECUMBE ; mont et cap de ce nom, II, 221.

ÉLIE (Mont Saint) ; la Pérouse l'aperçoit le 23 juin 1786, II, 136. Sa hauteur, II, 141. Sa position, II, 141.

ELLIS ; son voyage à la baie d'Hudson, II, 1.

ELSTOCKENSTROM, directeur de la compagnie de Suède, rend des services à nos navigateurs, II, 328 ; IV, 182.

ENGANNO (Cap), II, 220.

ENTRECASTEAUX (D'). Le vaisseau la Résolution, qu'il commande, arrive dans la rivière de Canton avec la frégate la Subtile, II, 362. Il écrit à la Pérouse à Manille, II, 362. Nommé commandant de l'expédition destinée à la recherche de la Pérouse, il dirige sa route vers les îles de l'Amirauté ; motifs, I, lxj.

ÉQUI, nom donné aux chefs des habitans de quelques îles de la mer du Sud, I, 284 et suiv.

ÉQUIPAGES ; leur parfaite santé à leur arrivée à l'île Sainte-Catherine, II, 32. Opinion de la Pérouse sur le régime à suivre pour conserver la santé des équipages, IV, 236 et suiv.

ESCURES (D'), lieutenant de vaisseau, observe à Brest la marche des horloges marines, II, 11. Fait des relèvemens du mouillage à Madère, II, 16. Va visiter le port des Français, II, 150. Il se noie, II, 166 et suiv.

ESTAING (Baie d') ; sa situation, &c. III, 45.

ÉTATS (Ile des) ; la Pérouse en a connaissance, III, 94.

F.

FAGÈS, commandant des deux Californies, II, 259, 283.

DES MATIÈRES.

FANFOUÉ, île de l'archipel des Navigateurs, tom. III, pag. 222.

FAUDIL (Jean), aide-calfat, I, 6.

FAURE (Eutrope), aide-pilote, embarqué sur la Boussole, I, 5.

FER natif; opinion de la Pérouse et du rédacteur sur son existence, II, 152.

FERET (François), matelot, I, 11.

FERNANDO DE NORONHA (Ile de), I, 64.

FÉU (Terre de). Voyez TERRE.

FEU Saint-Elme, se pose sur les mâts et les vergues des frégates, II, 31. Observations du rédacteur, II, 31, 32; IV, 255.

FIRMIN de la Suen (Le père), président des missions de la Californie; son mérite, II, 267.

FLASSAN, garde de la marine, embarqué sur l'Astrolabe, I, 9. Va reconnaître un port sur la côte du Nord-Ouest de l'Amérique, II, 145. Il en fait un rapport favorable, II, 146. Il se noie, II, 166 et suiv. Éloge qu'en fait de Langle, IV, 158.

FLATTERY (Cap), sur la côte du Nord-Ouest de l'Amérique, II, 236.

FLETAN, poisson, II, 189.

FLEURIEU, chargé primitivement de la rédaction du Voyage de la Pérouse, I, iij. Les instructions et les notes géographiques ont été rédigées par lui, I, xj. Dresse les cartes hydrographiques qui doivent servir au voyage, et y joint un volume de notes géographiques, II, 8, 9. Ses observations sur les îles de Madère, Salvage et Ténériffe, II, 15. A parfaitement expliqué l'utilité des horloges marines, II, 288.

FLEURIEU (Cap); sa longitude et sa latitude, II, 231.

FLEURY (George), fusilier, I, 6.

FLHIRE (Antoine), caporal, I, 6.

FLORES (Ile don Manuel), I, 274.

FLUX et reflux de l'atmosphère sous l'Équateur, IV, 257.

FONTE (Détroit de l'amiral de); Dixon prétend qu'il n'existe pas, I, 325.

FORMOSE (Ile de); navigation sur ses côtes: nouveau banc que rencontre la Pérouse, II, 369 et suiv. Mémoire sur Formose, IV, 110.

FORSTER (George); réfutation d'une note qu'il a insérée dans son Voyage historique et pittoresque sur les rives du Rhin, I, xj.

FORT Galvès. Voyez GALVÈS.

FOUACHE (Pierre), matelot, tom. I, pag. 11.

FOUR (Ile du), I, 269.

FOURNI (Du), fait part de ses observations sur les arbres, et sur le nivellement des eaux de la mer, II, 8.

FRAICHOT (Jean-Pierre), canonnier, I, 7.

FRANÇAIS. *V.* PORT des Français.

FRANCHETEAU (Jacques), maître voilier, I, 6.

FRÉGATES, oiseaux; on les trouve en grand nombre sous la Ligne, II, 22.

FRETCH (Joseph), canonnier, I, 11.

FRETON DE VAUJUAS. *Voyez* VAUJUAS.

FRICHOUX (Jean), matelot, I, 7.

FUENTES (L'amiral) ou de Fonte. Détails sur son voyage, II, 134. La Pérouse doute de la vérité de sa relation, II, 217. Opinion de la Pérouse sur l'existence du canal de Saint-Lazare, II, 244.

FUNCHAL, dans l'île de Madère; la Pérouse a ordre d'y relâcher, I, 14.

G.

GALLAPAGOS (Iles des), II, 74.

GALVÈS (Bernardo), vice-roi du Mexique, II, 280.

GALVÈS (Fort), dans la baie de la Conception, II, 57.

GAMA (Antonio de), major général de Sainte-Catherine, se rend à bord de la Boussole, II, 38.

GARANDEL (Yves-Louis), matelot, I, 10.

GARNIER (Jean), matelot, I, 7.

GAUBIL (Le père); sa carte des mers de Chine, II, 382.

GAUDEBERT (Guillaume-Marie), contre-maître, embarqué sur la frégate l'Astrolabe, I, 9.

GAULIN (Jean), maître canonnier, embarqué sur l'Astrolabe, I, 10.

GENCE, littérateur, chargé en chef de la révision des épreuves à l'imprimerie de la République. Éloge de son zèle et de ses soins pour cette édition, I, xv.

GÉOMÉTRIE; mémoire de l'académie des sciences pour servir aux savans embarqués sous les ordres de la Pérouse, I, 158.

GEORGIA (Ile de). *Voy.* ROCHE (Ile Grande de la).

GERAUD (Jean), I, 12.

GILBERT (Christophe), caporal, aide-canonnier, I, 10.

GILLET (Jean), canonnier, I, 7.

GLOAHEC (François), matelot, I, 7.

GOBIEN (Le), garde de la marine,

fait lieutenant de vaisseau, *tom.* I, *pag.* 12. Passe, dans la rade de Manille, de la Subtile sur l'Astrolabe, II, 363; IV, 188, 195.

GOHONNEC (Jean), matelot, I, 7.

GONSOLES CARVAGNAL; services qu'il rend à la Pérouse, II, 359.

GORIN (François), matelot, I, 6.

GORTA (Nostra Señora de la), île. Vaine recherche qu'en fait la Pérouse, II, 107; II, 295 et suiv.

GOUGH (Ile de), I, 70.

GOURMELON (Jean), matelot, I, 11.

GRANDE (Ile); la Pérouse en fait une recherche infructueuse, II, 41 et suiv. *V.* ROCHE.

GROSSET (Jean), maître voilier, I, 10.

GUADALUPE (Havre de), I, 326.

GUAHAM (Ile), capitale de l'archipel des Mariannes, I, 317.

GUERY, horloger, embarqué sur la Boussole, I, 5.

GUIBERT (Port), II, 222.

GUILLEMIN (Pierre), canonnier, I, 7.

GUILLOU (Jean), chirurgien en second de l'Astrolabe, I, 12. Compte rendu de sa conduite, IV, 181.

GUIMARD (Pierre), canonnier, I, 11.

GUYADER (Jean le), matelot, I, 11.

GUYET DE LA VILLENEUVE, enseigne de vaisseau, passe, dans la rade de Manille, de la Subtile sur la Boussole, II, 363; IV, 188, 196.

H.

HALLEY; son système relativement aux variations de déclinaison de l'aiguille aimantée, II, 306.

HAMON (Jean), matelot, I, 11.

HAMON (Yves), matelot, I, 11.

HEARN, gouverneur des établissemens anglais dans la baie d'Hudson. Réclamation sur l'impression de son Voyage dans le Nord, I, xlvij. La Pérouse cite ce Voyage, II, 218.

HECTOR (D'), commandant de la marine à Brest, fait l'armement des frégates avec zèle, II, 9. Il fait mouiller les frégates dans la rade de Brest, avec des ancres et des câbles du port, tom. II, *pag.* 10.

HECTOR (Cap); sa position : c'est le cap Saint-James, II, 229.

HELLEC (Julien), matelot, I, 6.

HENRY (Gilles), matelot, I, 11.

HEREAU (Joseph), I, 12.

HERMITES (Les), îlots, I, 267.

HIGUINS, mestre-de-camp, gouverneur de la Conception du Chili. Détails sur ce militaire, II, 66 et suiv.

HOAPINSU (Ile de), II, 382.

HOLLANDAIS; leur voyage aux terres de Jesso : précision de leurs déterminations, III, 92 et suiv.

HOONGA-HAPAEE (Ile de), III, 251.

HOONGA-TONGA (Ile de), III, 250.

HORN (Cap). La Pérouse double ce cap, II, 51. Il n'y rencontre pas les difficultés que lui faisait craindre un préjugé qu'il attribue au voyage de l'amiral Anson, II, 51.

HUAHEINE (Ile d'), I, 19, 33.

HUDSON (Baie d'); expédition de la Pérouse dans cette baie, pour détruire les établissemens anglais, I, xxxviij.

HUGUET (Jean-Pierre), tambour, I, 10.

HUNTER (Le capitaine), commandant la frégate anglaise le Sirius à Botany-Bay, envoie offrir ses services à la Pérouse, III, 264.

I.

ILES (Baie des), II, 220.

INCARNATION (Ile de l'), I, 18.

INSECTES. Mémoire sur quelques insectes, par la Martinière, naturaliste, IV, 61.

INSTRUMENS. État des instrumens de tout genre embarqués sur les deux frégates, I, 246 et suiv.

IVASCHKIN, officier russe exilé. Détails, III, 141 et suiv.

J.

JAMES (Cap Saint) ; sa position : c'est le cap Hector, II, 229.

JARDINIER. Mémoire pour diriger le jardinier dans les travaux de son voyage autour du monde, I, 205. État des objets qui lui sont nécessaires pendant son voyage, I, 233.

JARDINS (Iles de la Mira et des). *Voyez* MIRA.

JERS (Corentin), matelot, I, 7.

JESSO (Terre de Yeço ou de), I, 149. *Voyez* JESSO, île.

JESSO,

JESSO, ou Jeço, ou Yeço; île au Nord du Japon. Discussion sur cette île, *tom*. III, *pag*. 14 et suiv.
JESUS-MARIA (Ile), I, 269.
JOHNSTON, négociant anglais à Madère, accueille la Pérouse, II, 13.
JONQUIÈRE (Baie de la), III, 51.
JOOTSI-SIMA (Ile), côte du Japon. La Pérouse l'aperçoit : observation du rédacteur sur le nom de cette île, III, 4, 5. Sa position, III, 7.
JUAN (George); les longitudes qu'il a assignées à la côte du Chili diffèrent peu de celles de la Pérouse, II, 57.
JUAN-FERNANDÈS (Ile). La Pérouse fait route pour cette île, II, 49. Il abandonne cette route pour se diriger vers la Conception, II, 54. La Pérouse ne prend pas connaissance de l'île de Juan-Fernandès; ses motifs, II, 71.
JUGON (Jean), fusilier, I, 8.

K.

KABOROF (Le lieutenant), commandant à Avatscha, III, 125.
KAO (Ile de), III, 249.

KASLOFF-OUGRENIN, gouverneur du Kamtschatka, III, 126. Services qu'il rend à la Pérouse, III, 137 et suiv.
KASTRICUM, vaisseau du capitaine Uriès. Détails sur son voyage, III, 14.
KASTRICUM (Cap), ainsi nommé par la Pérouse, III, 94.
KERGUELEN; ses voyages vers le continent austral, II, 3, 4.
KERMEL (Jean-Marie), commis aux vivres, I, 12.
KEROUART (Ilots), II, 229.
KUMI (Ile), II, 381. Sa position, III, 322.
KURILES (Iles), I, 24, 26, 37, 146. Détails sur ces îles, III, 152 et suiv.

L.

LACROIX DE CASTRIES, arrive en Chine avec d'Entrecasteaux, II, 362. Il est envoyé à Manille, et donne à la Pérouse des officiers et des matelots, II, 363.
LA DISGRACIADA. *Voyez* DISGRACIADA.
LAMANON, physicien, embarqué sur la Boussole, I, 5. Est employé dans l'expédition de la Pérouse comme naturaliste, II, 6. Il observe les points lumineux qui

sont dans l'eau de la mer, *tom*. II, *pag*. 13. Opinion de la Pérouse et du rédacteur sur ce phénomène, II, 13. Compose une inscription qu'il enterre au pied du cénotaphe élevé à la mémoire des compagnons de la Pérouse noyés au port des Français, II, 178. Son travail sur la langue des Indiens de la côte Nord-Ouest de l'Amérique, II, 288 et suiv. Fait des observations à la baie de Castries, III, 75. Descend à terre, quoique convalescent, à l'île Maouna, sur les chaloupes qui vont y faire de l'eau, III, 195. Il est massacré par les sauvages, III, 201. Extrait de son voyage au pic de Ténériffe, IV, 1. Mémoire sur les poulettes trouvées dans les mers de Tartarie orientale, IV, 116. Mémoire sur les cornes d'ammon, IV, 134. Extrait de sa correspondance avec le ministre, IV, 153 et suiv. Lettre et observ. sur le flux et reflux de l'atmosph. IV, 252, 257.

LAMANON (Pic); sa position, III, 28.

LAMARE (François), maître d'équipage, embarqué sur l'Astrolabe, I, 9.

LA MESA. *Voyez* MESA.

LA MIRA. *Voyez* MIRA.

LANGLE (De), est choisi par la Pérouse pour commander l'Astrolabe, II, 9. Il observe à Brest la marche des horloges marines, II, 11. Il envoie sa chaloupe à terre à la Trinité, II, 25. La Pérouse lui remet de nouveaux signaux, et lui indique des rendez-vous en cas de séparation, II, 40. Il donne avec la Pérouse une fête générale aux habitans de la Conception du Chili, II, 68. Fête donnée aux équipages à la Conception, II, 69. Relation de son voyage dans l'intérieur de l'île de Pâque, II, 97. Fait exécuter à bord un moulin à blé, II, 132. Rapport qu'il fait à la Pérouse d'un port de bateaux qu'il avait découvert dans l'île Maouna, III, 193. Il désire faire de l'eau dans ce port, et insiste auprès de la Pérouse pour différer le départ, III, 194. Dispositions qu'il prend à cet égard, III, 196. Il devient victime de son humanité et de la férocité des sauvages, III, 198 et suiv. Extrait de sa correspondance avec le ministre, IV, 153 et suiv. Éloge qu'en fait la Pérouse, IV, 176, 192, 197.

LANGLE (Baie de). Détails sur cette baie, sur ses habitans ;

informations prises auprès d'eux, tom. III, pag. 31 et suiv. Sa longitude et sa latitude, III, 332.

LANGLE (Pic de), III, 82.

LASTENNEC (Pierre-Marie), matelot, I, 7.

LA TOUCHE. Voyez TOUCHE.

LA TRINITÉ (Ile de). Voyez TRINITÉ.

LATTÉ (Ile), I, 282. L'une de l'archipel des Amis, III, 247.

LAURISTON, garde de la marine, embarqué sur l'Astrolabe, I, 9. Les Sauvages lui volent son habit, II, 157. Éloge que fait de Langle de son mérite et de ses qualités, IV, 160, 179, 196.

LAVAUX, chirurgien-major, embarqué sur l'Astrolabe, I, 9. Forme un vocabulaire de la langue des Orotchys et des Bitchys, III, 70, 73. Est grièvement blessé par les sauvages à l'île Maouna, III, 201. Compte que rend de Langle de sa conduite, IV, 181.

LAW DE LAURISTON. Voyez LAURISTON.

LEBAS (Joseph), matelot, I, 7.

LEBEC (Jean-Michel), quartier-maître, embarqué sur la Boussole, I, 5.

LEBIHAN (Yves), matelot, I, 7.

LEBIS (Pierre), fusilier, I, 8.

LEBLOIS (Joseph), matelot, I, 11.

LEBOT (Louis), matelot, I, 7.

LEBOUCHER (François), aide-calfat, I, 10.

LEBRICE (André-Marie), matelot, I, 7.

LEBRIS (Jean), matelot, I, 11.

LECAM (Jean), second charpentier, I, 10.

LECAR (Jacques), second chirurgien, embarqué sur la Boussole, I, 7.

LECORS (Denis), matelot, I, 11.

LEDUC (Charles), matelot, I, 6.

LEFUR (Vincent), maître d'équipage, embarqué sur la Boussole, I, 5.

LEGAL (Robert-Marie), maître charpentier, embarqué sur l'Astrolabe, I, 10.

LE GOBIEN. Voyez GOBIEN.

LEISSEIGUE (Bertrand), matelot, I, 11.

LELOGAT (François), matelot, I, 10.

LE MAIRE. Voyez MAIRE.

LEMAÎTRE (Jean-Baptiste), second pilote, embarqué sur la Boussole, I, 5.

LEMOS (Bernardo-Alexis de), gouverneur de Macao, accueille Boutin, qui lui est envoyé par la Pérouse, II, 316 et suiv.

LENDEBERT (Coderant), canonnier, *tome* I, *pag.* 11.

LÉON (Mathurin), premier pilote, I, 9.

LÉONÉ, île de l'archipel des Navigateurs, III, 222.

LEPAUTE - DAGELET. *Voyez* DAGELET.

LEQUELLEC (Joseph), matelot, I, 10.

LERAND (Jacques), armurier, I, 12.

LESSEPS, interprète, embarqué sur l'Astrolabe, I, 9. Est attaqué à la chasse par les sauvages, II, 196. Utilité dont il est à la Pérouse, au Kamtschatka, par sa facilité à parler la langue russe, III, 126. Éloge de ses qualités sociales, IV, 160. La Pérouse se décide à l'envoyer du Kamtschatka par terre à Paris. Regrets de la Pérouse sur son départ, IV, 199.

LETANAFF (Jean-Marie), matelot, I, 11.

LÈVRES. Usage des femmes de la côte du Nord-Ouest de l'Amérique, de se percer la lèvre inférieure, et d'y attacher une espèce d'écuelle, I, 331; II, 200 et suiv.

LHOSTIS (François), matelot, I, 6.

LIEUTOT (Pierre), fusilier, I, 6.

LIGNE, ou *Équateur;* la Pérouse la coupe trois fois, II, 21; III, 174, 286, 346.

LISLE DE LA CROYÈRE (De). *Voyez* CROYÈRE.

LIVIERRE (Edme - François-Mathieu), sergent - canonnier, I, 6.

LIVRES. État des livres embarqués sur les deux frégates, I, 250 et suiv.

LORGI (Claude), matelot, I, 11.

LORMIER (Étienne), premier maître d'équipage, embarqué sur la Boussole, I, 5.

LOS MAJOS. *Voyez* MAJOS.

LOS REMEDIOS. *V.* REMEDIOS.

LOUISIADE (Terres de la), de Bougainville, I, 119.

LOUTRE (Peaux de). Échange que fait la Pérouse avec les sauvages du port des Français, II, 154 et suiv. Quantité de peaux de loutre qu'on peut se procurer en Californie, et observations sur ce commerce, II, 276 et suiv. Vente de ces peaux en Chine, II, 329 et suiv. Mémoire sur le commerce de ces peaux, IV, 140.

LOUVIGNI (Jean), premier commis, embarqué sur la Boussole, I, 7.

LOZIER-BOUVET. *V.* BOUVET.
LUCO (Jean), matelot, *tom.* I, *pag.* 7.

M.

MACAO, I, 25. Les frégates y arrivent ; elles y séjournent : détails sur son gouvernement, II, 314 et suiv. Départ, II, 333.

MADÈRE. La Pérouse arrive à Madère, II, 13. Il est accueilli par Johnston, négociant anglais, Murrai, consul d'Angleterre, et Moutero, chargé des affaires de France ; il y trouve le vin à un prix excessif, II, 14. Son départ, II, 15. Observations de Fleurieu, Verdun et Borda, II, 15.

MAGELLAN ; son premier voyage extrait, I, 95.

MAGELLAN (Détroit de) ; la Pérouse était par son travers dans la mer du Sud, II, 51.

MAGNEUR (Jean), matelot, I, 7.

MAIRE (Le) et Schouten ; leur voyage extrait, I, 104.

MAIRE (Détroit de le). Quantité de baleines qu'on y voit, II, 49. Leur familiarité, II, 49.

MAJOS (Los), île découverte par les Espagnols; discussion sur son existence, II, 105 et suiv.

MALADIE vénérienne. *Voyez* VÉNÉRIENNE.

MALDONALDO (Lorencio Ferrer de), paraît avoir parcouru un passage au Nord, II, 2. Détails du voyage dans lequel il a trouvé le passage au Nord, II, 134.

MANILLE, capitale de l'île de Luçon et des Philippines, I, 256. Détails sur son gouvernement, II, 341 et suiv. Mémoire sur Manille, IV, 106.

MANSILOQ (Banc de), II, 334.

MANTEAU royal, fossile, II, 189.

MAOUNA, une des îles de l'archipel des Navigateurs. La Pérouse y arrive, III, 183. Il traite avec les insulaires, III, 184. Mœurs et coutumes des habitans de Maouna ; malheur qu'y éprouve la Pérouse, III, 186 et suiv.

MARCHAINVILLE, enseigne de vaisseau, embarqué sur l'Astrolabe, I, 8. Descend à terre à la baie de Béhring, côte du Nord-Ouest de l'Amérique, II, 142. Il se noie, II, 166 et suiv. Éloge qu'en fait de Langle, IV, 158.

MARGOURA (Ile de la), l'une de l'archipel des Amis, III, 245, 246.

MARIANNES (Iles) ; la Pérouse

y arrive, *tom.* II, *pag.* 306. Erreur de leur position, II, 307.

MARIKAN ou Marakina (Ile), la plus méridionale des îles Kuriles, III, 95.

MARIN (François), fusilier, I, 12.

MARIVELLE (Banc de), II, 334. Les frégates y mouillent : description, II, 335 et suiv.

MARTINEZ (Don Estevan), commandant de deux bâtimens espagnols à Monterey, envoie des pilotes à la Pérouse, II, 243.

MARTINIÈRE (La), est employé dans l'expédition de la Pérouse, comme botaniste, II, 7. Il herborise à Ténériffe, II, 18. Descend à terre à la Trinité pour herboriser, II, 25. Fait des recherches botaniques à la baie de Castries, III, 75. Cherche des plantes à l'île Maouna ; les insulaires les lui font payer, III, 235, 236. Mémoire sur quelques insectes, IV, 61. Éloge de ses qualités sociales et de son zèle, IV,1, 60, 181. Extrait d'une lettre, tirée des journaux de physique du temps, IV, 172. Autre lettre, IV, 247.

MARTINIÈRE (Pic la) ; sa position, III, 49.

MARTIN-VAS (Iles de), I, 67. Relèvemens et déterminations de leur position : ce sont plutôt des îlots ou rochers, II, 24. Leur latitude et longitude, II, 29.

MARTYR (Le), île, I, 265.

MARZIN (Alain), matelot, I, 6.

MASSÉ (Julien), matelot, I, 11.

MASSEPIN (Jean-Charles), fusilier, I, 8.

MASSON (Jean), matelot, I, 6.

MATTHIAS (Ile), I, 270 et suiv.

MAURELLE (François-Antoine). Relation de son voyage de Manille à Saint-Blaise, I, 256. Extrait de la relation de son voyage pour la découverte des côtes occidentales de l'Amérique septentrionale, I, 324. Il n'a fait aucune mention des cinq îles découvertes par la Pérouse sur la côte du Nord-Ouest de l'Amérique, II, 223.

MAVEL (Adrien de), second pilote, I, 9.

MÉCANIQUE ; mémoire de l'académie des sciences pour servir aux savans embarqués sous les ordres de la Pérouse, I, 158.

MÉDAILLES frappées pour le voyage de la Pérouse ; leur description, I, lxviij.

MÉDECINE (Société de) ; ses questions proposées aux voyageurs qui accompagnent la Pérouse, *tom.* I, *pag.* 180.

MEL DE SAINT-CÉRAN. *Voyez* CÉRAN.

MELGUER (David), capitaine portugais, a trouvé un passage au Nord, II, 246.

MENDAÑA; son premier voyage extrait, I, 96. Son second voyage extrait, I, 98. Erreurs de la position de ses découvertes sur les cartes; causes de ces erreurs, II, 105, 106.

MENDOÇA (Iles Marquises de), I, 23, 121.

MÉRIDIEN. Avantages d'un méridien universel, I, xxv.

MESA (La), île découverte par les Espagnols; discussion sur son existence, II, 105, 106.

MESCHIN (Pierre), maître calfat, I, 6.

MESURES. *Voyez* POIDS et mesures.

MEVEL (Louis), maître calfat, I, 10.

MEZON (Louis), matelot, I, 11.

MILET-MUREAU, rédacteur et éditeur du Voyage de la Pérouse. Son opinion sur le continent austral, II, 2. Cite la conduite des Français envers le capitaine Cook à l'époque de la guerre de 1778, II, 4. Les découvertes des terres inconnues sont-elles avantageuses à leurs habitans? II, 5, 6. Pertes que les sciences et les arts ont faites par le naufrage des bâtimens de l'expédition de la Pérouse, II, 9. Son opinion sur la lumière de l'eau de la mer, II, 13. Remarque sur la manière de mesurer les hauteurs, par le moyen du baromètre, II, 19. Différentes hauteurs du pic de Ténériffe comparées, II, 20. Discussion sur l'île de l'Ascençaon, II, 30. Opinion sur le feu Saint-Elme, II, 31. Trouve qu'il est dangereux d'effacer des cartes, les îles qu'on ne retrouve pas, II, 37. Sur l'existence de l'île Grande ou de la Roche, II, 43. Discussion relative à la terre de Davis, II, 75 et suiv. Différences qui existent dans les relations sur l'île de Pâque, II, 96. Rapprochement des différentes opinions sur l'existence de l'archipel des îles la Mesa, los Majos, Rocca-Partida, Santa-Maria de la Gorta, II, 106, 107. Comparaison des vocabulaires de la langue des îles Sandwich, II, 114, 115. Notice des circonstances qui ont occasionné l'assassinat du capitaine Cook, II, 119, 120.

Les navigateurs modernes ont à se reprocher l'introduction de la maladie vénérienne dans les îles de la mer du Sud, *tom.* II, *pag.* 122 et suiv. Anthropophagie des habitans des îles de la mer du Sud, II, 125. Probabilité d'un passage au Nord de l'Amérique, II, 134. Erreur de la Pérouse sur le lieu où le capitaine Tschirikow perdit ses canots, II, 143. La rivière de Béhring de la Pérouse est la baie de Béhring de Cook, II, 144. Priorité des découvertes sur la côte du Nord-Ouest de l'Amérique, en faveur de la Pérouse, contre Dixon et Méarès, II, 147, 148. Son opinion sur l'existence du fer vierge, II, 152. Sur l'alliage qui produit le cuivre jaune, II, 153. Ses observations relativement aux vents alizés dans la mer du Sud, II, 304, 305. Prouve l'existence des îles de la Mira et des Jardins, et la nécessité de laisser sur les cartes, les îles non retrouvées, II, 307. Réclame contre une assertion du capitaine Dixon, attentatoire aux égards et à la confiance dus à la Pérouse, II, 330. Vues politiques sur les Philippines, &c.

II, 352, 353. Motifs qui lui ont fait changer le nom du détroit qui sépare le Jesso de l'Oku-Jesso, III, 79. Observations sur le chaos de la géographie des îles à l'Est de l'Asie, III, 83 et suiv. Donne une preuve de l'ignorance des Russes sur le Jesso, III, 112. Son opinion sur l'origine du mal vénérien dans les îles de la mer du Sud, IV, 19, 20, &c. Préface, I, j. Discours préliminaire, I, xvij.

MILLE-ÎLES, de Bougainville, I, 262 et suiv.

MINDANAO (Ile de), I, 27, 41.

MINÉRALOGIE; mémoire de l'académie des sciences, pour servir aux savans embarqués sous les ordres de la Pérouse, I, 168.

MIRA et des Jardins (Iles de la); non retrouvées par la Pérouse, II, 306, 307. Observations du rédacteur, II, 307.

MOAL (Jean), matelot, I, 10.

MOCHA (Ile); la Pérouse en a connaissance, II, 54.

MOINES (Les), îlots, I, 267.

MONENS (Jean), matelot, I, 11.

MONGE,

MONGE, est embarqué sur l'Astrolabe comme astronome, *tom.* II, *pag.* 6. Des raisons de santé l'obligent à débarquer à Ténériffe, II, 6. Il fait des observations astronomiques à Brest, II, 11.

MONGÈS, s'embarque avec la Pérouse en qualité de physicien et de minéralogiste, II, 7. Fait des recherches lithologiques à la baie de Castries, III, 75. Va visiter un volcan à quelques lieues d'Avatscha, III, 129. Extrait de son voyage au pic de Ténériffe, IV, 1.

MONNERON, capitaine au corps du génie, embarqué sur la Boussole, I, 5. Ses fonctions dans l'expédition de la baie d'Hudson, I, xlij et suiv. Va à Londres pour chercher des boussoles d'inclinaison, II, 8. Il n'en trouve point, et le chevalier Banks lui fait prêter celles qui avaient servi au capitaine Cook, II, 8. Il s'embarque avec la Pérouse comme ingénieur en chef, II, 8. Il dessine le fort de la Trinité, II, 27. Descend à la baie de Béhring, côte du Nord-Ouest de l'Amérique, II, 142. Il lève le plan du port des Français, II, 158. Ses observations sur l'île de la Trinité, IV, 87. Sur l'île Sainte-Catherine, IV, 90. Sur le Chili, IV, 96. Sur l'île de Pâque, IV, 101. Sur les îles Sandwich et la baie des Français, IV, 102. Sur le port de Monterey, IV, 104.

MONNERON (Ile), III, 82.

MONTARNAL, garde de la marine, embarqué sur la Boussole, I, 4. Il se noie, II, 166 et suiv.

MONTEREY, en Californie; les bâtimens y arrivent, II, 243. Description de sa baie, II, 247. Son mouillage, II, 248. Détails sur son gouvernement, II, 249 et suiv. Mœurs et usages de ses habitans, II, 251 et suiv. Leurs habillemens, leurs jeux, II, 251 et suiv. Ses missions, II, 251. Description du genre de vie des missionnaires et des Indiens, II, 256 et suiv. Productions et fertilité de la terre, II, 255. Sa longitude et sa latitude, III, 304.

MONTEREY (Port de). Observations de Monneron sur ce port, IV, 104.

MONTI, lieutenant de vaisseau, embarqué sur l'Astrolabe, I, 8. Va reconnaître une baie sur la côte du Nord-Ouest de l'Amérique, *tom.* II, *pag.* 138. La Pérouse donne à cette baie le nom de baie de Monti, II, 139. Ses qualités personnelles, IV, 159, 179, 196, 241.

MONTI (Baie de). *V.* MONTI.

MONT Saint-Élie. *Voyez* ÉLIE.

MORAIS, cimetières; description de ceux de l'île de Pâque, IV, 32 et suiv.

MORDELLE (François), mousse, I, 12.

MOREAU (Alexandre), maître calfat, I, 6.

MOREL (Jacques), aide-canonnier, I, 10.

MOROKINNE (Ile), l'une des îles Sandwich; la Pérouse en a connaissance le 28 mai 1786, II, 111 et suiv.

MORUES; la Pérouse en prend une grande quantité sur les côtes de Tartarie, III, 19, 26.

MOTTE (Pierre), fusilier, I, 8.

MOULINS à blé; utilité dont ils peuvent être à bord des vaisseaux, II, 132.

MOUTERO, chargé des affaires de France à Madère, y reçoit les deux frégates, II, 14.

MOUTON (Jérôme Laprise), sous-lieutenant de vaisseau, I, 5. Sa conduite à l'île Maouna, lorsqu'il fut attaqué par les sauvages, III, 200. Éloge de son zèle et de son activité, IV, 178, 196.

MOWÉE (Ile), l'une des îles Sandwich; les frégates y arrivent, II, 113 et suiv. Sa position, III, 288 et suiv. Dissertation sur ses habitans, par Rollin, IV, 7.

MULGRAVE (Port): c'est la baie de Monti de la Pérouse, II, 140.

MURRAI, consul d'Angleterre à Madère, comble d'honnêtetés la Pérouse et ses compagnons, II, 14.

MUSIQUE. Air des sauvages de la côte du Nord-Ouest de l'Amérique, II, 209.

N.

NABO, cap du Japon, dont la position a été déterminée par le capitaine King, III, 6.

NAIRNE (Baromètre de); observations sur ses qualités, III, 8.

NAVIGATEURS (Iles ou archipel des), I, 20. La Pérouse en a connaissance, III, 177. Il traite avec les insulaires, III, 180 et suiv. Noms de ces îles, *tom.* III, *pag.* 222. Mœurs des femmes, III, 227 et suiv.

NECKER (Port.), II, 222.

NECKER (Iles), sur la côte du Nord-Ouest de l'Amérique, II, 240.

NECKER (Ile), dans le grand océan, découverte par la Pérouse, II, 299.

NEVIN (Claude), aide-calfat, I, 6.

NICOLE (Guillaume-Lambert), matelot, I, 11.

NITERHOFFER (Michel), canonnier, I, 7.

NORD (Passage au). *Voyez* PASSAGE.

NORET (Hilarion-Marie), matelot, I, 7.

NORFOLK (Entrée de), II, 222.

NORFOLK (Ile); la Pérouse en a connaissance, III, 258.

NOTO (Cap), au Japon. La Pérouse en a connaissance, III, 4. Sa position, III, 7.

NOUVELLE-HOLLANDE (Côtes de la), I, 120.

NOUVELLE-ZÉLANDE (Ile de la), I, 121.

O.

OKU-JESSO, ou île Ségalien. Détails relatifs à cette île, III, 27 et suiv.

OMNES (François-Marie), forgeron, I, 12.

ONTONG-JAVA (L'), archipel, I, 274 et suiv.

OPOUN, île de l'archipel des Navigateurs, III, 222.

OROTCHYS, III, 62.

OSSAMO, île de l'archipel des Navigateurs, III, 222.

OTAHA (Ile d'), I, 19.

OUERA, île de l'archipel des Navigateurs, III, 222.

OWHYHEE (Ile d'); la Pérouse en a connaissance le 28 mai 1786, II, 110 et suiv.

OYOLAVA (Ile d'), l'une de l'archipel des Navigateurs, III, 218.

P.

PALOS (Iles), I, 265.

PÂQUE (Ile de), ou d'Easter, I, 17, 32, 90. Elle est retrouvée par Roggewein en 1722, II, 73. La Pérouse en a connaissance, II, 73. Il y mouille le 9 avril 1786, II, 77. Les Indiens viennent à son bord, II, 77, 78. Sa description, les mœurs et coutumes des habitans, &c. II, 79 et suiv. Observations sur le mouillage de la baie de Cook, II, 79. Départ, *tom.* II, *pag.* 104. Longitude et latitude de l'île, III, 286. Dissertation sur ses habitans, par Rollin, IV, 7. Mémoire géographique par Bernizet, IV, 21.

PARATOUNKA (Le curé de), se rend à bord du vaisseau de la Pérouse, III, 101.

PASSAGE au Nord. Opinion de la Pérouse, du rédacteur, &c. Probabilités, II, 134.

PATAGONS. La Pérouse arrive à la côte des Patagons, II, 46. Ses sondes, sa description, II, 46.

PAUGAM (Pierre-Marie-Fidèle), matelot, I, 11.

PAUL (Jean-François), maître calfat, I, 10.

PÊCHE. Manière dont les sauvages de l'Amérique pêchent, II, 206.

PÉLICANS; observations sur leur rencontre aux attérages, II, 249.

PELLETERIES (Détails sur les), III, 147 et suiv.

PENN (Juliens le), canonnier, I, 11.

PENNATULA, insecte décrit par la Martinière, IV, 63.

PENNEDO de San-Pedro, I, 15, 62.

PEREZ (Jean), a fait un voyage de découvertes à la côte Nord-Ouest de l'Amérique, I, 324.

PESCADORES (Iles), II, 373 et suiv.

PÉTRELS, oiseaux. Les chasseurs envoyés par la Pérouse dans les bâtimens à rames, en tuent une grande quantité, de quatre espèces, qui servent à nourrir les équipages, II, 45.

PHILIBY (Pierre), aide-canonnier, I, 10.

PHILIPPE (Michel-Étienne), fusilier, I, 12.

PHYSIQUE; mémoire de l'académie des sciences pour servir aux savans embarqués sous les ordres de la Pérouse, I, 160.

PIC de Ténériffe. *V.* TÉNÉRIFFE.

PICHARD (Guillaume), matelot, I, 7.

PIERREVERT, enseigne de vaisseau, embarqué sur la Boussole, I, 4. Est envoyé vers le gouverneur de Sainte-Catherine, II, 36. Va reconnaître un port sur la côte du Nord-Ouest de l'Amérique, II, 145. Il se noie, II, 166 et suiv.

PINGRÉ (A. G.); sa traduction du manuscrit espagnol du voyage de la frégate la Princesse, I, 256.

PITCAIRN (Ile), I, 18.

PLEMER (Louis), matelot, I, 7.

PLEVIN (Joseph), matelot, I, 7.

PLINER (Jean-Baptiste), canonnier, *tom.* I, *pag.* 11.
PLISTARD (Ile); la Pérouse y arrive, III, 257.
PLUMEUR (Jean-Gautier), canonnier, I, 11.
POCHIC (Jacques), matelot, I, 6.
POIDS et mesures (Uniformité des); moyen d'adoption et d'utilité, I, xxxij.
POINTE Boisée, côte du Nord-Ouest de l'Amérique. Sa position précise, déterminée par la Pérouse, et comparée avec la détermination de Cook, II, 235.
POINTE de Brisans, côte du Nord-Ouest de l'Amérique, II, 236.
POINTEL (Laurent), aide-voilier, I, 6.
POLA (Ile de), l'une de l'archipel des Navigateurs, III, 221.
PORT des Français, nom donné par la Pérouse à un port qu'il découvre sur la côte du Nord-Ouest de l'Amérique, II, 148. Mœurs et usages des habitans, II, 153 et suiv. Sa description, II, 158. La Pérouse achète du chef des sauvages, l'île qui est au milieu du port, II, 161. Noms des officiers et matelots qui s'y sont noyés, II, 179. Ses productions végétales et animales, II, 188 et suiv. Longitude et latitude du mouillage, III, 292. Mémoire sur les indigènes, IV, 39. Observation de Monneron sur cette baie, IV, 102.
POSTIGO, capitaine de frégate de la marine d'Espagne, se rend à bord du vaisseau de la Pérouse, dans la rade de la Conception du Chili, II, 56.
POTORELLE (François), I, 12.
POULETTES; description d'une espèce trouvée dans les mers de Tartarie orientale par Lamanon, IV, 116.
POUSSOLE, l'une des nourritures des Indiens de la Californie, II, 267. *Voyez* ATOLE.
PRAYA (La), dans l'île Sant-Yago; la Pérouse a ordre d'y relâcher, I, 14.
PRÉSIDIO, nom donné par les Espagnols à leurs établissemens chez les Infidèles, II, 253.
PREVOST oncle, dessinateur, embarqué sur l'Astrolabe, I, 9. Employé pour peindre tout ce qui concerne l'histoire naturelle, II, 7.
PREVOST le jeune, dessinateur, embarqué sur la Boussole, I, 5. Employé comme peintre en

histoire naturelle, *tom.* II, *pag.* 7. Éloge de son zèle, IV, 167.

PRIEUR (Pierre), canonnier, I, 7.

PRINCE (Ile du), I, 22.

PRINCESSE (La frégate la); son voyage de Manille à Saint-Blaise, I, 256.

Q.

QUATRE-COURONNÉES (Iles des), I, 18.

QUATRE-FRÈRES (Iles des); la Pérouse voit la plus septentrionale, III, 95.

QUEDEC (Guillaume), matelot, I, 11.

QUELPAERT (Ile), II, 384. Bernizet en trace le plan, II, 385.

QUERENNEUR (Jean), pilote côtier, I, 7.

QUERRÉ (François), pilote côtier, I, 11.

QUEXADA, commandant par intérim à la Conception du Chili; accueil qu'il fait aux Français, II, 64 et suiv.

QUINION (Jacques), coq, I, 8.

QUIQUIRINE ou Quiriquine (Ile); elle rétrécit l'entrée de la baie de la Conception, II, 55.

QUIROS et Torrès; leur voyage extrait, I, 99. Erreurs de la position de leurs découvertes sur les cartes; cause de ces erreurs, II, 105, 106.

R.

RABIER (Pierre), canonnier, I, 11.

RASE (Ile), I, 269.

RAXI DE FLASSAN. *Voyez* FLASSAN.

RAYES (Joseph), canonnier, I, 7.

RECEVEUR, naturaliste, embarqué sur l'Astrolabe, I, 9. Il descend à terre à la Trinité, II, 25. Fait des recherches lithologiques à la baie de Castries, III, 75. Va visiter un volcan à quelques lieues d'Avatscha, III, 129. Reçoit une forte contusion à l'œil lorsque les chaloupes sont attaquées par les sauvages à l'île Maouna, III, 201. Éloge de ses qualités sociales, IV, 160, 180.

REDELLEC (Jean), matelot, I, 11.

REFUGE (Ile du), I, 273.

REGLA (Ile de), I, 341.

REINE-CHARLOTTE (Iles de la); leur identité avec celles

DES MATIÈRES. 303

qui composent l'archipel Saint-Lazare, *tom.* I, *pag.* 325.

REINIKIN, successeur du major Behm, dans le Kamtschatka, III, 125.

REMEDIOS (Havre ou port de los), I, 326; II, 220.

RICHARD (Guillaume), matelot, I, 11.

RICHARD (René), boucher, I, 12.

RICHEBECQ (Joseph), matelot, I, 11.

RICHERY (De), enseigne de vaisseau, est rencontré à Macao par la Pérouse, auquel il donne des secours en tous genres, II, 316.

RIO (Pierre-Marie), matelot, I, 10.

RIO-JANÉIRO, n'offre pas pour les navigateurs les mêmes ressources en rafraîchissemens que l'île Sainte-Catherine, II, 38.

RIOU (Charles-Jacques-Antoine), matelot, I, 10.

RIOU (Yves), I, 12.

ROBERT (Julien), matelot, I, 7.

ROBERTS; citation de sa carte relativement à la position de l'archipel connu sous le nom de los Majos, la Mesa, la Disgraciada, &c., II, 106 et suiv.

ROBIN (Laurent), matelot, I, 11.

ROCCA-PARTIDA, île découverte par les Espagnols; discussion sur son existence, II, 107 et suiv.

ROCHE (Ile Grande de la), I, 15, 31, 71; II, 241 et suiv.

ROGGEWEIN; son voyage extrait, I, 109. Retrouve l'île de Pâque en 1722, II, 73. On lui attribue la découverte de l'archipel des Navigateurs, III, 223.

ROLLAND (Sébastien), contre-maître, embarqué sur l'Astrolabe, I, 9.

ROLLAND (Simon), tonnelier, I, 7.

ROLLIER, oiseau tué par un officier; espèce qui n'a point été décrite par Buffon, II, 39.

ROLLIN, chirurgien-major, embarqué sur la Boussole, I, 5. Mémoires, IV, 7, 36, 73. Éloge de ses soins, IV, 197.

ROLLIN (Cap), sur l'île Marikan, III, 97.

RONFLEUR (Le), écueil, I, 276.

ROPARS (François), contre-maître, embarqué sur la Boussole, I, 5.

ROSTAING, commandant des troupes de débarquement dans l'expédition de la baie d'Hudson, I, xlij.

ROTH (André), canonnier, *tom.* I, *pag.* 7.

ROUTE (Tables de). Celles de la Boussole, III, 267. De l'Astrolabe, III, 353.

ROZIER (César-Augustin de), canonnier, I, 7.

RUELLAND (Julien), matelot, I, 11.

RUSSIE; son commerce dans les îles à l'Est du Kamtschatka, III, 159 et suiv.

S.

SABATERO, commandant l'artillerie à la Conception du Chili, II, 65.

SAINT-ANTOINE (Ile), I, 272.

SAINT-ANTOINE (Port), I, 337.

SAINT-AUGUSTIN (Ile), I, 316.

SAINT-BERNARD (Ile), I, 19.

SAINT-BLAISE (Ile), I, 272.

SAINT-CÉRAN. *Voyez* CÉRAN.

SAINT-ÉLIE (Mont). *V.* ÉLIE.

SAINT-ELME (Ile de), I, 18.

SAINT-ELME (Feu). *Voyez* FEU *Saint-Elme*.

SAINT-ERMOGÈNE (Cap), I, 341.

SAINT-ESPRIT (Terre du), de Quiros, I, 113.

SAINT-FRANÇOIS (Ile), I, 272.

SAINT-GABRIEL (Ile), I, 269.

SAINT-HYACINTE (Ile), I, 273.

SAINT-HYACINTE (Mont), II, 221.

SAINT-JACQUES (Port), I, 339.

SAINT-JAMES (Cap). *V.* JAMES.

SAINT-JEAN-BAPTISTE (Ile de), I, 18.

SAINT-JOSEPH (Ile), I, 272.

SAINT-LAURENT (Ile), I, 272.

SAINT-MARC (De), consul général de France à Lisbonne; la Pérouse lui adresse ses dépêches de l'île Sainte-Catherine, II, 39.

SAINT-MATHIEU (Ile de), I, 64.

SAINT-MAURICE (René de), I, 8.

SAINT-MICHEL (Ile), I, 18, 269.

SAINT-PIERRE (Ile), I, 272.

SAINT-PIERRE (Rivière de), dans la baie de la Conception, II, 58.

SAINT-PIERRE et SAINT-PAUL. *Voyez* AVATSCHA.

SAINT-RAPHAËL (Ile), I, 269.

SAINTE-ANNE (Ile), I, 274.

SAINTE-BARBE (Ile), I, 274.

SAINTE-CATHERINE (Ile). *Voyez* CATHERINE.

SAINTE-CROIX (Ile), de Mendaña, I, 20.

SAINTE-HÉLÈNE

DES MATIÈRES.

SAINTE-HÉLÈNE (Ile de), tom. I, *pag.* 66.

SAINTE-ROSE (Ile), I, 273.

SALOMON (Iles de), I, 34, 280.

SALVAGE (Ile); sa longitude et sa latitude, II, 16.

SAN-CARLOS (Iles), II, 225.

SAN-DIEGO (Cap); la Pérouse en a connaissance, II, 48. Ses ressifs, II, 48.

SANDWICH (Iles), I, 23, 122. Probabilités que cet archipel est le même que celui des Espagnols connu sous le nom de los Majos, la Mesa, la Disgraciada, &c., II, 106 et suiv. Arrivée à ces îles; description, mœurs, usages des habitans, &c. II, 110 et suiv. Départ, II, 127.

SANDWICH (Terre de), I, 15, 81.

SANTA-MARIA de la Gorta. *Voyez* GORTA.

SARTINE (Iles); leur position, II, 234. Nommées Berreford par Dixon, II, 234.

SAULOT (François), aide-canonnier, I, 10.

SAUMONS; leur abondance dans les mers de Tartarie, III, 33, 49, 50.

SAUVAGES; ceux du détroit de le Maire allument des feux pour engager les frégates à y relâcher, II, 50.

SAXEMBURG (Ile), I, 68.

SCHMALEFF, capitaine commandant les Kamtschadales, III, 125, 127.

SCHOUTEN. *Voyez* LE MAIRE.

SCORBUT (Précaution contre le), II, 132; IV, 236 et suiv.

SEBIR, négociant français, rend des services à la Pérouse, II, 345 et suiv.

SÉGALIEN. *Voyez* TCHOKA.

SEMENCES; manière de les conserver à bord et de les transporter, I, 205 et suiv.

SERVIÈRES; lettre à lui écrite par Lamanon, IV, 245.

SEULE (La), île, I, 306.

SHIKA, île de l'archipel des Navigateurs, III, 222.

SIRON (Michel), I, 8.

SISIRAN, port de l'île de Luçon, I, 257.

SOCIÉTÉ d'histoire naturelle, appelle l'attention de l'Assemblée nationale sur l'expédition de la Pérouse, I, liij. Expressions du rapport relatif à la demande d'un armement pour aller à la recherche de la Pérouse, I, lv.

Sol (Jean), *tom.* I, *pag.* 12.

Soudé (Jean-Baptiste-François), aide-charpentier, I, 6.

Soulas (Léonard), second canonnier, I, 10.

Span (Louis), canonnier, I, 11.

Steinheil, ancien capitaine ispravnik du Kamtschatka, III, 127.

Stephan (Guillaume), matelot, I, 7.

Suffren (Baie de); description, III, 24. Sa longitude et sa latitude, III, 330.

T.

Tabouoro, nom que les insulaires de Ségalien donnent au golfe d'Aniva, III, 91.

Taïti (Ile d'O), I, 17. Indiquée à de Langle pour second rendez-vous en cas de séparation, II, 41.

Taïti-ete (Ile d'O), I, 18.

Talcaguana (Anse de), dans la baie de la Conception. La Pérouse y mouille le 24 février 1786, II, 57. Sa longitude et sa latitude, II, 57. Longitude et latitude de l'observatoire, III, 282.

Talin (Pierre), premier maître canonnier, embarqué sur la Boussole, I, 6.

Taniou (Bastien), bosseman, I, 10.

Tarreau (Goulven), matelot, I, 11.

Tartares orientaux (Dissertation sur les), par Rollin, IV, 73.

Tartarie; détails sur sa côte, sur les peuples qui l'habitent, &c. III, 13 et suiv.

Tasman (Abel); son voyage extrait, I, 107.

Tayer (François), contre-maître, I, 5.

Taywan, capitale de l'île Formose, II, 371 et suiv.

Tchoka, nom de l'île Ségalien, III, 72. Vocabulaire de la langue de ses habitans, III, 116 et suiv. Dissertation sur ses habitans, par Rollin, IV, 73.

Ténériffe. Arrivée de la Pérouse à Ténériffe; établissement d'un observatoire à terre; observations astronomiques, mouvement des horloges marines, II, 16. Sa longitude et sa latitude, II, 17. Départ, II, 18. Sa longitude, III, 270. *Voyez* l'article suivant.

Ténériffe (Pic de). Proposition d'adopter son méridien dans la construction de toutes les cartes géographiques françaises ou étrangères, *tom.* I, *pag.* xxviij. Lamanon fixe la hauteur du Pic avec son baromètre, II, 18. Monneron commence l'opération pour la calculer, par le nivellement, II, 19, 20. Observations du rédacteur, II, 19, 20. Extrait du voyage fait au Pic par Lamanon et Mongès, IV, 1. Son élévation, IV, 2. Expériences faites sur le Pic, IV, 3 et suiv.

TÉRÉBRATULES. *Voyez* POULETTES.

TERNAI (Baie de). Description de cette baie, III, 13 et suiv. Sa longitude et sa latitude, III, 330.

TERRE de Feu; la Pérouse y arrive, II, 47. Sondes qu'il y prend, II, 47. Cook a déterminé avec précision les différens caps de cette terre, II, 47.

TERRES Australes; opinion de la Pérouse et du rédacteur sur leur existence, II, 2.

TESSIER; son projet d'expériences pour préserver de corruption l'eau qu'on embarque, I, 197; II, 8.

TESSOY (Détroit de), III, 6 et suiv.

THÉRIEN, subrécargue de la compagnie des Indes à Macao, IV, 183.

THOMAS (Chrétien), canonnier, I, 11.

THOUIN; son mémoire pour diriger le jardinier dans les travaux de son voyage autour du monde, I, 205.

TIACO (Ile), I, 259.

TIAOYU-SU (Ile), II, 382.

TIARRABOO (Ile). *Voy.* TAÏTI-ETE.

TINIAN (Ile), I, 27, 41.

TOOFOA (Ile de), III, 249.

TORRÈS. *Voyez* QUIROS.

TOUCHE (La), livre avec la Pérouse, un combat à six bâtimens anglais, I, xxxvij. Lettre à lui écrite par la Pérouse, IV, 244.

TOUCHE (Baie de la), II, 228.

TRAITE (Objets de). *Voyez* ÉCHANGES.

TRAÎTRES (Ile des), III, 238.

TRIANGLE (Le), île, I, 265.

TRINITÉ (Ile de la), I, 15, 30, 66. Arrivée à la Trinité, II, 24. Elle est occupée par les Portugais, II, 25. Elle ne peut rien fournir aux navigateurs, II, 27. Sa longitude et sa latitude, II, 29. Observations de Monneron sur cette île, IV, 87.

TRISTAN D'ACUNHA (Iles de), tom. I, pag. 68.
TSCHIRIKOW (Le capitaine). Erreur de la Pérouse sur le lieu où ce capitaine perdit ses canots, II, 143.
TSCHIRIKOW (Baie), II, 223.
TSCHIRIKOW (Cap), II, 223.
TUBOU, nom donné à des chefs dans quelques îles de la mer du Sud, I, 285 et suiv.
TYPA, rade de Macao, II, 315 et suiv.

U.

ULIETEA, I, 19.
URIÈS (Détroit d'); la Pérouse le reconnaît, III, 94.

V.

VANCY. V. DUCHÉ DE VANCY.
VAN-DIEMEN (Terre de), I, 22, 120.
VANNEAU (Joseph), boulanger, I, 7.
VANNOUT, capitaine hollandais, II, 246.
VASQUEZ (Ile de), I, 306.
VASSADRE-Y-VEGA (Vincent), commissaire espagnol, II, 276, 283.
VAUJUAS, enseigne de vaisseau, embarqué sur l'Astrolabe, I, 8.
Est envoyé à terre à la Trinité, II, 25. Sa conversation avec le commandant, et détails sur cette île, II, 26 et suiv. Va reconnaître une baie sur la côte du Nord-Ouest de l'Amérique, II, 138. Reconnaît une baie sur la côte de Tartarie, III, 24. Descend à terre au cap Crillon, III, 90. Sa conduite à l'île Maouna, lorsqu'il fut attaqué par les sauvages, III, 200. Relation de cette attaque, III, 207 et suiv. Ses qualités personnelles, IV, 159, 179, 195.
VAUTIGNY (François-Marie), matelot, I, 11.
VAUTRON (François-Joseph), canonnier, I, 7.
VAVAO (Ile de); la Pérouse y arrive, III, 244. Son étendue; ressources qu'elle présente, III, 244.
VÉGÉTAUX; manière de les conserver à bord et de les transporter, I, 205 et suiv.
VEILLARD, consul français à Macao, II, 329; IV, 187.
VÉNÉRIENNE (Maladie); dissertation sur la manière dont elle est parvenue dans les îles de la mer du Sud, II, 122 et suiv.
VENTENAT; sa note descriptive sur les lianes du Chili, IV, 265.

VENTS. Observations sur les vents régnant sous la Ligne dans l'océan Atlantique, *tom.* II, *pag.* 22.
VENTS *alizés*; remarque sur leur constance, &c., II, 73. Observations, II, 304 et suiv.
VERDUN DE LA CRÈNE; ses observations sur Madère, Salvage et Ténériffe, II, 15.
VERRIER (André), aide-voilier, I, 6.
VIEILLE, poisson, II, 189.
VIERGES (Cap des). Description de cette terre, II, 46. La vue qu'en a donnée l'amiral Anson est exacte, ainsi que sa position, II, 46.
VILLA-LOBOS; fausse position de cette batture sur les cartes, III, 172.
VOYAGES. Tableau chronologique des voyages dans la mer du Sud, I, xix. Sur les voyages de découvertes, I, xvij, lxix et suiv.

W.

WAFFER; sa tradition sur la terre de Davis, II, 74.
WALES (Fort du Prince de), baie d'Hudson; la Pérouse s'en empare, I, xl.

Y.

YAP (Ile), I, 265.
YORCK (Fort d'), baie d'Hudson; la Pérouse s'en empare, I, xliv.

Z.

ZOOLOGIE; mémoire de l'académie des sciences pour servir aux savans embarqués sous les ordres de la Pérouse, I, 167.

FIN DE LA TABLE DES MATIÈRES.

IMPRIMÉ
Par les soins de P. D. DUBOY-LAVERNE, directeur de l'imprimerie de la République.

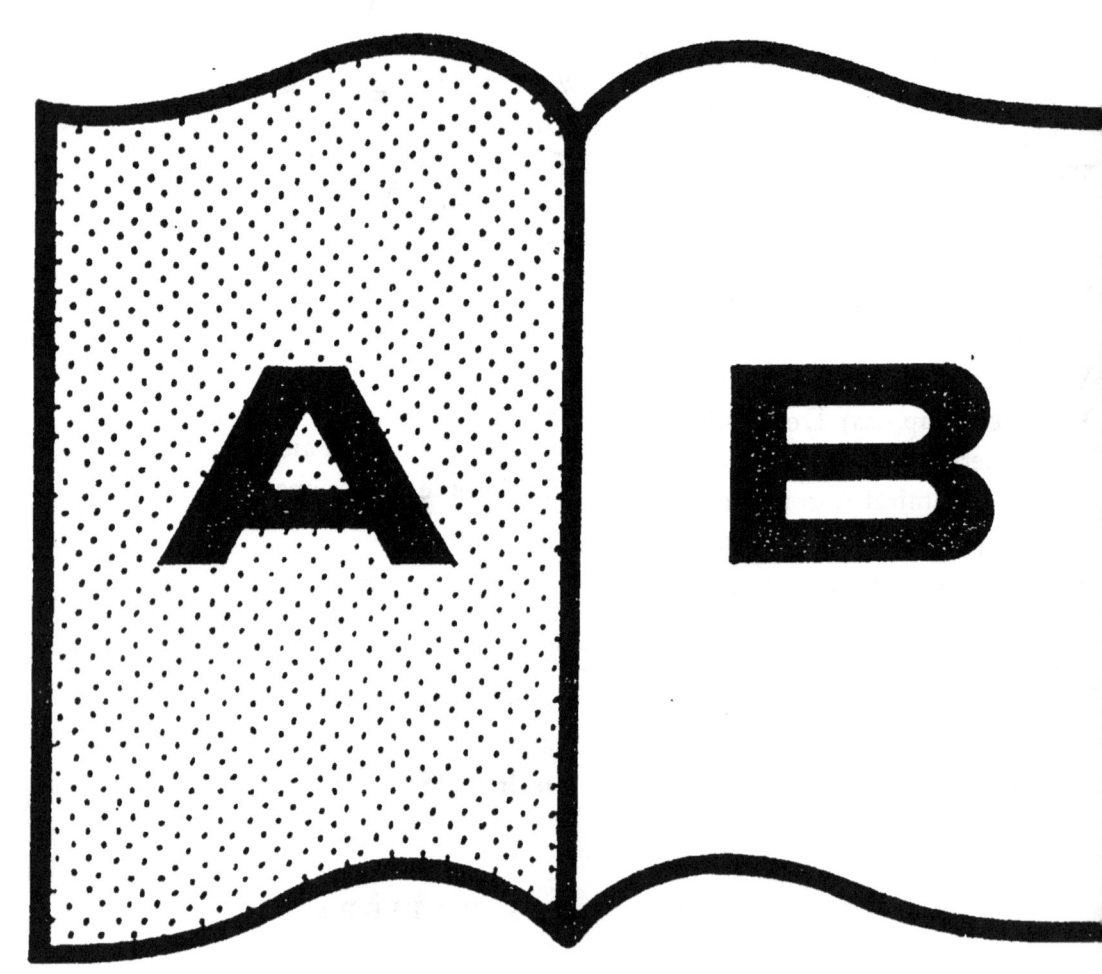

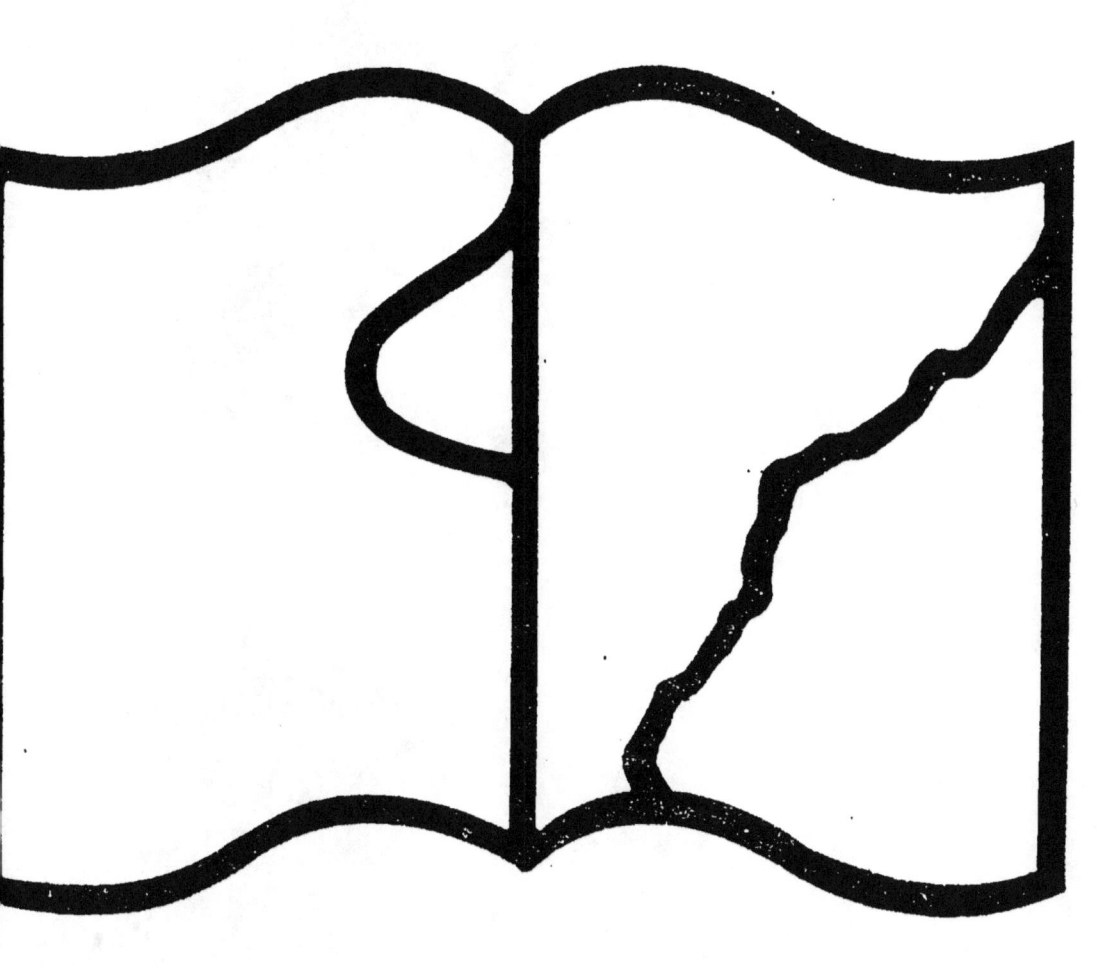